講談社選書メチエ

704

日本語の焦点

日本語「標準形《スタンダード》」の歴史

話し言葉・書き言葉・表記

野村剛史

MÉTIER

はじめに

本書の読者は大抵、高校国語の古典の時間などで『源氏物語』の文章を眺めたことがあるだろう。『源氏物語』のどの箇所を教材にしているかは分からないが、物語の始まり「桐壺」の冒頭は次のようになっている（新日本古典文学大系『源氏物語一』。仮名と漢字は原テキストのまま、句読点・濁点・括弧内漢字はこの大系本における補い）。

いづれの御ときにか、女御、更衣あまたさぶらひ給ひける中に、いとやんごとなききは（際）にはあらぬがすぐれてときめき給ふ有けり。

さて読者は、この冒頭の文は当時の話し言葉に従っている、平安朝の宮廷周辺ではこんな風に話していたのだと言われたら、どう感じられるだろうか。これは「古典」の文章なのであって、そんなことは考えたことが無かった、と答える人が多いのではなかろうか。さらに、「いづれ」の「づ」はダ行（ｄａ行）である、だから「いづれ」は「・ｉｄｕｒｅ」と発音せよ、「さぶらひ給ひける」の「ひ」はハ行で、当時のハ行の発音は大体「ふぁ、ふぃ、ふ、ふぇ、ふぉ」なのだから、「ふぃ」のように発音せよ、「きは」は「きふぁ」と、「給ふ」は「たまふ」と発音せよ。ここには現れていないが、例えば「けふ（今日）」は「キョー」ではなく「けふ」と発音せよ、などと言われたら、いかがであろうか。「けふ」については、「キョー」と読むように習った人が多いと思うが、そもそもその「けふ」は「けふ」と書いてあるのだから、「キョー」と発音するのは「変だ」と感じなかっただろうか。

筆者は「国語」の古典の時間では、例えば平安時代の「づ」はダ行だから「du」、ハ行は「ふぁ、ふぃ、ふ、ふぇ、ふぉ」のように発音して読んだ方が良いと思う。そのことによって、単に古典文学を学ぶだけではなく、「言語の変化」（つまり日本語の歴史）ということがあるのだと具体的に理解することができるからだ。私たちは、どのみち「古典文法」を習っている。その「古典文法」はだいたい平安中期の日本語の文法だと知っている人は多いと思うが、ならば、より総合的に古い時代の日本語という言語についての感覚をつかめるようにしたら良いと思うのである。

本書では、「口語体」とか「文語体」とか「標準語」とかを取り扱う。これらの言葉を聞いたことがあったとしても、その本書での使われ方には違和感を持つ人もいるかと思う。その違和感の多くは、日本語は変化している、日本語には歴史があるということを教えてもらわないまま、日本語についての平面的なイメジを作り上げてしまっていることに由来するのではないかと、筆者は考えている。多くの人にとって、本書で述べられるような事柄は「知らないことばかり」の可能性が高い。それでも『源氏物語』くらいは知っている（「見た」記憶がある）のだから、それを組み立て直して、日本語についての立体的な知識を得てもらえたら、嬉しい。

スタンダード

まず始めに、本書で一番基本的な用語、「スタンダード」について説明しておきたい。「スタンダード」とか「スタンダード・ランゲージ」とかいうのは、要するに標準語のことである。ところが標準語というと、私たちは明治以降の「標準語」のことを思い浮かべてしまう。それは、現在テレビやラジオのアナウンサーのしゃべっている言葉、各地の方言に対してその方言臭が消えている言葉、学校教育で格別の地位を占めている言葉、東京山の手の言葉などと言われて分かる、あの「標準語」である。それは「共通語」とも述べられることがある。しかし、「共通語」というのは、事実として日本語圏全域に広まっている言葉と考えられるが、「標準語」は、仮に実際上はあまり広がっていなくても、規範的に「使われるべきである」というニュアンスを持った言葉である。共通語は事実的であるのに対して、標準語は規範的という性格の違いがある。その規範性が強烈に前面に押し出されたものが、明治以降の「標準語」である。明治期頃までは、各地の日本語方言はなかなか力を持っていたのだが、そこに規範的な「標準語」という考え方がもたらされ、国家がその普及の後押しをした。時には方言に対して抑圧的でもあった。私たちがいま「標準語」に対して持つイメジは、以上の集合体のようなところがあるかと思う。

ところが本書は、ほぼ江戸期以来一貫して「話し言葉の標準形態」つまり標準語があったと考えている。そのことについて具体的には後で述べるわけであるが、それはゆるやかに広まっていた標準語には違いないのだから、「標準語」と言えば良さそうなものである。ところが困ったことに、それでは明治期以降のあの「標準語」と混同される恐れがある。そこで江戸期以降現在までの日本語の標準的な形態を、本書ではスタンダード（ランゲージ）と称するのである。ただし混乱の恐れがない文脈では、本書も「スタンダード」を「標準語」と言う場合もある。

標準語はもともと東京語、特に東京山の手語と考えている読者は多いと思う。それは「東京語が標準語になった」とする考え方である。しかし、江戸期以来一貫してスタンダードがあったとする本書の考えは、「東京語が標準語になった」という考え方とは整合しない。とは言え実際には、確かに東京語（東京山の手語）は「標準語」（共通語でもよい）とほぼ一致している。それを本書は「東京語が標準語になったのではなく、スタンダードが東京語をつくった」と説明する。第Ⅰ章は、そのような話し言葉スタンダードの展開のありさまを述べる。時代的にはおおむね室町期〜現代ということになる。「江戸期以前」が必要なので、室町時代から記述して行くということになる。

書き言葉・表記

第Ⅰ章の話は、話し言葉の標準形態をテーマにしている。それならば、書き言葉の標準形態はいかがであろうか。自然に覚える話し言葉とは違い、書き言葉にはふつう方言が現れない。書き言葉は習って覚えるものだから、標準形態があって当然のような気がする。しかし、ちょっとした文章（書き言葉）の標準形態が確立したのは、おおよそ室町時代くらいであろう。誰でも知っているように、それは今日のいわゆる「文語文」であって、その内部では種々のあり様に分岐しつつ江戸期を通過した。さらに明治期の言文一致体の普及の後、現代の書き言葉標準形態は口語文になっている。このように書き言葉（の標準形態）もまた変遷した。第Ⅱ章は、その書き言葉スタンダードの変遷について述べる。助走区間が必要なので、おおよそ鎌倉期くらいを出発点とする。

書き言葉はもちろん文字で記される。その事をふつう「表記」と言っている。現代日本語の表記の標準形態は、いわゆる漢字仮名交じり文である。その仮名の中心をなすのは平仮名である。これは当たり前のようではあるが、文章はすべて仮名で書かれるべきだとか、ローマ字で書かれるべきだとか、いろいろな主張がある。また事実、ほとんどすべての文字が仮名（平仮名）であったり、漢字であったりする文章も、かつてあったのである。書き言葉の標準形式が定まって行く過程で、表記の形式は漢字仮名交じりになった（漢字仮名交じり文の成立はⅡ章で自然に示される）。

しかし、漢字仮名交じり文の内部でも、仮名は平仮名以外に片仮名も使われて、両者は使い分けられている。現代のその使い分けはどのように形成されたのであろうか。また仮名にはいわゆる「仮名遣い」の問題がある。現代のその標準形態は「表音式の仮名遣い（現代仮名遣い）」であるが、かつてはいわゆる「歴史的仮名遣い」が行われていたし、古典文は高校の古典教材のように、今でも「歴史的仮名遣い」で示されている。大体がこの「歴史的仮名遣い」という名称は、定着しているとは言え、あまり学問的とは言えない。どうも現代の「仮名遣い」の解説書は、そのあたりの事情に触れていないようである。そのようなわけであるから、第Ⅲ章では「表記」と言っても、通常の「漢字仮名交じり文」はほぼ前提としておいて、主に漢字仮名交じり文の内部における片仮名の位置、また仮名遣いの歴史的実際について述べたいと思う。

もともと本書の著者は、言語に関して反歴史主義的な構造論者であった（ような気がする）。そもそも、いわゆる科目としての「歴史」自体が好みではなかった。しかし今では、言語は歴史的に述べられなければ、説明が難しいと考えている。もちろん、言語の歴史資料を持たない社会の場合、その言語は今ある言葉から考えてゆくしか仕方がない。しかし日本語の場合、時間的には一三〇〇年間くらいと短いけれど、それだけの期間話し言葉資料が連続して詰まっている言語は、他に無い。また、他民族・他言語の大規模な侵入があると、言語変遷は攪拌されしばしば混沌化してしまう。その場合には一貫した歴史的記述が行いにくい。ところが日本語のようなほどほどの外因性は興味深く、これほどまでに歴史言語学が可能な言語は他に無いように思われる。いわゆる「共時態」主義がはびこったためか、日本語の歴史的研究は進んでいない。昔からの「国語学」は国語史研究ばかりしているように見えるが、過去のある時代の日本語の研究をすることと、それを歴史として組み立ててゆくことは、いささか別の話である。本書の内容は通説と異なるところが多いのだけれど、それは恐らく、日本語研究がこれまで百家争鳴的状況に達したことが無かったからだと思う。本シリーズ「日本語の焦点」によって、日本語の歴史についての議論が盛んになることを願っている。

なお以下では、引用資料の原拠は本文中に入れ、研究論文類の参照は章ごとの「注」に示しておいた。著名作家などからの引用は、特に参照文献を示さない。「日本思想大系」「日本古典文学大系」「新日本古典文学大系」（いずれも岩波書店）、「明治文学全集」（筑摩書房）、「鎌倉遺文」（東京堂出版）などは、引用箇所では発行社名を記さない。また読者が現在入手しにくいと思われる資料は、文献名をあげるだけとする。明治期の文献は、維新後何年か、よく分かるように元号で示した。

目次

第I章

話し言葉のスタンダード

I−1　話し言葉と書き言葉、方言と中央語

話し言葉と書き言葉

まずはじめに、さまざまな用語の意味をはっきりさせておきたい。

「言語（言葉）」というのは、基本的には「話し言葉」を指す。しかし「言語には話し言葉と書き言葉がある」と言うこともあり、この場合には当然、言語の中に話し言葉も書き言葉も含めている。しかしふつうに「言語」と言えば、それは話し言葉を考えているのである。日本語史の記述には、しばしばそのあたりの事柄が明確になっていないことが多いので、注意が必要である。

話し言葉はふつうその場で消えてしまい、資料として残らない。だから言語史の記述には、資料として残っている書き言葉を使う。それが無い場合にはいくつかの方言から、いろいろな方言がかくある以上は、もともとの源泉である言語はしかじかであるだろうと推測する。比較言語学はそのような方法を取る。ヨーロッパではいくつかの現代方言は、方言とは普通言わず各国語というような名前が付いている。そこから源流となるラテン系言語の祖語だとか、スラブ系の祖語だとか、ゲルマン系の祖語だとかを再構（築）する。このあたりは文献資料も残っているから、それも利用できる場合もある。その上でさらにペルシア系、インド系の祖語も併せて、インド・ヨーロッパ系祖語を考察する。史的に継続する文献が乏しい場合には、以上のようにせざるを得ない。しかし、書き言葉資料が豊富にあれば、それを利用して言語史を再構することができる。

一つの言語であっても、書き言葉は話し言葉とは違ったところがあるから、再構にはその辺に注意

が必要である。最も重要な注意点は、書き言葉には口語文と文語文があることである。ややこしいが、口語とは話し言葉のことである。文語とは文語体の書き言葉のことである。書き言葉には口頭語に近い口語体の書き言葉もある。これを口語文と言っている。分類すると次のようになる。

話し言葉（口語）
書き言葉 → 口語体（口語文）
　　　　 → 文語体（文語文）

世の中の言語学書には、重要なところで「口語、文語」という言葉を気楽に対立させて使用しているものがあるが、そのような用語は後で必ず混乱を招く。右の図式で分かるとおり、「口語」と「文語」とは直接には対立しない。また「言と文」という言い方も止めた方がよいだろう。この場合「言」は大体「話し言葉」を指しているようだが、他方の「文」が書き言葉全般を指しているのか、文語（文語体）を指しているのか分からなくなる。「言文一致」という言い方が混乱を招きやすい用語だということは、以上から理解されると思う。もっとも「言文一致」は実際には、「書き言葉口語体」が無いところで「口語体」を創出することと解釈されるから、その意味で用語を使っているなら問題は無い。

話し言葉を口頭言語と言う場合がある。また書き言葉を書記言語とも言う。書き言葉を文章語と言う場合もある。これは誤りとは言えないが、文章とは話し言葉にも書き言葉にも通用可能な用語である。文が文脈をもって繋がっていれば「文章」なのである。書き言葉＝文章語とすると、話し言葉には文章が無いみたいだ。

「書き言葉口語体」とは、文法・音韻・語彙などの面でその時代の話し言葉を基盤とする書き言葉である。ただし文法・音韻面での縛りはきつく、語彙の面ではゆるやかである。音韻は書き言葉とは関わらないようだが、表音文字の文字遣いに関係する。英語のスペリングや日本語の仮名遣いのように、音韻が変わると文字遣いも変わってしまう。すると、どのように書くかが問題になる。例えば「いわ（岩）」は、古くは「いは」と書いた。「わ」はワ行の「ｗａ」で、「は」は古くは（大文字の「Ｆ」を使って示すが）「Ｆａ」（「ふぁ」）と発音した。だから「いは」の発音は「ｉＦａ」である。その「ｉＦａ」が「ｉｗａ」と発音が変わってしまう。すると「岩」は「いわ」と書くべきか、従来の「いは」と書くべきか、迷う人が現れる。これが仮名遣い問題である。英語などのスペリングでも同様の問題が、もっとややこしく現れる。

文法・音韻・語彙は言語の三大構成要素なので、「書き言葉口語体」は、言葉の最も基本的な箇所で話し言葉に基盤をおいた書き言葉ということになる。

「書き言葉文語体」は、その時代の話し言葉に基盤があるわけではない書き言葉であり、結局古典語であったり、外国語であったりする。ヨーロッパ中世の書き言葉は多く古典ラテン語であった。これはその時代のラテン系言語の使用者には、古典語ということになる。それ以外の例えばゲルマン系言語の使用者には、外国語ということになる。ただ文化的な面から、ゲルマン系の民族の中にもラテン語を古典語と思いたい人はあっただろう。日本で書き言葉に専ら漢文が使用された時代があったとしたら、その時代の文語体は外国語としての漢文ということになる。近現代で古代の和文が書き言葉に使われたとしたら、それは古典語ということになる。現代でも漢文は訓読され、その訓読には古代日本語が使われるのだから、その場合は外国語と古典語が交じっていることになる。

以上は、話し言葉と書き言葉では、多少なりともズレが必ず生じることを前提としている。書き言葉は聞き手の前で消えて行くのではなく、可視的に対象化され残存するために、話し言葉とは違った特性を持つようになる。ごく単純に言えば、特定の聞き手（読み手）を意識しない整理された言語になるのである。また話し言葉と書き言葉との中間的な言語も発生する。手紙は書き言葉に違いないが、特定の読み手を持つ。また講演・講義・口演の言語は、口頭での言語（話し言葉）に違いないが、書き言葉的に整理が施されている。政治権力から民衆に対する布告文（お触れ書き）などはいかがであろうか。この種の中間的なバリエーションはいくつも考えられるが、本書はあまりそれを問題にはしないので、最後に次節への導入として、中央語・標準語と方言の関係に触れておく。

中央語と方言

日本語でももちろん、古くから方言が分化していたと考えられている。奈良時代には東国の言語は近畿（畿内）の言語と幾分異なったものとして認識されていた。万葉集には防人《さきもり》歌などに東国語の歌が示されている。その東国歌は多分、中央貴族が東国語としてそれらしく再構成したものであろうが、畿内の言葉とはやや異なったものである。防人は東国から九州地方に連れて行かれたわけだが、東国人と九州人の言葉は通じにくかったであろう。防人が現地人と結託して反乱など起こさないように、いわば外国人部隊のようなものとして東国人が使われたのである。防人の存在自体が、九州と東国の言語が通じにくかったことを物語っている。

その後も方言はそれなりに分化していたであろうが、古い時代に特別な記述を見ることは少ない。それ奈良時代以降、書きとめられた日本語は、おおむね奈良—京都のような畿内地方の言語である。それらはふつう政治・経済・文化の中心がこの場所にあるために、「中央語」と呼ばれている。

平安期以降の中央語は、ミヤコつまり京都の言語である。鎌倉期には政治権力の相当部分を鎌倉の幕府が握っていたけれど、この時代でも日本語の言語中心は京都にある。室町期も当然同様である。そして中央語以外の言語（各地の方言）の書きとめられた資料はほとんど残っていないために、「日本語の歴史」は中央語の歴史として記されざるを得ない。日本語史の資料としては、『万葉集』にせよ『源氏物語』にせよ『平家物語』にせよ「漢文訓読」資料にせよ、すべて中央語の資料として考えられるわけである。

室町期の半ば頃から、中央語と方言の関係に微妙な変化が生じてくる。この期以前の中央と地方の関係というのは、基本的に中央の貴族・官人の一統が、各地の公領・私領の税（みつぎもの）収取のために地方に下るという形を取る。その税は地方民が夫役として運搬するので、彼らが上京することもあるだろうが、希望して上京するという地方民の姿は、あまり描かれない。ミヤコの人間が地方へ赴く（そして帰る）というのが、基本の流れである。この場合、中央と地方は一応切り離されている。

ところが（物語などに描かれた姿としてだが）室町期から次第に、各地の人々が「京へはるばるのぼりゆく」という現象が現れてくる。一言で述べれば、ミヤコに一種の求心力が生ずるのである。その求心力は、言語においても生じたものと思われる。ミヤコ言葉に、ある種の特別な価値が生ずる。言語におけるその価値は、規範力となって現れる。地方の人々もミヤコの言葉を有り難がり、またミヤコの人士もその価値をことさらに自覚する。市域（マーケット）で人々が接触すると、ミヤコ人はミヤコに集まった地方の人々の方言っぽい言い方を馬鹿にする。ミヤコではミヤコ言葉でいくべきであり、また地方でもミヤコ言葉は有り難い。このようにして、中央語はミヤコとともにある種の求心力を持つことになった。

なお以下では、京をミヤコ、公家をクゲ、武家をブケなどと片仮名で示すことがあるが、これは室町末・江戸初期のポルトガル人の言い方を借りている。特にブケは単なる武士・侍の類ではなく高級身分の侍のことであり、ヨーロッパの騎士・貴族に当たる。クゲはそれに対応する元来の貴族の文官というところか。また、資料引用が多く現れるが、そこでの〈 〉は筆者注である。漢字はふつう新字を用いる。振り仮名は適宜付けて、原文の振り仮名との区別をしない。仮名遣いなどの表記法は改める場合がある。

Ⅰ－2　中央語からスタンダードへ

鎌倉中期、鎌倉仏教の祖師の一人である日蓮は、旧仏教界や権門とも幕府権力とも衝突して、布教がままならなかった。そこで彼は、書簡を教線拡大の有力な手段としていた。自筆の日蓮書簡は、相当数現存する。そこに次のような一節がある。

総じて日蓮が弟子は京にのぼりぬれば、始《はじめ》はわすれぬやうにて、後には天魔つきて物にくるう。せう房〈人名〉がごとし。わ御房もそれてい〈体〉になりて天のにくまれかほるな〈蒙るな〉。のぼりていくばくもなきに実名をかうるでう〈条〉物くるわし。定てことばつき音《おん》なんども京《みやこ》なめり

〈訛〉になりたるらん。ねずみがかわほり〈蝙蝠〉になりたるやうに、鳥にもあらず、ねずみにもあらず、田舎法師にもあらず、京法師にもにず〈似ず〉、せう房がやうになりぬとをぼゆ。言をば但いなかことばにてあるべし。なかなかあしきやうにてあるなり。

（「法門可被申様之事」『昭和定本日蓮聖人遺文』第一巻70　身延久遠寺）

日蓮は、自身が房総半島の漁民の子であることを広言していた。それは日蓮の布教にむしろプラスの効果をもたらす事柄であっただろう。さらに言葉もまた、もともとの田舎法師には「いなかことば」が適当だと言うのである。ここではまず、京言葉が価値を帯びたものとして考えられている。しかし、それは一方で反発を呼ぶ。そこで反価値としての「いなかことば」に価値が見出される。この「日蓮書状」によれば、京言葉は、そのような特殊な存在としての地位を占めつつあったものと思われる。

もっとも院政鎌倉期の説話類には、後に見られるミヤコの強烈な求心力は未だ見出されない。例えば芥川龍之介の小説「芋粥」の原話『今昔物語集』「巻二六・第一七」の登場人物である五位の貴族は、地方豪族に若狭の敦賀まで招かれて大いに饗応されるわけであるが、再度上京する際には「皆得《え》富みて上りにけり」という状態になっている。地方豪族は豊かなのである。また『今昔』「巻二八・第三八」は、険しい谷に転落したのちそこで平茸を採集してはいあがり、「「受領は倒《たふ》る所に土をつかめ」とこそ云へ」とうそぶいた受領の話であるが、受領とは結局、ミヤコの中下級貴族が地方に下向し貯富ののち上京するというパターンを示す人々として描かれる。いずれも京の者の地方下向の説話である。（『今昔物語集』『日本古典文学大系』22〜26）

ところが室町期には、このパターンが一変する。『御伽草子』の「一寸法師」は「大きなのぞみ」を持って「京へはるばるのぼり行く」（巌谷小波　一九〇五『日本唱歌集』（岩波文庫）による）ことになる。また信濃の「ものぐさ太郎」も上京して後は、「ものぐさ」は打ち止めにしてエネルギッシュに活躍する。あたかも近代の「一旗組」の話のようである。「文正《ぶんしょう》草子」の常陸の国の塩焼「文正」も地方豪族であって、「文正草子」はその上京の物語である。また室町後期にずれ込むが、狂言の地方大名や「果報者」は、しばしば太郎冠者を京へ買い物に出す。

（果報者）いつも一族達をふるまへは、上座《じょうざ》に御ざるお宿老《しゅくろう》に、すゑひろがり〈扇〉をしん〈進〉ずるが、すゑひろがりは身が蔵にはないか。（太郎冠者）いや左様の物は御ざらぬ。（果）それならばなんぢは京へのぼつてすゑひろがりを買うてこい。（太）かしこまつた。（果）それに事のほかのこのみがあるよ、地かみ〈紙〉よう、ほね〈骨〉にみがきをあてて、かなめ〈要〉しつかとして、ざれゑ〈戯れ絵〉ざつと書ひたるをもとめてこい」。（太）かしこまつて御ざる。

（「すゑひろがり」『大蔵虎明本狂言集の研究　本文篇上』表現社）

ミヤコは富ばかりか、文化的洗練も求められた場所なのである。ミヤコの地方への関係性は、下向の本拠から求心力の中心へと転じている。

ミヤコ文化

室町中期の応仁・文明の大乱（一四六七勃発）は、京都を荒廃させた。クゲやこの時代の文化の担い手であった禅宗五山の僧などの当代知識人たちは、京を脱出して地方での生存を余儀なくされた。詩僧として著名な万里集九《ばんりしゅうく》は近江・美濃・尾張を転々とし、文明十七年（一四八五）には江戸の太田道灌のもとに下った。集九はこの間、各地で漢籍・漢詩の講筵を開いている。抄物（後述）の作成者として知られる桃源瑞泉《とうげんずいせん》（「史記抄」）、横川景三《おうせんけいさん》（「周易抄」聞書者）、景徐周麟《けいじょしゅうりん》（「毛詩聞書」聞書者）などは、近江の永源寺に戦火を避けた。「史記」についての抄物『史記抄』は、この地で講じられたものである。『毛詩抄』の講者清原宣賢《きよはらのぶかた》は越前朝倉氏の城塞都市である一乗谷を繰り返し訪れて、『論語』『六韜《りくとう》』（「孫子」などの武経七書の一つ）、『毛詩』（詩経）などの講義を行っている。また、画僧の雪舟、連歌師の宗祇、先の景徐周麟、公家学者の三条西実隆、イエズス会士フランシスコ・ザビエルらは、大内氏の山口を訪れた。

　以上のような現象は、戦国期には各所に地方中心地としての都市や大寺院などの機関が生まれていたことを示している。既述のもの以外にも、後北条氏の小田原、今川氏の駿府、また奈良、能登の七尾、泉州堺、博多、大友氏の大分、島津氏の鹿児島などが地方的な中心地として著名である。これらの都市はときに「小京都」などと称されるように、京になぞらえられる場所である。「小京都」はミヤコの求心力の分散的な低下というよりも、むしろその拡大を意味していると言えよう。各地の大名は好機と見て、京都を脱出した知識人たちを地元に呼びよせていたわけである。全国的にミヤコ風の教養への需要があったということだろう。織田信長に滅ぼされたとはいえ、巨大な戦国大名だった今川義元の公家風のスタイルはよく知られている。

　以上の有力都市以外に、地方への文化の供給源として、学校が考えられる。ザビエルのイエズス会への報告書によれば、「日本にはミヤコ以外に五つ大学（アカデミア）がある。その中の四つは、ミヤコからほど近い所にある。それは、高野、根来寺、比叡山、近江である。どの学校も三千五百人以上の学生を擁しているが、最も有名で大きいものは坂東にあって、学生の数も遙かに多いという」とあった。ミヤコのアカデミアとは五山のことのようであり、近江とは山門（比叡山延暦寺）に対する寺門（三井寺）だろうか。紀州の根来寺は、豊臣秀吉に対する抵抗勢力として巨大な寺内都市を形成していた。そして関東のアカデミアとは、足利学校だろう。

「三千五百人の学生」というのは誇大だが、往時の足利学校は、学問僧・軍師の供給源として特異に突出した役割を果たしていた。日本側記録にも「風雅之一都会也」（玉隠英璵一四八七）とあり、著名なキリシタンのルイス・フロイスも、「仏僧が諸国から参集」と述べ、戦国期の足利学校七世庠主《しょうしゅ》（校長）玉崗瑞璵《ぎょくこうずいよ》（一五〇〇～一五七八）についても、『足利学校住持世譜略』に「大隅伊集院氏支族也　九華〈瑞璵〉学業尤盛《もつとも》　生徒蓋《けだし》三千　在庠三十年」と記されているから、その規模の大きさにはある程度の想像がつく。学生の出身地は、下野（栃木）、山城（京都）が多いが、北は陸奥から南は琉球まで全国に及ぶ。戦国期には、既存の知識人の流動だけでは知識の需要に追いつかないわけで、学校が学問僧や軍師の再生産を担っていたのである。足利学校が臨済宗五山の系列にあって、旧仏教や一揆勢力の宗派に属さないことも、便利であっただろう。戦国大名の場合は、軍師や知識人官僚としての学校卒業生に期待される教養として、経学（儒学）、兵学、易学、医学などを求め、足利学校の教学内容はそれに応えるものであったようである。[1、2]

抄物・キリシタン資料

これらの学校や京を含めた各都市では、僧侶やクゲたちによる知識の伝授が行われていたわけだが、その講義の記録が先述の「抄物」と言われる形で残されている。おおむね漢籍についての注釈・解説であって、講義であるから話し言葉で語られ、しかも先生の言葉は一言一句違えないというのが建て前であった。そこで抄物という書籍は、口語体の仮名交じり文で書かれているわけである。その形態は江戸期にも引き継がれ、その場合は漢籍の「国字解」と呼ばれることが多い。

その抄物の言語は次のようなものであった。

・したがはぬものが無かったほどに、そこで天下を三分して、二を持たれたぞ。
・学問を好まれた、その博士に毛公と云者がある。
・燈火が見えたぞ。これは人の読書して居るものぞ。

（『毛詩抄』（一）～（四）岩波書店）

先に示した「狂言」、この「抄物」、それにいわゆる「キリシタン資料」は、室町後期の三大口語（話し言葉）資料と言われる。その「キリシタン資料」の言語も示す。次のキリシタン版『平家物語』（天草版『平家物語』）はキリシタンの日本語学習のためのリーダーで、話し言葉を学ぶために会話体で物語が進んでゆく。「平家」の語り手は琵琶法師の「きいち（喜一）検校」で、聞き手は武家の「うまのじょー（右馬之允）」である。ローマ字で書かれているのだが、漢字仮名交じり文に改めた。

（右）してその子息は何となられてあったぞ？（検）少将はその夜しも院の御所に上臥してまだ出られなんだに成親卿の侍どもいそいで御所へ馳せ参って、少将殿を呼びいだいて、この由を申したれば、なぜに宰相殿からと言うて、使いが来た。この宰相と申すは、清盛の弟でござるが、宿所は六波羅の総門の内にあったによって、門脇の宰相殿と申した。少将のためには舅ぢゃ。

（『天草版平家物語』（上・下）勉誠社文庫）

「狂言」「抄物」「キリシタン資料」の言語は、互いによく似ている。それらは中古の古典的な日本語と比べて、遙かに今日の日本語に近い。現代日本語の方言と言われても納得してしまうかも知れない。古代語に比してのその文法的な特徴を簡単にまとめると、次のように言えるかと思う。これらはそのまま近代語（現代語）のメルクマールにもなっている。

① 活用語の終止形と連体形が、連体形にまとめられて合一化している。
② 形態的な現象としての係り結びが、ほとんど用いられない。
③ 主格を表す際に主文でもガが用いられる。
④ 「〜ている」「〜てある」という形式をよく用いる。
⑤ いわゆる助動詞（動詞の接尾辞）が、基本的なところで大いに変化している。

基礎的で重要な事柄なので、先の抄物『毛詩抄』の例文を用いて、説明を加える。

① 終止形と連体形が、連体形にまとめられて合一化している。

現代語の終止形と連体形は、「朝早く起きる。」（終止形）、「朝早く起きる人」（連体形）のように同じ形態である。古代語では、終止形は「早く起く。」、連体形は「早く起くる人」で、異なった形態を取る場合があった。文の終止にはふつう終止形が用いられた。一方少数ながら連体形で文を終止させる言い方もあった。「早く起くる。」のようで、現代語の「まあ、早く起きること。」のような一種の感動文と見られている。『源氏物語』の「雀の子をいぬき〈人の呼び名〉が逃がしつる。」（いぬきが逃がしちゃった）などが、よく知られた例文である（「つる」は「つ」という助動詞の連体形）。院政期以降この「連体形終止」が増えて、次第に旧「終止形」に取って替わり、ついに旧終止形を滅ぼしたと考えられる。先の『毛詩抄』の「毛公と云者がある。」の「ある」は本来「有り」（終止形）の連体形であるが、ここでは文終止に用いられており、結局「あり」という形は室町期には用いられなくなる。今日でもそうであって、結局「ある」は終止形でもあり連体形でもあるということになる。「起く」も、「起くる」が終止にも連体にも用いられ、その後少し変化が加わって「起きる」が終止・連体形になった。連体形が終止形を押しのけた形になっているので、「連体形終止の一般化」とも呼ばれる。なお仮に例文が「いぬきぞ逃がしつる」という形であれば、文は「逃がしつる」という連体形で終止しているわけであるが、これは係り結びの「結びの連体形」と呼ばれ「連体形終止」とは呼ばれない。しかし、両者が同一の形であることには注意を要する。

② 形態的な現象としての係り結びが、ほとんど用いられない。

よく知られているように、古代語の「係り結び」とは、文中に助詞の「か、や」（疑問）「ぞ、なむ」（強調）があると、文末の述語を連体形で「結ぶ」現象である。また、「こそ」があれば已然形で結ばれる。②で「ほとんど用いられない」としたのは、室町末期には「こそ〜已然形」が多少残存していたようだからである。ここでは「こそ」には触れない。「か、ぞ」による係り結びは早く平安期に滅んだようであるが、「なむ、や」の係り結びも中世を通してなくなった。なくなり方には二通りの経路が考えられる。まず①から②を導く説がある。係り結びは、「連体形」で終わることに特別な価値がある。「連体形終上」が増大してゆくと、表現上のインフレによって係り結びの連体形に特別の価値が伴わなくなる。そして無価値になった係り結び構文が滅びる、という考え方である。この説の難点は、結びの連体形から特別の価値が失われても、係り助詞まで消え去る必要はないという点にある。現に「こそ」の場合、已然形結びは失われても「こそ」は現代まで生きのびている。次に②から①を導く説が考えられる。「か、ぞ」は早く滅んだとして、「や、ぞ」の例をよく見ると、なぜ文中の「その場所にその係り助詞」があるのか、説明に窮する場合が多い。どうも「や、なむ」は、現代語の「太郎ちゃんがさー」の「さー」とか「ねー」とか「よー」とか「なー」などの間投助詞程度の役割しか担っていない。係り助詞に重要な役割を認める説があり、確かに係り結び成立当初には重要であったかも知れないが、係り助詞は次第に有っても無くても大して変わりがない程度の働きしか持たなくなった。そして有ったり無かったりしているうちに、間投助詞程度の「なむ、や」は次第に消滅した。すると後には「連体形終止」の文が残る。また「なむ」が「なう」「なー」「な」「のー」「の」などの間投助詞に変わる（「太郎ちゃんがなー」の「なー」など、方言上多様である）というのは自然な変化である。と言うわけであるが、①から②にせよ②から①にせよ、「なくなる」ということは「現れる」ということよりも実証的に示すのは難しい。文語文がさかんになった中世で、①、②のような口頭語的現象を捜し出すのも大変である。ここでは②が日本語史上の大きな変化であることが認められればよいかと思う。

③　主格を表す際に主文でもガが用いられる。

「燈火が見えたぞ」「その博士に毛公と云者がある」では、主文の主格に助詞の「が」が現れている。主格の「が」は、「我が行く道」のように古代から認められるが、それはこの例のような従属節の場合で、主文では用いられない。しかも「が」が付く語は「代名詞」か「固有名詞」にほぼ限られる。

例えば「人麻呂」は固有名詞であるから「人麻呂が行く道」は可である（ちなみに現代では「希望が丘」のような地名に現れる「が」もあるが、これも「我が子」のような古代用法の名残である）。しかし「人が行く道」は「人」が固有名詞でも代名詞でもないから不可で、「人の行く道」と言わねばならない。「燈火が見えたぞ」は、そういう制約を脱している。

④「〜ている」「〜てある」という形式をよく用いる。「読書して居る者ぞ」のような「〜している」や『天草版平家物語』の「その子息は何となられてあったぞ」などの「している、してある」という形は、院政期頃からよく使われるようになる。「財布が落ちてある」とか「洗濯物が干してある」とかいう言い方も、中世になってよく使われるようになった。この「財布が落ちてある」は、江戸では早く「財布が落ちている」に変わったが、上方、西日本では今日でも使用される形態である。

⑤いわゆる助動詞が、基本的なところで大いに変化している。

後に詳しく述べるので、ここでは典型的な例を挙げるに留める。古代では完了や過去を表すのに「つ、ぬ、り、たり、き、けり」のような助動詞（動詞の接尾辞とも言われる）が用いられた。抄物の例文では、「学問を好まれた、見えた」のような「た」ばかりである。実際「つ、ぬ、り、たり、き、けり」は、「花咲きぬ、花咲けり、花咲きき、花咲きけり」などですべて「咲いた」と現代語訳できそうである。

以上の①〜⑤を逆方向に展開すれば、口語体の文を次のように適当な文語体に転換することができる。

・したがはぬもの無かりければ、天下を三分して、二を持ち給ひけり。
・学問をぞ好まれたる。その博士に毛公と云者ありき。
・燈火ぞ見えつる。これは人の読書するものなり。

室町後期の言語は以上のようなものだったが、各地には当然いろいろな方言があったわけで、ここに示した「室町後期の言語」とは、ミヤコの中央語のことである。しかもその中央語は単に首府＝京の言語というだけではなく、そろそろ規範的な求心力を持ち始めているようなのである。室町中期には既に抄物に残されたような言語で、各地でミヤコの知識人による「講義」が行われていたことを我々は見た。ミヤコの文化・教養が地方へ流動し、その結果逆にミヤコの文化・教養の求心力が高まったわけだが、文化・教養の伝達には言語の役割が重大である。その言語がミヤコ言葉だった。

ミヤコ言葉

室町後期・江戸初期のポルトガル人らの日本渡航の第一の目的はキリスト教の布教であった。布教のためには日本語を学ばなければならない。学習のためには、辞書、文法書、読本《とくほん》（リーダー）が特に必要であった。辞書としては、採録語彙三万を超える『日葡辞書』がある。読本としては先に挙げた『天草版平家物語』や『エソポ物語』（イソップ物語）などが知られている。「天草本」「天草版」というのは、天草のコレージオ（「学林」などと訳される）などで編纂・印刷されたキリスト教書、語学書の総称である。またジョアン・ロドリゲス（一五六一〜一六三四）というキリシタンは優れた言語学的才能の持ち主であって、その著書『大文典』（一六〇四〜一六〇八）、『小文典』（一六二〇）などは、浩瀚《こうかん》な内容を誇る日本語文法書であった。

その『大文典』の中でロドリゲスは次のように述べている。便宜「a、b、c」を付す。

a話し言葉に於ける真実の日本語はミヤコでクゲや貴族の用いるものであって、そういう人々の間に純粋にして正確な言い方が保存されて居り……

bそうして、一般に通用する言葉遣として日本全国の権威ある人々や文学者によって容認され、主としてミヤコでクゲの用いる言葉である。即ち、公家の間に日本の純粋典雅な言葉なり発音法なりが保存されているのである。如何なる言葉遣であっても、日本の諸国諸地方で地方人の或者が不正確に用いているものは、……取るべきではない。

c日本の或る国々には多くの特有な言い方があって……

これらのものは、この国語に於いては粗野であり有害でもあるから……

(『日本大文典』一六〇四〜一六〇八　土井忠生訳一九五五　三省堂)

信長時代のキリシタンは京にも進出していたから、ミヤコで方言を使うことには当然問題があったろうが、それればかりでなく、日本全国でキリシタンはミヤコ言葉を用いることを良しとしている。キリシタン大名という存在はよく知られているが、大名ばかりでなく地方有力者たちについても、それらの人々の獲得が布教の大きな目標となる。その場合ミヤコの文化、とりわけミヤコ言葉はかなめの位置を占めているのである。ミヤコ言葉は、地理的中心の言葉、単なる中央語から、価値高い全国的な規範言語、すなわち「標準語《スタンダード》」として次第に認められつつあったと考えられる。

もっとも未だ室町後期には、ミヤコには求心力はあっても、その文化パワーが全国に広がったとまでは言えないだろう。各地方在住者の多く（農民、商業漁業民、在地武士）は、かつてと同様ミヤコ言葉などには無縁の暮らしを営んでいたに違いない。ところが、そのような人々をも含んだ全国の人々に、未曾有の暴力的な求心力が働くという事態が生じた。豊臣政権の誕生である。全国の地方勢力はその臣下や奉仕者を含めて、京・伏見・大坂などの上方に一挙に伺候しなければならなくなる。かつてのミヤコと地方との支配関係は、ミヤコからの下向によるものであった。豊臣政権のもとでは逆に、相当数の地方の人々がミヤコに集中しなければならなくなった。そこで、上方は各地の方言の集まる場所となった。とは言え彼らは結局、お互い同士で、また上方の人々とも交際せざるを得ず、その交際は理解可能な共通の言語によらなければならない。上方に集中した東国から九州までの人々は、多少なりとも上方の言語になじんだはずである。それは又かねてからのミヤコの求心力の根源にある言語であった。

ところが彼ら地方勢力は、上方集中二、三十年を経た後に再び大規模な移動を余儀なくされることとなる。言うまでもなく、徳川政権による江戸の開府である。

Ｉ－３　スタンダードの楕円化

江戸の山の手

徳川政権による江戸開府は、社会的には大規模な人口移動、首都移転と考えることができる。上方に集中した大名ブケたちは、一部が関ヶ原合戦の西軍方として取りつぶされたが、大部分は上方の集中地から江戸へ移動した。江戸は実質的な首府となったのである。

江戸の町は江戸城を中心に東側・西側を徳川直参の旗本・御家人たちが固め、その外周の北側・西側を大名屋敷が取り巻いていた。南側は低湿地であった。江戸城正面（東側）の大手よりもさらに東北側、浅草・日本橋にかけての低地が商業地、つまり町人の居住地であった。いわゆる下町である。江戸城大手も低地であるので、武蔵野台地下の低地がすべて「下町」であったわけではないが、町人居住地は基本的に台地下の狭い一画であった。

台地上の広々とした地域が山の手と呼ばれる。武家地及び寺社地である。居住者は上方からの首都移転に伴う武家が中心となる。下町の居住者も主流は、伊勢・近江・京など上方商人である。そこに江戸城の普請に伴った大名動員による全国からの労働者や関東甲信越あたりからの人々が流れこみ、ごったがえしたことであろう。だから、しばしば江戸は言葉（方言）の坩堝《るつぼ》のように言われる。しかし近年の社会言語学の進展に従えば、どうもただ坩堝であるとは言えないようである。

ブケはもとより全国から江戸にやってきた。大名屋敷内ではその地方の方言がとびかってもいたであろう。しかし彼らは江戸市中で暮らしており、そこではどうしても他地方出身の人々と交際をしなければならない。江戸は多方面からの人々が集まるニュータウンである。ニュータウンの人々は、しばしばコイネーという共通語で話をし合う。コイネーとはもともと、古代ギリシアの殖民によるニュータウンの共通語のことを言う。古代ギリシアの植民都市では、さまざまな地方の人々が集まったが、そこでの主流となる共通語が必要だったのである。江戸でも同様の状況が生じたわけだが、実際にはブケの多くは、上方で上方共通語（中央語）の言語訓練を受けた人々であった。町人たちも主流は上方商人である。彼らの得意先はブケであるから、商売も上方語で話が済んだはずである。上方から江戸へ送られる商品は「下り物」と呼ばれる。何でも下り物の方が有り難く、しからざれば「下らない」と呼ばれてしまう。関東にも相応の人口はあって、そこでは東国弁が広がっていたと思うが、現在でも東京都区部は周辺に対して、「言語の島」になっていると言われる。江戸のブケ・上級の商人たちの言葉も、下り物と考えればよいのである。

一方で町人地域では、主として東国からの人口の流入が続いていただろう。彼らはニューカマーとして都市の低層民を構成して行かざるを得ないが、次第に「江戸っ子」としての矜持に目覚めて行く。坩堝から、その地域の共通言語の形成に進んで行っておかしくない。いわゆる江戸弁・下町言葉が徐々に形成されて行く。だから上方由来の江戸言葉と、江戸下町で形成された江戸言葉はかなり異なるのである。上方由来の江戸言葉はいわゆる山の手言葉になる。江戸で形成された庶民の言葉は下町言葉となる。その違いについて、大変に単純化した例をあげる。「行かない」という言い方がある。この打ち消しの「ない」というのは、どうも東国方言の流れの言葉のようである。「行かない」はしばしば、「行かねー」になる。対して「行かぬ」と言う打ち消しの言い方がある。この場合の「ぬ」は、もともと古語の「ず」の連体形で、先に述べた連体形の終止使用によって通常の文終止に使われるようになった。上方中央語の流れである。この「行かぬ」は「行かん」にもなる。「行かぬ、行かん」は、もちろん各地の方言でも使用されているわけだが、江戸・東京語的文脈で「行かん」と言うと、少し古く威張った言葉のように感じられるかと思われる。「オレは行かん」「オレは行かねー」を対比されたい。

江戸期にも上方には本来の上方の人々が住んでいる。とすれば、室町期までの上方語＝中央語は幾分スタンダード化していたのだが、徳川政権の江戸開府以降、上方と江戸（山の手）に分岐したことになる。江戸は次第に勢力ある実質的な首府となった。首府の言語がその国の中心言語となるのは、自然である。一方上方には本場の上方語がやはり言語中心として残存する。ヨーロッパの国々ではおおむね首府の言語が一つだけ中心言語となっているようである。それに対して江戸期の日本語では、中心が二つの楕円型言語圏が形成された。江戸山の手言葉はコイネーであるから、方言臭が薄く感じられる。そうなると上方言葉は江戸言葉に対する方言のように感じられてしまうかも知れない。また江戸山の手言葉は地域言語として見ることも出来るので、そうなるとこれも一つの方言ということになる。しかし本質的には、キリシタンも珍重した古代以来のミヤコ言葉の、二箇所への分岐なのである。

上方語と江戸語

江戸前期（一七世紀）における上方語と江戸語の話し言葉の見本を示すことが出来れば、それが一番良い。一七世紀の上方言葉は、近松門左衛門などの浄瑠璃・歌舞伎などのセリフによって、相当程度に示すことが可能である。しかし一七世紀の江戸言葉の資料はあまり残っていない。江戸で江戸人が書いたものというのはあるが、既に述べたように、この時代の書き言葉はおおむね文語体である。もう少し文芸が発達すると話し言葉の資料も現れやすいのだが、一七世紀の江戸というのは文芸的砂漠と言ってもよい。室町期までには日本は高度な文化的発達を遂げている。それを引き継いで江戸前期の上方文化は大いに栄えている。にもかかわらず一七世紀の江戸にはなぜ文芸が何も無いのか。無いものについて考察をすることは難しいと言えるかもしれないが、それは文学史の話である。江戸は上級のブケの集積地であり、相応の教養も蓄積されているはずだから、この空白は社会史的に考慮されてしかるべきであろう。

スタンダードの発見

一八世紀に移行すると、私たちは江戸語と上方語を直接に比べることが出来る。この場合私たちは、上方や江戸の生活語ではなく、普段顔なじみとは言えない他人との交際に用いられる言語、改まった場での言語が「標準語《スタンダード》」である、ということに注意しなくてはならない。かつてのキリシタンは、布教のために「一般に通用する言葉遣い」「ミヤコでクゲの用いる言葉」を学習しようと努めたのであった。一八世紀の上方や江戸の人々も「一般に通用する言葉遣い」とぞんざいな生活語を大いに区別していたようである。『半七捕物帳』の作者で、江戸御家人の息子であった岡本綺堂（一八七二〜一九三九）は、「江戸に限らず、すべての都会人はみなそうであるが、多年訓練の結果として、言葉の使い分けを自然に心得ていることである。即ち一面には非常にぞんざいな、乱暴な言葉づかいをすると共に、他の一面には非常に丁寧な、礼儀正しい言葉使いをする事に馴らされている」と述べている（『江戸に就ての話』[3]）。上方歌舞伎・江戸歌舞伎の登場人物の言葉も、またそうであった。

上方歌舞伎と江戸歌舞伎

次の「又五郎」は、上方歌舞伎「伊《い》賀《が》越乗掛合羽《こえのりかけがっぱ》」（一七七六初演　『新日本古典文学大系95　上方歌舞伎集』）の作中の武士である。また、「粕屋の藤太」は、江戸歌舞伎「御摂勧進帳《ごひいきかんじんちょう》」（一七七三初演　『新日本古典文学大系96　江戸歌舞伎集』）の作中の武士である。それぞれのセリフを比べてみよう。なおこの時代、丁寧語としての「です」は未だ出現せず、「ます」はしばしば「まする」の形で現れる。

〔上方、又五郎の丁寧な言い方〕

「ごもっともでござりまする。拙者もさよう存じてから、ご機嫌を見合わせご帰館あるようにとお勧め申すことでござりまする」

「命を捨てての御諫言、イヤハヤ、驚き入ましてござる」

〔江戸、粕屋の藤太の丁寧な言い方〕

「是は、何れもさまにお揃い遊ばされ、只今の参内。何共、合点参りませぬ」

「イヤ、その儀は気遣ひあられまするな。はや先達て、此所へ召寄まして御ざりまする」

〔上方、又五郎のぞんざいな言い方〕

「そりゃ何をぬかすのじゃ。その正宗の刀は俺がのじゃ。元来沢井の家の重宝じゃよって沢井正宗と言わぬか。……千石の加増は俺がしてやるのじゃ。そう思うてけつかれ」

「何じやい、明日から帰参すれば七百石取の、ヲヽ、沢井又五郎様じや。いま～しい。こんなむさい屋敷は嫌ひじや。大べら坊めらめが」

「去ぬるわい。汝《うぬ》、覚えてけつかりあがれ。こな鼻垂らしめが」

〔江戸、粕屋の藤太のぞんざいな言い方〕

「ここな行平の大腰抜けめ。なんじ此度上京なしたるは、義経を詮議の為じやアないか」

「何を、此とち女郎め。うぬ一人でもある事か、おぼこ娘の村雨、疵物《きず》にしやアがったな」

「是、ヱヽ、爰をどこだと思ふ、是明親王の御殿だぞ。……面倒な、親王の御前へうしやアがれ」

又五郎（上方）のぞんざいな言い方「ぬかすのじゃ、重宝じゃよって、去ぬるわい、覚えてけつかりあがれ」などは、いかにも上方風である。また藤太（江戸）のぞんざいな言い方「じゃアないか、しゃアがったな、うしゃアがれ」などは、いかにも江戸風である。ところがそれぞれの丁寧な言い方、「ごもっともでござりまする、驚き入ましてござる、合点参りませぬ、此所へ召寄まして御ざりまする」などでは、上方と江戸の区別が付かないほど、両者はよく似ている。ロドリゲスの言う「一般に通用する言葉遣い」は、岡本綺堂の「非常に丁寧な、礼儀正しい言葉使い」に通じ、それは結局、江戸・上方で共通するのである。

心学道話

「丁寧な、礼儀正しい言葉使い」は、改まった・公的な場所での言葉遣いでもある。次の「心学道話」の言葉遣いは、かつての抄物のような講義の場（公的な場所）での講者の言葉を、「そのまま写したもの」と宣伝されていた。

此《この》やうにうごき詰《づめ》じやによつて、一切万物の造化するは、悉く天の働き、天と万物と一体なるゆへ、釈迦如来も孔子様も、千石万石の殿様も、賤しい銘々どもも、蚤も鯨も、犬も猫も、雁も鴨も、皆天の生じた土じや。其の生じた土が、形の通りしてゐるが則《すなわち》道じや、といふ事でござります。

（『道二翁道話』初編　大阪で版行　岩波文庫）

心学道話は、識者のためにまうけました事ではござりませぬ。たゞ家業に追はれて、隙《ひま》のない御百姓や町人衆へ、聖人の道ある事を御知らせ申たいと、先師の志でござりまする故、随分詞をひらたうして、譬をとり、あるひはおとし話をいたして、理に近い事は神道でも仏道でも、何でもかでも取こんで、おはなし申ます。かならず軽口話の様なと、御笑ひ下されな。これは本意ではござらねども、たゞ通じ安いやうに申すのでござります。

（『鳩翁道話』壱之上　京都で版行　岩波文庫）

心学は京都の商人石田梅岩（一六八五〜一七四四）の創始した道学で、儒教・仏教・神道の道徳教誡を一まとめにしたような内容になっている（R．N．ベラー『徳川時代の宗教』など参照）[4]。心学は本来、京・大坂の商人・庶民に広まったわけであるが、梅岩の弟子の時代には江戸をはじめ全国に広がっていった。次は、この心学道話の江戸期共通語性にはじめて注目した言語学者の森岡健二によるまとめである。森岡の指摘は、戦後の日本語研究史上最大級の重要性を持っている。

心学者はおおむね京都を中心とする上方の出身者であるが、九州を除く五畿七道二十七か国に亘って布教し、聴聞した人は藩主・上流武士・千代田城大奥から町人・農民・佃島《つくだしま》の寄場《よせば》人足《にんそく》に及んでいる。また、道話の板本は、講演者の生前の筆録から没後数十年を経て復元したものもあり、また筆録者も浪速人あるいは江戸人とさまざまであるにもかかわらず、出版された心学道話の語法ならびに文体は極めて等質的である。この点から、江戸時代すでに共通語が存在し、心学道話の文体はまさに江戸時代の言文一致体というべき性質のものだろうという趣旨を述べた。

（『近代語の成立　文体編』[5]）

江戸東京落語

心学道話を読んでいると、今日の上方落語でも聞いているような気がしてくる。現代では関西弁の方がやや古い時代の言語をよく残しているので、江戸期の心学道話は今日の関西弁に近いように感じられるのであろう。しかし江戸東京落語であっても、登場人物の丁寧なものの言い方は、「江戸時代すでに共通語が存在し」たその共通語に近い。時代はやや下るが、次は『百花園』という講談・落語速記雑誌に掲載された明治期の落語である。

エ、前回に将棋の殿さまと云ふ落語ながら、チトお堅《かた》くお話を申上げましたから、今日《こんち》は模様を変へ極《ごく》々お柔かいお笑ひの沢山《たくさん》有るお話を申上げます。素人が義太夫《ぎだいふ》を語りまして未熟処《まずいところ》から自然聴衆《きゝて》を煩《わづら》はせると云ふ素人義太夫のお話を申上げますが、総《すべ》て義太夫に拘《かゝは》らず、御覧なさる事でもお聴きなさる事でも現行《やり》ます当人より力を入れ骨が折れます。

（「素人浄瑠璃」禽語楼小さん『百花園』明二二　『明治大正落語集成　第一巻』講談社）

本江戸

江戸期の江戸山の手の上品な武家言葉は、「本江戸」として次の式亭三馬・楽亭馬笑合作の『狂言田舎操《いなかあやつり》』（一八一一・文化八）をもとに位置づけられることが多かった。

ハテ江戸訛といふけれど、おいらが詞《ことば》は下司下郎で、ぐっと鄙《いや》しいのだ。正銘の江戸言《ことば》といふは、江戸でうまれたお歴々のつかふのが本江戸さ。これは又ほんの事《こつ》たが、何の国でも及ばねへことだ。さやうしからば、如何いたして此様仕りましてござる、などいふ所しやんとして立派で、はでやかで実《げに》も吾嬬男《あづま》はづかしくねへの。京女郎と対句になる筈さ。……江戸は繁花の地で、諸国の人の会《あつま》る所《とこ》だから、国々の言が皆聞馴て通じるに順って、諸国の言が江戸者に移らうぢやアあるめへか。……皆江戸訛《なまり》といふけれど、訛るのは下司下郎ばかりよ。

ここで「本江戸」というのは、「さやうしからば、如何いたして此様仕りましてござる」などの言葉のようである。とすれば、本江戸はどうも武家言葉であるということになる。そしてこのような「本江戸」が、明治期東京の「教育ある東京人の話すことば」（上田萬年『国語のため』一八九五『明治文学全集44』所収）「主として今日東京に於て専ら教育ある人々の間に行はるる口語」（国語調査委員会編・大槻文彦執筆『口語法』一九一六）、「東京山の手の教養ある人々の言語」（神保格『標準語研究』一九四一）に繫がるものと考えられていたのである。ここに示された上田、大槻、神保の「ことば、口語、言語」が今日の標準語と考えられる。

しかしそのような考えは、江戸期にはスタンダードに二つの中心があった点を無視している。また、武家言葉としての「本江戸」を「主として今日東京に於て専ら教育ある人々の間に行はるる口語」に繫げるのには無理がある。「本江戸」は明治維新期をくぐり抜けることが出来ないからである。実際「さやうしからば、如何いたして此様仕りましてござる」では、いくら何でも武家言葉に過ぎて「教育ある東京人の話すことば」に直接繫がるとは思えない。

Ⅰ－4　明治維新

江戸・東京の人口動態

従来の日本語史は、畿内語をもって、古代（中古まで）―中世（鎌倉・室町期）―江戸時代前期までの記述に当ててきた。ところが江戸後期以降は、江戸・東京語が日本語史の記述の主流を構成する。現代日本語についての様々な記述も、「東京語＝標準語」準拠である。歴史を連続的に語ろうとするならば、当然、江戸期における上方語から江戸語への飛躍が問題となる。しかし、本書前節までの記述に従えば、畿内の中央語が上方語と江戸語に分岐するだけであるので、日本語の歴史的一貫性は担保されることになる。もちろんそれは、あくまでもスタンダード言語（中央語）というあり方を持った日本語の部分を記述しているのである。そして現代東京語は「標準語」と考えられているのだから、日本語史の終着点を現代東京語に置くことは、それなりに歴史的一貫性を保った記述方法と言える。

しかし実は、「江戸語（江戸山の手語）→東京語（東京山の手語）」が真に連続しているか、この点は疑ってみる必要がある。間に明治維新をはさんだ「江戸・東京」の人口動態は、上記の連続性を簡単には認めてくれない。

山の手という空白地

〈表1〉は、幕末・明治期の東京の人口の推移を示している。今日の国勢調査ほど正確なものとは言

1855	安政2	1,146,544
1867	慶応3	1,120,463
1873	明治6	595,904
1876	明治9	873,646
1884	明治17	1,020,437

〈表1〉野村二〇一三より[6]

いにくいだろうが、江戸期の人口調査は相当の水準に達しているので、大づかみには問題ないものと思われる。ただちに分かるように、維新をはさんで江戸－東京の人口は激減している。江戸における江戸期の士族（と分類可能なもの）と平民（と分類可能なもの）との人口比は、ほぼ「5対5」と考えられているが、一八七六（明治九年）の東京府の士族対平民の人口比は「1対9」であるようなので（明治九年で士族約七万二千という数字がある）[7]、維新期の人口減はもっぱら士族の減少に基づくものである。それは当然なのであって、維新前から大名の家臣団は国元に引き上げつつあり、さらに維新後の版籍奉還・上地《あげち》（武家地の返還）などによって大名家臣団は東京から一掃された。また徳川家も大名たちと同格となったから、徳川直参の士族たちも最終的に同じ運命をたどった（主に静岡移住）。このため、明治初年の東京山の手は巨大な人口空白地となったのである。大名屋敷（幕府から「拝領」していた）などは国有地（軍用地も多かった）や払い下げ地となって、その後の東京の大規模開発の基盤を提供した。現在の東京二三区内に、多くの官庁・団地・大学・巨大ビル群・公園・庭園付き結婚式場などが広がっているのは、このためである。東京は、明治以降空白地を利用して、この種の公共的用地を膨大に供給できた地域だった。

　いわゆる「標準語」は、先述のように戦前期の日本語学者たちによって、「東京山の手の教養ある人々の言語」（神保格）に基づくべきだと主張されてきた。その「標準語」は、誰かが、ないしある種の機関が特別に定めたわけではないのだが、教科書やラジオ・テレビの放送などで「東京山の手の教養ある人々の言語」として一般に承認されている。しかし、その「東京山の手の人々」は明治初期に東京からほぼ一掃されていたわけである。とすればあの「東京山の手の教養ある人々の言語」は、一体どのようにして形成されたのであろうか。

開化期の話し言葉スタンダード

もし「東京山の手の教養ある人々の言語」が、士族を中心にした江戸山の手の人々の言語であるならば、その担い手たちは既に一掃されている。明治初期の東京府士族たちは、官軍勢力や幕臣の江戸残留者、新たに政府の雇いとなったものたちであるが、先のように士族七万二千人とすれば、幕末期士族（五〇万人）の二割にも達しない。しかも、明治政府の主流は薩長土肥などの旧西国大藩の人々が占めていたのである。彼らの多くは人口空白地の東京山の手に住みついたが、各地からの人々の寄せ集めである。となるとここには、かつての江戸に想定されるような言語の坩堝《るつぼ》が出現しそうである。

明治初期の東京の人々の自然な会話を写した資料は多いわけではないが、文明開化期には「開化啓蒙本」が出版され、それらはしばしば平易な会話体で記してある。

舊平　ナント開次郎君、当時の事は一向僕には合点が参りません。何故といふに、先年公方様が御政事を天子様へ御還しなされ、天子様が御自分にて天下の御政事をなさるやうになり升《まし》たからは、萬事昔の仕来りに倣ひ、古風を守て芽出度御事になるだろふと思て居升たに、……

開次郎　なるほど舊平さん、足下《おまへ》の御疑ひは御尤でござる。僕も一時はさやうに思ひ升たゆゑ、ある先生に就てこれを質しました。ところが先生の御話に、もと封建をよい抔《など》といふて、漢土の堯舜三代だの、周の代だのと引事にするは、世の腐れ儒者の箸の上下の言葉でござる。

（『開化問答』明治七『明治文化全集』第二十四巻「文明開化篇」）

明治初期の新聞は、社会ダネ中心の当時の大衆新聞である「小《こ》新聞」と、政論中心の高級紙である「大《おお》新聞」とに分化していた。「大新聞」では文語体が用いられていたが、「小新聞」は口語体（談話体などとも呼ばれる）が中心であった。東京の「読売新聞」は、「仮名読新聞」や「平仮名（東京）絵入新聞」とともに、ごく初期からの小新聞である。（第Ⅲ章にも「読売」の記事の引用がある）

千里軒の馬車のために原田清吉の娘のおとくは曳殺されて漸く此《この》ほど公裁《おさばき》が済《すむ》か済まないのにまた浅草諏訪町の安達と云人の息子が八月二十五日に曳殺されました此子はまだ四歳だそうで御座いますが何といふ不行届《ゆきとどかない》馭者《べっとう》さんたちだか聞ても気の毒な事でございます。

（「読売新聞」第一号　明治七・一一月二日）

開化啓蒙体と小新聞談話体の文章はよく似ている。これらの文章には「ござる、ございます」が用いられている一方、「ですます調」と言われる丁寧体の「です」は表れてこない。このころの東京では広く一般に「です」が使われることは、まだ無かったようである。進藤咲子の調査[8]によると、明治一〇年二〜三月の「読売新聞」「東京絵入新聞」「仮名読新聞」における「です」「であります」「でございます」の数（三紙合計）は、「14、68、13」であって、敬体を選択した場合のデスの数はさほど多くない。

小新聞談話体はもちろん口語体（言文一致体）で、当時の話し言葉を写したようなところがある。その話し言葉が江戸のベランメー言葉でないことは、一見して明らかである。むしろ「心学道話」の言葉に似ていると言えそうである。公刊される新聞などの活字媒体は、改まった場所での丁重なもの言いと認められる話し言葉を、書き言葉に改めているわけだが、彼らはこの種のもの言いを改まった場で広く通用する規範言語、スタンダードと見なしているようなのである。小新聞の文章は難しくはないが、当時新聞を読むなどという階層は、相応の教養の持ち主たちと見なしてよいだろう。とすれば、当時の東京には教養層が存在し、それらはやはり江戸期以来の「江戸教養層」の言語を引き継いでいると考えてよさそうだが、それでよいであろうか。

既述のように、スタンダードの担い手たるブケを中心とした江戸教養層は、山の手から一掃されている。また仮に全国の教養層が明治政府を中心に再集合したとしても、彼らは各地域の寄せ集めなのであるから、そこにはやはり言葉の坩堝《るつぼ》が生じる可能性が高い。しかし再集合した教養層が当初よりおぼろげながらも日本語スタンダードを承知していたとしたら、いかがであろうか。かつての江戸がそうであったように、明治初期の東京山の手は、ニュータウンなのである。ニュータウンでは、相互に全く見知らぬ人々同士が交際する。そこで新しくコイネーが生まれるわけであるが、そのコイネーには、お互いが「共通語」として行けるのではないかと思う礼儀正しい言葉が適切であろう。江戸期にはその種の「共通語」が存在していたことは、既に述べた。

関西におけるスタンダード

実は開化啓蒙体も小新聞談話体も、明治初年、東京のみならず上方にも見出すことが出来る。

御社中方、定日《じょうじつ》怠りなく御出で、感心な事でござる。今日は、別して御連中も多いに依つて、文明開化といふ事を説きましよう。此の文明開化といふ事を、此節は口くせのやうに、世間の人が申しますが扨其《さて》文明開化の訳が、わかつていふ人は少ないやうな。夫《それ》は何故じやといふたら、よく世間の人のいふことを聞くに、豚《ぶた》を喰ふたといふては文明じや、あいつは此頃蝙蝠傘をさして歩行《あるき》をる。えらひ文明じや、沓をはいたまゝで座敷へ上りをつた、こりやちと迷惑な文明じや……なんでもかでも文明開化にしてしまふが、さういふものでもない。……広く学んで世界中の事を知りあきらめ、其のよい所を取つて、我身の心得又行ひとするを、真の文明ともいふべき事でござる。

（『文明開化』明治六・七　加藤祐一講釈　女照子聞書）

『文明開化』は、大阪で出版された。その大阪では東京の『読売』に続いて『浪花新聞』（明治八年創刊）、『朝日新聞』（明治一二年創刊）などの小新聞が刊行されている。次は『浪花新聞』（明治九年一月二四日第二二号）の投稿記事である。

貴社新聞第十八号には九條村伝法村辺「ネンガラ」と唱へて木や竹をとがらし手裏剣などのごとく打のが大に流行《はやる》そうでひよつとこれが顔や天窓《あたま》へ当ると大変だから怪我のない内止《やめ》させたいと松井さんのおはなし実に能い御心付けでござり升。最早此頃は在所斗りではござりませぬ市中《まちなか》にも大に流行出しており升どうか子達《こども》を持つた親達は御気を付けられるが宜しうござります。

小新聞は相当数が売れなくては困る商業出版である。その中の『浪花新聞』は、この種の文章が新聞の書き言葉口語体として適切であると見なしているのだ。『朝日新聞』の文章も同様。今日では新聞の標準語的口語体の文章は当たり前だろうが、明治初年という時点では、大阪にそのような文章見本は、全く存在しなかったのである。

『文明開化』はより手が込んでいて、「何故じやといふたら」（「いふたら」の「ふ」は「ウ音便」の仮名違い）のように、関西弁ぽい言い廻しを交えているが、「感心な事でござる、文明開化といふ事を説きましよう、世間の人が申しますが」などを地の文体の基調としている。『浪花新聞』も『文明開化』も東京の小新聞・開化啓蒙ものなどを真似たのかも知れないが、発行者はこの文体が大阪でも人々が違和感を持たない文体であると考えたはずである。それでなければ商業的成功はおぼつかないからだ。これは、東京のスタンダードと同質の言語が、大阪でも通用していたことを物語っていると思われる。

標準語が東京語をつくった

この種の文体が東京でも大阪などでも通用するのは、これが江戸期のスタンダードの後継者であるからであろう。江戸山の手は江戸期スタンダードの（江戸における）場所であったが、その住民である武家は一掃された。しかし新たなニュータウンとして東京山の手が形成され、そこは政府枢要の地としてしばしば言葉も公的でなければならなかった。その場所でコイネーとして通用されるべき言語は江戸期のスタンダードしか存在しなかった。ところが、標準語についての「教育ある東京人の話すことば」・「東京山の手の教養ある人々の言語」などという言説は、東京（山の手）の言語が「標準語」の前提として存在しているようである。あたかも、東京語が標準語をつくったかのようである。しかし、事態は転倒しているように思われる。もともとの全国的なスタンダードが、東京山の手に新たに定着していったのである。東京語が標準語になったわけではない。標準語が東京語をつくったのだ。

書生ことば

もっとも、多少スタンダード言語の意識を持っている人々であっても、彼らがただ東京に集まっただけでは、そのスタンダードがコイネーとしてまたたく間に形成されようとは考えにくい。明治一ケタ台では、小新聞や開化もののような書き言葉口語体の資料はあるけれど東京語の会話資料は見出しにくいのであるが、少なくとも明治一〇年代には、後のスタンダードに繋がる東京（山の手）言語は形成されていたようである。それは例えば次のような坪内逍遙『當世書生気質』（明治一八〜一九）などに見出すことが出来る。ここで登場人物の「須河」は地方出身者で、その地方の方言を割合に残した書生として造形されている。一方「宮賀」は地方出身者にもかかわらず東京語によくなじんでいる書生である。

須河「ヲヲ宮賀か。君は何処へ行つて来た。」宮賀「僕かネ。僕はいつか話をしたブツクを買ひに丸屋までいつて、それから下谷の叔父のとこへまはり、今帰るところだが、まだ門限は大丈夫かネエ。」須「我輩のウヲッチではまだテンミニッ位あるから、急《せ》いて行きよつたら、大丈夫じやらう。」宮「それじやア一所にゆかう。」須「オイ君。一寸そのブックを見せんか。幾何《なんぼ》したか。」宮「思ったより廉《れん》だつたョ。」……須「実に是はユウスフルじや。」

（坪内逍遙『當世書生気質』明治文学全集16）

大学のような高等教育機関は全国から書生が集まるので、ニュータウン同様コイネーが形成されやすい。室町期の学校機関（大抵は寺院）については、既にキリシタンの言を借りて述べておいたが、さすがに会話資料が見出せず、話し言葉の実態は分かりにくい。しかしこの室町期学校機関の言語は、『天草版平家物語』の言語のようなものだったと思われる。また江戸期には江戸以外にも各地に大きな私塾があった。幕末の例だが、緒方洪庵の蘭学塾（適塾）などには、大村益次郎（一八二四〜一八六九）、福沢諭吉（一八三四〜一九〇一）のような書生たちが全国から集まっている。さらに明治期の東京は、文明開化にともなう高等教育機関（大学、専門学校）の集積地として発達した。産業地としてよりも官庁・軍隊・学校の都市として発達したのである。坪内逍遙は『當世書生気質』（明治一八）で、「中にも別て数多きは、人力車夫と学生なり。おの〳〵其数六万とは、七年以前の推測計算方《おしあてかんじよう》」と述べている。

官庁・軍隊も幹部クラスが特に東京に集積し、学校の教師・書生を含めて彼らは「教育・教養」ある人々である。そのため相応のスタンダード意識を持った人々が多いとは思われるし、また彼等の多くはその後、今日の東京都千代田区・文京区・新宿区・港区など、本来の山の手の住民となった。[9]「東京山の手の教養ある人々の言語」である「標準語」の話し手となってゆく人々である。しかし、将来的な標準語階層も、明治初期に上京していきなり江戸期スタンダードで会話を始めたとは考えにくい。

上京者

より後の時代にはなるが、森鷗外は『青年』（明治四三〜四四）で、明治末期山口県から上京した一書生の物語を描いた。当時は現代以上に、上京者にとって言葉の壁が高い。鷗外は、小説の冒頭に次のように記した。

小泉純一は芝日蔭町の宿屋を出て、東京方眼図を片手に人にうるさく問うて、新橋停留場から上野行の電車に乗つた。目まぐろしい須田町の乗換も無事に済んだ。……扨《さて》本郷三丁目で電車を降りて、追分から高等学校に付いて右に曲がつて、根津権現の表坂上にある袖浦館といふ下宿屋の前に到着したのは、十月二十何日かの午前八時であつた。……

上がり口の板縁に雑巾を掛けてゐる十五六の女中が雑巾の手を留めて、「どなたの所《ところ》へ入《い》らつしやるの」と問うた。

「大石さんにお目に掛かりたいのだが」

田舎から出て来た純一は、小説で読み覚えた東京詞《ことば》を使ふのである。丁度不慣な外国語を使ふように、一語一語考へて見て口に出すのである。そしてこの返事の無難に出来たのが、心中で嬉しかつた。

『青年』の頃は、小説の文章はすっかり言文一致体に変じており、言文一致体は基本的に東京語ないし標準語であるから、小説で「東京詞」を読み覚えることができる。とは言え地方からの上京者には、本当にそれが「東京詞」かどうか不安だろう。けれども直前の「どなたの所へ入らっしやるの」は、恐らく純一の東京詞のイメジに合致しただろうし、それ以前に「人にうるさく問うて」市街電車に乗る過程で、純一は十分に東京詞を浴びているはずである。これで自らの「小説で読み覚えた東京詞」が正しく東京詞であることに、自信を持ち得たものと思われる。

明治初期に多少なりとも江戸期スタンダードを承知していた地方出身の官員・軍人・教師・書生・会社員（現在なら幹部社員）たちも、自身が承知しているスタンダードが正しいスタンダードか自信を持てなかったであろう。それが無難な会話に育つためには、小泉純一にとっての新橋や神田須田町辺りの人々、「十五六の女中」に当たるような媒介者が必要なものと思われる。そしてそれは江戸から東京への移行過程における東京残留者でなければならない。

日本橋商人

江戸期の心学者で、心学の江戸進出の先駆けとなったものに中沢道二がいる。中沢道二は、一七二五年京西陣の機織《はたおり》業の家に生まれ、心学を学んで一七七九年江戸に下向し、一七八〇年日本橋通塩《とおりしお》町《ちょう》（現日本橋馬喰町付近）に参前舎を開いた。心学はブケにまで広がってはいるけれども、普及対象の中心はやはり町人であったものと思われる。心学の道場は、神田、日本橋茅場町、四谷、芝愛宕下にも進出して行った。心学などを聴講しようと心掛ける人々は、町人たちの中の教養層を形成した中上層町人であろう。そして彼らの多くは、伊勢・近江・京などの「下り」町人であった。

『世事見聞録《せじけんもんろく》』（一八一六）は、次のように述べている。

一体御当地の商人は、多分近江・伊勢・三河国より出でし者多し。其内三河より出でたるには、さのみ大分限も出来ざりしが、近江・伊勢より出でたるは、悉く身上を拵へて、今、近江屋・伊勢屋といへる質・両替・酒屋の類ひ多くありて、本店出店、一家一門、連々栄え行き、或は江戸は出店になし、その身は本国に住居して、手も濡さず、年々江戸より大金を取り込むなり。
　呉服絹布を始め、すべて奢りに付きたる商ひすぢ繁昌いたし、（中略）そのほか薬種・小間物・道具・米問屋・酒問屋・油問屋・質・両替の商人ども、（中略）富有を構へ、居宅も、土蔵造りなどいふ大造にて、右の土蔵に槻樫《けやき》の大材を用ひ……
（『世事見聞録』武陽隠士）

伊勢商人・近江商人などの場合、典型的にはその本家は出身地（伊勢・近江）にある。本店は京・大坂で、江戸の出店が最大店舗である。江戸は生産都市というよりも消費都市だったのである。しかも、伊勢・近江商人などは従業員もまた本国で確保していた。「呉服店人も上方仕入なり」などと川柳に詠まれたとおりである。中で参前舎のあった日本橋は、最大の富と中上級商人との集積地であった。彼らは庶民よりも武家や富裕者相手に商売を行うのだから、言葉遣いも改まった丁重なものであったろう。3節で示した岡本綺堂は、次のように述べている。劇作家の岡本は、どんな言語学者よりもこのあたりの言語感覚は鋭敏である。

武士と職人に比較すると、商人が最も丁寧である。落語などを聴いていても、商人の言葉が一番写実に近いようである。殊に中流以上の商人の言葉などは頗る丁寧であったらしく、「身分のよい商人などと話をしていると、こっちが恥かしいくらいであった」と、私の父が曾って語ったことがある。

（岡本綺堂　前掲書）

多少江戸弁っぽい所が交じるが、講談・落語速記雑誌の『百花園』を再び見てみよう。

旦那「何《な》に、お断わりだと。如何《どう》か為《し》なすツたのか」
佐吉「ヘエ。誠にお気の毒さまだが、大変忙しいので拠《よんどころ》有りません、今日は昼間から支度を為《し》て充分窺ふ積りで居ましたが、急に得意先に開業式が有つて鬼球《ほおづき》提灯を三百個《さんぞく》誂《あつ》らへられ、今夜中に間に合せなければ得意をしくじるから、旦那のお浄瑠璃を伺へば註文の品が間に合はず寔《まこと》に残念で御座いますがお断りを申します、と云つてお内儀《かみ》さんまでが手を蘇枋《すおう》だらけに為て居まして、幾《いく》ら好きな浄瑠璃だツて真逆《まさか》家業には替へられない、御覧の通りの次第だから悪《あし》からず旦那さまに詫びて呉《く》れろ、と申して日頃好き丈《だ》けに甚《ひど》く残念がつて居ました」

（「素人浄瑠璃」　前掲書）

明治維新は日本橋商人にとっても打撃であったろう。商売相手であった武家はほとんど消滅し、新たに新政府・官軍が入り込んだとしても、先に見たように、東京の人口はなかなか江戸期の水準にまで回復しない。しかし、武家のように一斉帰国というわけにも行かないのだから、商人の多くは東京に止まり続けるしか方策はない。明治初年は苦しい時期であったようだが、日本橋本町の日本銀行や蠣殻町の米穀取引所など、この地は事業の革新にも取り組んだ。また三井越後屋（伊勢出身）や大村白木屋（京出身）などを筆頭に、代表的な商家のほとんどが維新をくぐり抜けて、江戸－明治期に連続している。小説家の田山花袋は明治一四年（一八八一）に日本橋の書籍商に奉公に出されたのだが、花袋の『東京の三十年』（一九一七）を見ると、その頃の日本橋は繁華の地である。

上京者と商人

もちろん商業地は日本橋だけではない。けれども田舎からの新上京者は、東京でまず第一に言葉遣いの丁寧な商家で種々の用を足さなければならないだろう。次はその極端な例。作者の服部撫松は漢文調の文章で滑稽感を引き出すのだが、商家の客引きはこの箇所以外でも、「浴場早く已に成る《オフロモワヒテオリマス》」「請ふ嚮導に任ぜん《ゴアンナイイタシマセウ》」などとスタンダードで客を勧誘する。

又見る二個の断髪少年、革行李《カワノカバン》を肩にし蝙蝠傘を手にし、高屐《タカアシダ》疾歩、紅塵を揚げ来る。漢等一目して以為《おもへ》らく、他は是游学生の初めて都に入る者、必ず若干の学資を懐にす。奇貨攫《つか》む可し。幸ひに又生意気相《そう》有つて挑発《オダテル》し易し。乃ち近一近し忙はしく問ふて曰く、君等は思ふに是れ志を決して郷を出て良師について学ばんと欲する者耶。小可請ふ君の為に師を擇ばん。宜しく先づ敝舎に宿すべし。萬づ皆な弁了せん。

（『東京新繁昌記後編』「浅草橋」『明治文学全集４』）

明治初年東京山の手に集まってニュータウンを形成しつつあった官吏・軍人・会社員・教師・書生の類は、さしずめインテリ・インテリ予備軍（教養層）であって、改まった言葉づかいを必要とする。かつ、みんながみんなではないにせよ、その種の規範言語について多少の心得があった。しかし彼らは「小泉純一」同様、自らの東京語スタンダードについて自信があるわけではないだろう。触媒のような働きをする人々が必要なのである。本来の江戸なら、それは山の手の教育ある人々（つまり武家）でも済んだわけだが、彼らは一掃されている。しかし幸いにも東京には、「身分のよい商人などと話をしていると、こっちが恥ずかしいくらいであった」と言われた人々が、相当数残存していたのであった。残存旧幕臣や各藩の江戸定府者などとともに彼らが媒介項となって、東京の山の手では「教育ある東京人の話すことば」が次第に形成されたものと思われるのである。

山の手の人々

東京高等師範を中心とする師範学校の同窓会「茗渓会」の会誌『東京茗渓会雑誌』には、以下のような会議録が掲載されている（四四号、明治一九年）。

（議長）左様致しますと十三番の意は会費中よりそれだけのものを支弁せよと云ふのでありますか。

（十三番）左様で御座ります。若林抔へ贈つたやうに致したいと云ふのであります。

（三十五番）……功労ある者でも贈与することが出来ないやうになりますが其辺は如何なる考へでありますか。

同じ頃の茗渓会の同窓会名簿によれば、名簿四百名中百名が東京在住であり、職業は教員・役人が主である。名簿から卒業者の住所も分かる。彼らの住まいは、東京市内旧一五区中の同窓会名簿上位四区「麹町区、本郷区、牛込区、神田区」（現千代田区、文京区、新宿区）で過半を超える。会議録の言語は「主として今日東京に於て専ら教育ある人々の間に行はるる口語」なのではあるが、それらはブケ残留者や上中級の商人を中心とした維新期の「江戸－東京」の残留者を媒介として、東京山の手に再度形成されたスタンダードと推定される。

Ⅰ－5　「標準語」

上田萬年の標準語論

日本人初代の東京帝国大学博言学講座教授（のち国語研究室主任）で洋行帰りの上田萬年は、一八九五年（明治二八）に標準語について次のように述べた。

願はくは予をして新に発達すべき日本の標準語につき、一言せしめたまへ。予は此点に就ては、現今の東京語が他日其名誉を享有すべき資格を供《そな》ふる者なりと確信す。たゞし、東京語といへば或一部の人は、直に東京の「ベランメー」言葉の様に思ふべけれども、決してさにあらず、予の云ふ東京語とは、教育ある東京人の話すことばと云ふ義なり。且つ予は、単に他日其名誉を享有すべき資格を供ふとのみいふ、決して現在名誉を享有すべきものといはず、そは一国の標準語となるには、今少し彫琢を要すべければなり。されど此一大帝国の首府の言語、殊に其中の教育をうけし者の言語は社交上にも学問上にも、軍術上にも商工上にも其他文学となく宗教となく、凡ての点に於て皆非常の伝播力を有するものなれば、此実力は即ち何にも勝る資格なりといふべきなり。
（「標準語に就きて」前掲『国語のため』所収）

上田は「標準語」「言文一致」「表音的仮名遣い」論者であったが、このうち「表音的仮名遣い」は上田の生前についに日の目を見ることがなかった。しかし、「標準語」と「言文一致」とは、明治期に事実上実現している。「標準語」は小学校教科書の会話文、口語文に取り入れられている。

一方、小説界では言文一致体が主流になろうとしていた。大体が上田はうるさ型であったので、「標準語制定上の一大補助」となるべき言文一致体小説の文章は「深き思慮」が足りないと言っていた。しかし、東京の「標準語」は既に世上一般で行われており、さしたる「彫琢」が施されることも無いままに、「標準語」として定着してしまった。もっとも言文一致体小説が、「標準語制定上の一大補助」たりうるという上田の直感は当たっている。二葉亭四迷は、言文一致体小説の『浮雲』について「東京弁の作物」（「余が言文一致の由来」一九〇六）と言っているのだが、同時にそれは「標準語」の小説だったのである。

上田は慶応三年（一八六七）に名古屋藩士の長男として江戸に生まれ、そのまま一貫して東京で成長している。岡本綺堂が「身分のよい商人などと話をしていると、こっちが恥ずかしいくらいであった」と父親の言を紹介しているように、明治期の日本橋をはじめとする江戸・東京の丁重な言葉は、かつての大阪の船場‐心斎橋付近や京都の中京に匹敵するような洗練された言語であることに、多少なりとも気づいていたものと思われる。結局その種の言葉が、「標準語」になっているのである。にもかかわらず上田は、「教育ある東京人の話すことば」を良いと言う。ならば、「さやうしからば、如何いたして此様仕りましてござる」のような本江戸を良いと言うのであろうか。そうではあるまいけれど、先に見た「落語」などに現れる言語すなわち「寄席言葉」について、上田は「第四項の言語〈寄席言葉〉は頗る発達したる者なれども、悲しいかな、其話す人が今日まで賤しめられし人々なる故、従ひて其言語に偉大純美の徳を欠くこと多し」とする。このような上田の視線には、帝国大学教授の士族的偏見が潜んではいないであろうか。東京山の手の（上田はこの時点ではそうは言わないが）「教育ある東京人の話すことば」が「標準語」であるとする今日の常識は、その出自が改めて問い直されなければならないように思われる。

「標準語」は、方言的地方臭が抜けている事が望ましい。とすれば、改めて形成された首都型ニュータウンの東京山の手の言語がそれと指定されるのは、自然ではある。だが、その種の言辞の刷り込みは極めて強固であったため、これまで「標準語 ⇕ 東京山の手の言語」という結び付きは疑われることがなかった。その形成がちょうど明治初期の口語資料の不足期にも当たっていたため、近代日本語研究の空白地帯を生み出してしまっていたのである。

東京山の手と標準語意識

以上は、明治期東京でのスタンダード形成について述べたのである。だが、スタンダード言語が実際的に形成されることと、それがスタンダードとして適当と意識される事との間には、時間的なズレがある。上田が何を言おうが言うまいが、明治一〇年代くらいに、「教育ある東京人の話すことば」は形成された（或いは、されつつあった）。次に明治中期の人々は、その言語が「標準語」として適当と、おぼろげながらに感じ始めた（スタンダード意識）ように思われる。「人々」とは、先ず第一に

「東京山の手の教育ある人々」自体であり、第二に、「日本全国の」と言ってもよいかも知れない人々である。

先にも見たように、二葉亭四迷は小説『浮雲』について「即ち東京弁の作物が一つ出来た訳だ」（「余が言文一致の由来」）と述べていた。『浮雲』はほぼ初の言文一致体小説として、全国的な言論の自由市場において「命がけの飛躍」を遂げねばならない商品である。二葉亭はその「言文一致体」についてはさほど自信が持てず、動揺を重ねていたようであるが、その「言」が東京語であることは、「即ち東京弁の作物が一つ出来た訳だ」と、これを当然視している。なぜそのようにあり得たのであろうか。

明治政府の少なくともその将来を率いる人々は、明治二〇年代には既に幕末維新期の「志士」たちではない。「東京山の手の教育ある」官員たちであり、その仲間には教師、高級軍人、会社員（幹部社員）、その予備軍たる書生たちがいる。あらたに『国民之友』に拠って華々しく論壇に登場した徳富蘇峰は、次のように述べた。新世代の少年（今日的には青年）は、教育ある人々でなければならないと言うのである。

旧日本の老人漸く去りて新日本の少年将に来り、東洋的の現像漸く去りて泰西的の現像将に来り、破壊的の時代漸く去りて建設的の時代将に来らんとす（原カタカナ）（『国民之友』一号、明治二〇）

彼の政党熱心家も、彼の政党の首領も、彼の政党も、今は既に暗黒の幕中に退隠したる今日に於て、独り其の威勢赫奕として社会の注意を惹くものは唯一の教育ある而已《のみ》。（原カタカナ）（「第十九世紀日本之青年。及其教育」、明治一八）

このような教育欲求に応えて、明治政府は明治二〇年（一八八七）に「文官試験試補及見習規則」を、明治二六年（一八九三）には「文官任用令」を布告して、高級官吏の登用を制度化していった。「文官」とは高級官僚たる奏任官・判任官を総称し、また「試補」とは奏任官の候補者であるが、帝国大学法文科卒業生は無試験で「試補」になりうる。しかし、他の人々も試験に合格すれば「試補」たりうるのである。これら以外にも、理系の技師・技手、その他「属吏・雇人」を含めて学校卒業者たちが官吏の道を歩むようになった。政府の官吏には「有司専制」と呼ばれるほどに権力が集中し、また彼らは今日の公務員とは比較にならないほどの高給取りである。中期の明治社会は官吏社会であり、その官吏を作るための「学問」は、「身を立るの財本《もとで》ともいふべきもの」（「学制」明治五）となっていった。その結果、東京山の手は、立身出世主義的な明治の新青年のための光源となったのである。その光源は、極めて具体的に彼らの想像力をかき立てた。田山花袋は明治三〇年前後の東京山の手を次のように回想している。

> 山の手には、初めて世の中に出て行つた人たちの生活、新しい不如意《ふにょい》勝《がち》の、しかし明るい若い細君のゐる家庭、今に豪《えら》くならなければならないといふ希望の充された生活、さういふ気分が至る処で巴渦《うず》を巻いてゐる。その証拠には、新世帯の安道具を売る店とか、牛肉の切売店とか、安い西洋料理とかさういふものが際立つて眼に付くのが牛込の街の特色だ。
>
> （『東京の三十年』）

「豪くなる」というのは、軍人・教師を含め「官員」として「豪くなる」のである。象徴的に言えば

「博士、大臣、大将」である。その外には、豪くなりようがないのが明治中期の現実であった。もともと明治一〇年代の社会は、「地方の時代」と言うことができる。自由民権運動は、福島、茨城、多摩、大阪、高知などで激発し、政党者・運動家たちは、その実績を携えて上京した。しかし、明治二〇年代は違う。かつての壮士・書生たちは、蘇峰の言う「破壊的」活動はもう止めて拡散し、東京山の手の「麴町区、本郷区、牛込区、神田区（北部）」などに住みつく。これに「小石川区、四谷区、麻布区」を加えたくらいが当時の山の手である。それらはたとえそこそこであれ、「豪くなった」人々の棲む陽のあたる場所となった。

我々は既に「さやうしからば、如何いたして此様仕りましてござる」のような「本江戸」を、「いくら何でも武家言葉に過ぎて「教育ある東京人の話すことば」に直接繋がるとは思えない」と眺めてきた。本江戸は代表的な武家言葉であり、例えば大名たちがお城に詰める、江戸城溜りの間のパブリックな交際言語のように考えられる。それは江戸期の統治者階級、江戸の高級官僚たちの言語である。それに対して、明治期のスタンダードは本来が平民的であった。しかし、東京山の手の教育ある人々の言語として地域に定着する過程で、スタンダードは官員層やその一族郎党の言語となった。それは彼らにしてみれば自分たちの言語であり、エリート層の言語ということにもなる。一種の「官話」であると言えるかも知れない。

近代の標準語政策を進めたのは文部省であり、代表的には上田萬年である。とは言え官員たちは結局はその賛同者であり、考えてみれば、メディア関係者・東京文士などもそうである。彼らは「教育ある東京人」なのである。つまりは「教育ある東京人の話すことば」を、「教育ある東京人」が標準語と定めたのであり、それはある意味、まことに自然な結果であった。

第Ⅱ章

書き言葉のスタンダード

書き言葉の種類

我々の目に触れる書き言葉には、二種類ある。個人的なものと、必ずしも個人的とは言えないものである。個人的な書き言葉とは、おおむね手紙の文章に代表される。文字で書かれているから書き言葉には違いないが、聞き手に似た特定の読み手としての当事者（相手）が想定されるので、話し言葉に近い一面がある。それに対して、書物・新聞などの書き言葉は特定の読み手を想定していない。中間的な形態として文書《もんじょ》・公告文のようなものも考えられる。書き言葉の歴史（文章史とも呼ばれる）を考えるときは、大抵特定の読み手を想定していない書き言葉を問題にしている。それらは多く「作品」をなしていて、言語史の資料として活用されてもいる。子どもの作文学習なども、多くは一種の「作品」を作っているのである。個人の日記なども、自分を相手に手紙を書いているわけではない。藤原道長『御堂関白記』のような中古・中世の貴族の日記ともなると、半ば公文書的な性格を帯びている。また「契約書」の類などは、当事者として特定の個人が存在しても、手紙の書き手・読み手のような直接性に乏しい。

書き言葉の歴史を「文章史」とか「文体史」とか言うときは、取り上げられる文章はおおむね「作品」である。ある程度読み書きができる人が「読む」文章は、非個人的な文章が多い。特に現代では、ものを読むのは大抵、新聞などの活字文を読んでいる。本書でも主に「作品」型の書き言葉を問題にするのだが、かつては読み書きができても、手紙・契約書の類の読み書きしかしないことも多かったように思われる。昔のその手の文章は、ふつう「文書《もんじょ》」と呼ばれている。文書は決まった形式をなしていることが多いから、その標準的な形を問題にしやすいのだが、型にはまりすぎていて無味乾燥のケースも多く、以下ではほとんど取り扱わない。また今日では、一部の電子メールは手紙以上に話し言葉に近いところがある。また明治期の東京市中での手紙・葉書は、投函日の内に届けられるので、案外電子メールに近い一面がある。しかしこれらはそれ自体としての歴史を未だなさないので、本書では取り上げない。[1]

書き言葉の標準形

ふつう日本語で「標準語」というのは、話し言葉について述べられる言葉である。例えば「標準語／方言」は自然な対比であろうが、このときの「方言」は、当然話し言葉を問題としている。一方書き言葉は習って覚えるものであるので、教育形態が標準言語を生み出しているようにも考えられる。また、少なくとも日本語では書き言葉にも種々あると言える。種々の書き言葉からどのような文体を撰ぶか、いろいろな選択肢があったのである。そこで本章では、これまであまり顧みられることのなかった「書き言葉の標準的な形態」について考えてみたい。

書き言葉の話し言葉への影響

言語についての本書の考え方は、当然とはいえ「話し言葉中心主義」に従っている。言語の最も基本的な要素の「文法、音韻（文字）、語彙」は、話し言葉の「文法、音韻、語彙」なのである。中で「語彙」は書き言葉の影響を受けやすい。筆者は電車の駅で、小さな子どもが親に「きょうは、だいたいだね」と話しているのを聞いたことがある。何のことかと思ったら、その路線はよほど電車が事故などで止まりやすいのか、その日は「代替（振り替え）輸送」を利用しなければならないということであった。これは、もっぱら書き言葉で用いられる難しい漢字語の「代替」を、（子どもだから当然）語源や漢字を考慮に入れることなく、そのまま取り入れて使ってしまっているという事である。これは「語彙」における書き言葉の話し言葉への影響である。

しかし、書き言葉の話し言葉への影響の根本的なところは、脳の認知的な働きのあり方にかかわっているように思われる。うまい例はなかなか見つからないのだが、例えば「きのう大雨が降ったので、川が氾濫して、わたしたちの遠足はとりやめになりました」と言ったとする。この文では事柄が時間の順序で並んでおり、分かりやすい。これを「遠足がとりやめになりました。大雨がふって川が氾濫したのです」と逆順で述べ、耳で聞いて理解するのは、それなりに高度な技倆が必要かと思う。

また例えば『古事記』が書かれた時代は、日本語の書き言葉はあまり発達しておらず、日本列島はほぼ話し言葉だけの社会（無文字社会）であった。そのためかと思われるが、『古事記』の書き方はおおむね「〜して、〜して、〜した」のように、事柄を単純に生起順序に並べただけの書き方になっている。だから先の「遠足がとりやめに……」のような逆順の文章には、なかなか出くわさない。しかし書き言葉なら、「遠足がとりやめに……」のような文章は表現も理解もしやすく、文字を知った個人そして文字社会は、そのような思考法に慣れてゆく。書き言葉の話し言葉への影響の根本として、そのような思考法のことも考えなければならないと思うが、その事を歴史的に述べることは難しい。

この本のテーマに近いところで、別の例をあげてみたい。国木田独歩の最晩年の傑作「竹の木戸」に、次のような場面がある。植木職「磯《いそ》」とその女房「お源」との会話であって、注目すべきは「磯」の科白《せりふ》である（「現代仮名遣い」に改めた）。

磯は黙って煙草《きせる》をふかして居たが、煙管をポンと強く打《はた》いて、膳を引寄せ手盛で飯を食い初めた。ただ白湯《さゆ》を打かけてザクザク流し込むのだが、それが如何にも美味《うま》そうであった。

お源は亭主の此所為《しょさ》に気を呑れて黙って見て居たが山盛五六杯食って、未《ま》だ止めそうもないので呆れもし、可笑《おかし》くもなり

「お前さん其様《そんな》にお腹が空いたの」

磯は更に一椀《いっぱい》盛けながら「俺は今日半食《おやつ》を食わないのだ」

「どうして」

「今日あれから往ったら親方が厭な顔をして此の多忙《いそが》しい中を何で遅く来ると小言を言ったから、実はこれこれだって木戸の一件を話すと、そんなことは手前《てめえ》の勝手だって言やアがる、糞忌々敷《いまいまし》いから其からグン〱仕事に掛って二時過ぎになるとお茶飯《やつ》が出たが、俺は見向きも仕ないんだ。お女中が来て今日はお美味《いし》い海苔巻だから早やく来て食べろと言ったが到当俺は往かないで仕事を仕続けてやったのだ。そんなこんなで前借のこと親方に言い出すのは全く厭だったけど、言わないじゃ居《を》られんから帰りがけに五円貸して呉れろと言うと、へん仕事は怠けて前借か、俺も手前の図々しいのには敵《かな》わんよ、そらこれで可《よ》かろうって二円出して与《よ》こしたのだ。仕方が無いじゃアないか」と磯は腹の空いた訳と二円外《ほか》前借が出来なかった理由《わけ》を一遍に話して了《しま》った。そして話し了《をは》ったころ漸《やっ》と箸を置いた。

全体磯吉は無口の男で又た口の利きようも下手だが如何《どう》かすると啖火《たんか》交りで今のように威勢の可い物の言い振をすることもある。お源にはこれが頗《すこぶ》る嬉しかったのである。

「俺は今日……」以下の磯の話しぶりは一編の物語を読むようで、お源が感心するようにすこぶる見事である。これは単に独歩が巧みに構成したのではなく、このくらいの科白が立て板に水の如く流れ出る人物は、江戸・明治期の職人・商人の中にいくらでもいたような気がする。それを見逃さないのが独歩の手柄である。それでは、巧みな語り手たちは例えば寄席の咄家《はなしか》たちからこの種の芸を学んだのかと言うと、直接的にはそうであるかも知れないが、咄家の話しなども、『今昔物語集』『平家物語』のような長年の説話、講釈の語りなどの積み重ねによるものであろう。そのような呼吸は、文章の継承に基づくと思われるが、書き言葉の話し言葉への影響というのは、根本的にはこの種の実証困難な事柄であり、その逆の話し言葉による書き言葉の支配を含め、深層での相互作用を絶えず考慮する必要があるだろう。

書き言葉スタンダードの源泉

時間的順序から言えば、本書の考える日本語「書き言葉の標準的な形態」の出発点は、日本歴史上の「院政鎌倉期」に当たる。そこから紆余曲折を経て「近代書き言葉の標準的形態」に至るのである。とは言え「院政鎌倉期」はあまりにも現在の我々から離れた時代である。そのような遠すぎる出発点から始めるよりも、「現在」「現在の前の時代」「そのまた前の時代」のように、ストーリーを逆行させた方が変化の流れが捉えやすそうに見える。そこで第Ⅱ章では、我々の現在（現代）を出発点に置き、話を倒叙風に進行させる。しかし、あまりそれにこだわるとやはり分かりにくくなるので、まとまりごとに「古 ↓ 新」の流れに従おうと思う。

Ⅱ－1　近現代口語体

小説の文章

私たちが日常的に接する標準的な書き言葉の文章は、論説文、エッセイ、ニュース記事、小説などである。前二者を中心に広義の論説文があり、後二者を中心に出来事を描写する文章があると言うことができる。作文をする場合も、学科のレポートなどは論説文の仲間、事件・行事（例えば遠足）の報告などは後者の仲間である。次の『海辺《かいへん》の光景』は小説であるから出来事描写の文が多くなるが、一般に小説には論説的な文章、出来事描写的な文章の両方が現れる。特にそれ以前の文章と比較したときの近現代文章の特徴は、描写的な文章に現れることが多いので、小説の文章はその点で都合がよい。中でこの『海辺の光景』は、文体的に「ふつうの小説」と言って、構わないのではないかと思う。（便宜、記号を付した）

A　片側の窓に、高知湾の海がナマリ色に光っている。小型タクシーの中は蒸し風呂の暑さだ。桟橋を過ぎると、石灰工場の白い粉が風に巻き上げられて、フロント・グラスの前を幕を引いたようにとおりすぎた。

B　信太郎は、となりの席の父親、信吉の顔を窺った。日焼けした頸を前にのばし、助手席の背に手をかけて、こめかみに黒味がかった斑点をにじませながら、じっと正面を向いた頰に、まるでうす笑いをうかべたようなシワがよっている。一年ぶりに見る顔だが、喉ぼとけに一本、もみあげの下に二本、剃り忘れたヒゲが一センチほどの長さにのびている。大きな頭部にくらべてひどく小さな眼は、ニカワのような黄色みをおびて、不運な男にふさわしく力のない光をはなっていた。

C「で、どうなんです、具合は」

「電報は何と打ったんだかな、キトクか?……今晩すぐというほどでもないようだな、まア時間の問題にはちがいないが」

信吉は口の端に白く唾液のあとをのこしながら、ゆっくりと牛が草を嚙むような調子でこたえた。

「ほう」

信太郎は、父親が話し出すと事務的なこたえ方になった。(中略)道路は平坦になり、やがて二た股になって別れる。

D——来た、と信太郎はおもった。
E　一年まえ、運転手がラジオのスイッチを入れたのは、ちょうどこのあたりだった。古い大型の車で、運転手のとなりに信太郎が、うしろの座席に父親と伯母とが両側から母をはさんで坐っていた。後部のトランクに夜具が一と揃い収《しま》いこまれてある……。波長のととのわないラジオは部落をとおりこすと同時に、高く鳴り出した。
(安岡章太郎『海辺の光景』一九五八)

古代語と近現代語

『海辺の光景』(の地の文章)は、話し言葉としての「標準語」に言語上の基盤がある。文章が関西弁や東北弁や東京下町弁を基盤にして書かれていたら、「標準的な書き言葉の文章」とは言えないという議論が生じるはずである。私たちは既に第Ⅰ章で、現代の「標準語」は、相応の歴史を経た後の東京山の手の改まった場面での言葉に基づいていると考えてきた。それを基盤にして、今日の標準的な書き言葉は成立しているのである。しかし、この近現代の「書き言葉口語体スタンダード」以前には、「書き言葉文語体スタンダード」がほぼ日本語圏全域の書き言葉を制覇していた。近代の（明治期の）文語体スタンダードは、しばしば「普通文」と呼ばれていた。そこで次の第2節で、この普通文の性格・特徴を述べたいと思うが、それを考えるためには、二三の点で現代口語体の文法的な性格を確認しておくことが有効である。先の『海辺の光景』などを使って、そのような前提的な作業をしておきたい。

既にⅠ章2節で述べたように、古代語と近現代語には大雑把に、①〜⑤のような文法的変化が認められた（以下に再掲）。これらは文献資料（書き言葉）によって確認された現象であるが、根本的には古代の話し言葉と近現代の話し言葉の異なりと理解すべきである。

①　活用語の終止形と連体形が、連体形にまとめられて合一化している。

②　形態的な現象としての係り結びが、ほとんど用いられない。

③　主格を表す際にさかんにガが用いられる。

④　「〜ている」「〜てある」という形式をよく用いる。

⑤　いわゆる助動詞が、基本的なところで大いに変化している。

この異なりは、書き言葉口語体の性格でもあるわけである。①〜③については、第Ⅰ章で多少の説明をした。以下では特に④、⑤に関して、やや詳しい説明を付け加える。

④、⑤は、両者をまとめて、具体的に以下の「a〜d」のような変化を指している。ここで詳しく

問題にするのは、もっぱら次のうちの「a」である。極端に言えば、「a」で示した変化が、近現代の書き言葉の文章を支配していると言ってもよいのである。

	古代語		近代語
a	キ、ケリ、ツ、ヌ、リ、タリ	→	タ、テイル
b	ム、ラム、ケム	→	ダロウ、(ウ)
c	ズ(否定)	→	ナイ、ヌ(ン)
d	ナリ(名詞＋ナリ)	→	ジャ、ダ、デアル、デス

「a」は、「時《とき》」に関する助動詞・補助動詞の類をまとめている。この中で古代語「キ、ケリ、ツ、ヌ、リ、タリ」のうちの「キ、ケリ」は、現代の言語学では、テンスという文法的なカテゴリーに属すると言われている。「ツ、ヌ、リ、タリ」は、アスペクトという文法的なカテゴリーに属すると言われている。また「b」の「ム、ラム、ケム」はモダリティという文法的なカテゴリーに属すると言われている。「c」は否定にかかわり、「d」は名詞に付く類の補助語をまとめている。

テンス(時制)とは発話時を基準として、過去、現在、未来などを表し分ける文法形式を言う。ヨーロッパ語でよく発達している。英語の時制が「過去形・worked／現在(未来)形・work」のようであることは、よく知られている事柄である。アスペクト(動作相)とは、動詞が示す「動き」の現れ方を表し分ける文法形式を言う(だから、動詞以外の形容詞や名詞述語では問題にならない)。英語では、「動作の完了(完了形)・have worked」とか「動作の進行(進行形)・be working」などがアスペクトに属する。アスペクトの表現は言語によって微妙かつ大いに異なるので、外国語学習では難しいと感じることが多い。例えば、「春が来た」の英訳が「Spring has come」と言われて、戸惑ったりなるほどと思ったりした人は多いと思う。

逆のケースもある。現代日本語の「シテイル」という形式は、「ごはんを食べている」と言えば「進行」を表しているように感じられる。ところが「電気が消えている」と言えばふつうは「進行」ではない。「電気が消えた後の状態（結果状態）」を表しているように感じられ、どちらかと言えば英語の「完了」に近い。「シテイル」は「進行」も「完了・結果状態」も表しているように見える。「シテイル」が進行も完了も表すとなると、外国人の日本語学習者が戸惑っても不思議ではない。「進行」と「完了・結果状態」では意味が相当に違っていそうなので、一つの「シテイル」がそれを表すと混乱が生じないか、気になるところである。

実際、西日本各地の方言では「ショル／進行」「シトル／完了・結果状態」などと、別々の形で言い分けていることが多い。例えば「蛇が死による」と言えば「死につつある」ことを表し、「蛇が死んどる」と言えば「もう死んでしまった後である」ということを表す。しかし、東京語（標準語）で「死んでいる」と言えば、ふつうは「完了・結果状態」しか表さない。一方、「歩いている」と言えばふつうは「進行」だろう。これらから分かるように、「テイル」は動作を表す動詞（「食べる、歩くなど」）に付けば「進行」を表し、「変化」を表す動詞（「消える、死ぬ」など）に付けば「結果状態」を表す。また、「既に、もう」などの副詞を付ければ「完了」（「既に死んでいる」「既に隣町まで歩いている」）なので、混乱は生じないしあまり不便も感じない。

テンスもアスペクトもともに「時」に関係しているから、しばしば融合し合っている。「昼ごはんを食べた。」という時の「食べた。」は、日本語でも「過去形」と言うことがある。昼ご飯を食べたり食べなかったりする人に「昨日昼ごはん食べた？」と聞いて、「食べなかった」と答えられたとする。これは昨日の事だから、「過去」として答えたのである。一方ふつうの人に「もう昼ごはん食べた？」と聞いて、「まだ食べていない」と答えられたとする。「食べなかった」の「タ」は過去を表していると考えられたが、ここの「食べていない」は、「済ませていない（完了していない、動作が終わりまでいっていない）」という事を表しているようである。となると、はじめの「もう食べた？」は「完了」したかどうかを聞いていることになる。つまり現代語の「タ」は、過去にも完了にもまたがっているのである（「昨日食べた――過去」「もう食べた――完了」）。しかも「まだ食べていない」は「今」のことを言っているのだから、テンス的には「現在」である。ならば「もう食べた？」は、「今までにもう食べたか」と聞いているのだから、やはりテンス的には現在である。つまり「もう食べた？」は、現在完了の質問になっている。それは「春が来た」を英訳して「Spring has come」と現在完了にするのと同じことである。なお「シタ」の形が「過去、完了」を表しているとすれば、「スル」の形は「非過去（現在・未来）、非完了」を表していることになる。

モダリティとは、文の内容が「現実、事実、実際のことがら」を表しているか、「非現実、非事実、非実際」の、つまり「現実とは言えないようなことがら」を表しているかを表現し分ける文法形式を言う。「昨日は雨が降った」と言えば「現実」だが、「明日雨が降るだろう」は「現実とは言えない」ので、非現実である。同じ「降った」でも、推量の「ダロウ」を加えて「昨日はだいぶ雨が降っただろうな」などと言えば、「非現実」である。推量はそのままでは「現実」と言えないからである。

古代語の「ム」は、本来「非現実」を表す形式だが、「雨降らむ」と言えば未来の事柄を表してもいる（未来時）と考えることができるので、テンスにも関わっている。「ラム、ケム」もそうで、「現在推量」とか「過去推量」とか言われている。古代語の「山を越ゆらむ」という表現は、「いまごろ山を越えているだろう」のようになる（このように現在の動作は「進行」のテイルで表されることが多い）。「雨が降るだろう」は「雨降らむ」に該当する現代語の形式である。bの近代語で「(ウ)」とあるのは、「行こう」とか言うときの「う」であるが、実際には「行こー」のように発音される。「食べよう」の「ヨウ」のような形もある。聞き手に対して「行こう」と呼びかければ勧誘であり、「私は行こうと思う」と言えば意志である。一方、bの「ダロウ」は推量であるから、「ダロウ＝推量、ウ＝意志・勧誘」のように言い分けて使っていることになる。しかし、少し前までは「明日は雨が降りましょう」のように「ウ、ヨウ」が推量を表すこともあった（「マショウ」は「丁寧のマス＋ヨウ」）。「マショウ」がもっぱら勧誘を表すように感じられて来たので、推量は「降るでしょう」のような形に変えられたのである。

さまざまな言語が、これらテンス・アスペクト・モダリティなどをどのように言い分けて表しているか、現在世界中の多くの言語学者が研究している。以下、「テンス・アスペクト」について具体的に述べて行く。

小説の中のテンスとアスペクト

さて『海辺の光景』の引用各文末部分で、現代語のテンスやアスペクトを表し分けている形式を順にあげてゆくと、次のようになる。会話部分から取ったものにはカギカッコを付けておく。

光っている、暑さだ、とおりすぎた、窺った、よっている、のびている、はなっていた、「どうなんです」、「打ったんだ」、「ほどでもないようだ」、「問題にはちがいない」、こたえた、なった、別れる、来た、おもった、このあたりだった、坐っていた、収いこまれてある、高く鳴り出した

ただちに分かるように、これらはほぼ動詞のシタの形（とおりすぎた）、スルの形（別れる）、シテイルの形（光っている）、シテイタの形（はなっていた）、その他からなっている。「その他」とは、「名詞＋ダ」（暑さだ）や「名詞＋ダッタ」（このあたりだった）やそのバリエーション（ほどでもないようだ）、さらに形容詞や形容動詞など「形容詞型」の表現である。形容詞型の表現は、この部分では「どうなんです」以外に登場しない。名詞や形容詞などは「暑さだ、暑さだった、暑い、暑かった」のようにスル型とシタ型に分化するのだが、以下では名詞や形容詞も、必要とあれば動詞になぞらえて考えるものとして、問題にしない。だから結局「スル、シタ、シテイル、シテイタ」が検討される形ということになる。実際、『海辺の光景』の引用部分は多く「スル、シタ、シテイル、シテイタ」からなっている。これらの形式の使用法に注意しながら、現代の文章・文体の特徴を考えてゆこうと思う。

スル・シタ・シテイル

さて『海辺の光景』のシタに「正面を向いた頬」がある。この「向いた」は、文末の述語ではなく、連体（修飾）語として現れている。そしてどうも動きの過去や完了を表しているわけではなく、「曲がりくねった道」や「尖った頂」などと同様に、連体修飾語として体言（「道」、「頂」、「頬」）の性

質・状態を表しているようである。これらを文末の述語にしてみると「道が曲がりくねった。」「頂が尖った。」「頬が正面を向いた。」ではおかしく、「道が曲がりくねっている。」「頂が尖っている。」「頬が正面を向いている。」のようにシテイルの形にしなければならない。このようなときのシテイルは、「単なる状態」を表すと言われているが、連体修飾のシタはこのシテイルに当たる場合がある。

次に「剃り忘れたヒゲが一センチほどの長さにのびている。」の「のびている」を見ると、これは「結果状態」かも知れないが「単なる状態」ともよく似ている。このように「結果状態のシテイル」「単なる状態のシテイル」「連体修飾のシタ（の一部）」は連鎖的につながっている。これは現代のシテイルが、古くからのシタリ（例えば「尖りたり」）がカバーしていた意味の領域を侵し（「頂《いただき》尖りたり」→「頂が尖っている」）、また一方、シタリから変化したシタが（タリの状態を表す意味を保ったまま）連体修飾のところで残存しているからである（「尖りたる頂」→「尖った頂」）。図式にして示す。

結果状態のシタリ・単純状態のシタリ・連体修飾のシタリ
（ヒゲ伸びたり）　（頂尖りたり）　（曲がりたる道）
↓　↓　↓
結果状態のシテイル・単純状態のシテイル・連体修飾のシタ
（ヒゲが伸びている）　（頂が尖っている）　（曲がった道）

既に近現代語の特徴の④に指摘したように、シテイルという形の存在は、古代文と近代文を分ける一つのメルクマールとなる。それとともに「シタリ→シタ・シテイル」という変化をよく承知しておくことが重要である。

ちなみに、「後部のトランクに夜具が一と揃い収《しま》いこまれてある」という部分の「収いこまれてある」は、少し変わった言い方と感じられるかもしれない。これは「収いこまれている」でもよさそうである。シテアルという述べ方は現代では「洗濯物が干してある」のように「主語＋他動詞・てある」と使われることが多い。しかし、近世前期までは現代の上方弁の「千円札が落ちてある（オチタール）」のように、シテイル同様よく使われていた。それが受身の「収《しま》いこまれる」などと一緒に現れるのは明治以降で、二〇世紀前半に「受身＋テアル」は（恐らくは書き言葉で）全盛期を迎える。その後は使用頻度が後退するが、現在でも「書かれてある」という言い方はよく使われている。だから「収いこまれてある」は、一九二〇年生まれの安岡章太郎が一九五八年に発表した『海辺の光景』に現れて不思議の無い形式である。

また、「道路は平坦になり、やがて二た股になって別れる」の「別れる」は、タもテイルも付かない動詞だけのスル形式である。このスル形式の現代の終止的用法は、三通りある。一つは「明日は宿題をやる」のようなスル（「やる」）で、テンス的には未来を表す。スルが現在形と言われることがあるが、それは名前だけのことで、実際には「シタ／昨日宿題をやった」－「シテイル／いま宿題をやっている」－「スル／明日宿題をやる」のように現在の動作を表すためには普通シテイル形式を使う。とは言ってもスルは現在の事を表すことが全く出来ないわけでもないので、スル形式はしばしば「現在未来形」とも呼ばれている。スルが現在を表すのは主に感覚的な表現である。例えば「変な音がする」「汽笛が聞こえる」「むしむしする」「打球がぐんぐん伸びる」などで、これがスルの二番目の用法である。スル形式の三番目のタイプは、「高山では一年中雪が降る」の「降る」のように一般的な事柄を表す用法である。単純なスル形式は、動詞に何も特別な意味が付け加わらないので、その語の語としての意味だけを表し、それが一般的な事柄、ものごとの属性などを表すのに適しているのである。「やがて二た股になって別れる」の「別れる」は、自動車の進行にともなってこの先の未来に道が「別れる」ようでもあるが、この場合は「道」の属性のように考えてもよいかと思う。

さて、シテイル形式やこのスル形式の「別れる」と心中文の「来た」とを除いておくと、地の文の残りは、シタばかりである。シタを確認すると、「とおりすぎた、窺った、こたえた、なった、おもった、高く鳴り出した」となる。これで「スル：シタ」は「1：6」であるが、一般的には小説の地の文のシタの比率は、もう少し高くなることが多い。

物語・小説は「過去」に起きた事柄を物語っているようであるので、スル形式がもっぱら未来の事柄や一般的な事柄を表すとなると、過去の出来事を述べるはずの物語・小説をスル形式で書くことは難しいように思われる。しかしながら、それ故に近代口語体の小説の文章はシタ形式が次々に現れるのだと考えると、それでは説明できない事柄が多く表れてくる。その一つの表れとして、やや特異な文体として「スル、スル、スル」とスル形式が連続する小説がある。一文が短く、目前で事件が展開し、事柄が性急に進んでいくような感じがする。

アクセルをふかす。焦げた臭いをたてながら、かろうじて車が動きだす。すぐにカーブにさしかかる。血も流さず、骨も折らず、死にそこなった少年を大げさにとりかこむ、女たちの色彩が、バックミラーの中で横に飛び、かわって画像が消えたあとのブラウン管の表面のような、白い空があらわれる。

（安部公房『燃えつきた地図』）

古代の物語の地の文では、このスル形式の連続がよく現れる。例えば『源氏物語』の文終止の箇所のスル形式は、「ツ、ヌ、リ、タリ、キ、ケリ」などの「過去、完了」系統の助動詞を持つ動詞述語のすべてを合わせたものの二倍近くになる（古代語の終止形は「ス」であるが、現代語と併せて「スル形式」と呼ぶ）。次に『源氏物語』「夕顔」の一部を訳付きで（小学館『日本古典文学全集』による）ごく短く示すが、「スル、スル、スル」と述べて行くのが普通なのであって、『燃えつきた地図』のような性急な感じにはならない。

（原文）「―歌―」とほのかに言ふ。をかしとおぼしなす。げにうちとけたまへるさま世になく、所からまいてゆゝしきまで見え給ふ。

（訳）「―歌―」と、〈女が〉かすかな声で言う。〈源氏は〉おもしろいとお思いになる。女がうっとりするのもそのはずで、こうしてくつろいでいらっしゃるこの君のお姿はたぐいもなく、場所が場所だけに、いっそうまがまがしいほどにすばらしくお見えになる。

古代語では、現代語の「タ」のような「完了、過去」の双方を表す形式とは異なって、もっぱら過去を表す形式の「キ、ケリ」がちゃんと存在している。にもかかわらず、それらは特別な場合にしか使われない。ちなみに英語の小説の地の文は、次の例のように、「過去形、過去形、過去形」と「過去形」が連続する。これは単調とは言え自然であろう。小説は「過去の事柄」を語るのだから。

The American handed Leamas another cup of coffee and said, "……"
Leamas said nothing, just stared through the window of the checkpoint, along the empty street.

（ジョン・ル・カレ『寒い国から帰ってきたスパイ』）

The night was young, and so was he. But the night was sweet, and he was sour. You could see it coming from yard away, that sullen look on his face.

（ウィリアム・アイリッシュ『幻の女』）

物語・小説の時制構造

さて、以上のような文法事項は、書き言葉、特に物語・小説の文章を分析してゆく上で重要なのだが、その際には「物語・小説の時制構造」を予め見通しておかないと、混乱が生じる。ここでは比較的簡単に考えたいと思うが、日本語の「物語・小説の時制構造」には、「事件（現場）の基準時」と「物語りの基準時」という二つの基準時を認める必要がある。直接話法の会話（や心中文）の部分は、その時々の「現在＝基準時」に従って発話されているわけだから、「事件の基準時」と「物語りの基準時」の関係が問題になるのは、地の文章に関してである。その「物語りの基準時」というのは、語り手が物語りの事件を語る際の基準として設定した時点であり、その事件が生じた時点よりも後である（事後的、つまり事件を過去視することになる）。一方「事件の基準時」とは、発生している事件の現場での適当な基準時である。日本語の物語・小説の文章は、これら「物語りの基準時」と「現場の基準時」の間を、適宜調整しながら自由に行き来している。これを「語りの時」として、図式的に示そ

図式1

〈　物語　〉　　　　　　　　　　　　　　←　過去視　〇
〇
事件・現場の基準時　　　　　　　　　　　物語りの基準時

←　　　語りの時　　　→

う（図式1）。

改めて眺めてみるが、『海辺の光景』は次のAのように始まって、Bに続く。C以下は再掲しない。

A　片側の窓に、高知湾の海がナマリ色に光っている。小型タクシーの中は蒸し風呂の暑さだ。桟橋を過ぎると、石灰工場の白い粉が風に巻き上げられて、フロント・グラスの前を幕を引いたようにとおりすぎた。

B　信太郎は、となりの席の父親、信吉の顔を窺った。日焼けした頸を前にのばし、助手席の背に手をかけて、こめかみに黒みがかった斑点をにじませながら、じっと正面を向いた頬に、まるでうす笑いをうかべたようなシワがよっている。一年ぶりに見る顔だが、喉ぼとけに一本、もみあげの下に二本、剃り忘れたヒゲが一センチほどの長さにのびている。大きな頭部にくらべてひどく小さな眼は、ニカワのような黄色みをおびて、不運な男にふさわしく力のない光をはなっていた。

Aの「光っている」はテンス的現在である。これがふつうの会話で「海が光っているね」などと語られたら、「現在」のことを語っているとして、それでよい。しかし物語は、その話し全体を「もう済んだこと」として語るわけだから、本来は「ナマリ色に光っていた」でなければならないはずで、現に英語の小説などではそうなっているわけである。しかし「ナマリ色に光っている」は、小説の文章として全く自然である。これは「物語の現場の時」に、あたかも現在の私たち読み手がいるようであり、それは物語の語り手が「語りの時」を、「物語りの（事後的な）基準時」から「事件・現場の基準時」に移動させていると考えればよいのである。日本語の物語・小説は、古代よりこのような語り方を平然と行ってきた。

さらに次の「とおりすぎた」も、過去というよりも完了の夕と考えれば、「現場の基準時＝現在」に従った「現在完了」ということになる。とすれば、Aの文章は、物語の現場を「語りの時」としていることで一貫している。

さらにBを見ると、「窺った、よっている、のびている」まではAと同様「現場の基準時」に従っていると考えればよいが（「窺った」は完了）、傍線部「不運な男にふさわしく力のない光をはなっていた」で突然文末の時制は、「シテイタ」という過去になっている。続くC〜Dの地の文は、「こたえた」、「こたえ方になった」「おもった」となっているので、「現在完了」ということでAと同様なのだが、Eの「一年前、運転手がラジオのスイッチを入れたのは、ちょうどこのあたりだった。」で、また過去の述べ方が現れる。これは現場にいる信太郎からの一年前についての回想（現場からの回想）であるから過去形式が現れるのだと、すぐに分かる。「後部のトランクに夜具が一と揃い収いこまれてある……」の「……」は、「回想中」であることを示しているようである。その回想は、Eの最後の「高く鳴り出した」で断ち切られる。読み手はまた、現場の現在に引き戻されるのである。

しかし、Bの「光をはなっていた」は「信太郎」の回想ではないのだから、なぜこの過去形式が現れるか、以上のような「現場からの回想」では説明できない。この文は、「力のない光をはなっている」でも構わないわけである。恐らく、この「光をはなっていた」は、物語りの基準時に従って、小説全体が「所詮は過去のことである」と教えてくれているのである。小説は現場の基準時に従って話しを展開しきれないというわけではないのだが、物語・小説はときどきこのように「過去」という物語全体の枠組みを確認している場合がある。その点を次に古代の物語で確かめてみよう。

古代の物語の時制構造

古代の物語では、次の『竹取物語』のようにケリで始まることが多い。

いまは昔、竹取の翁といふもの有りけり。野山にまじりて竹を取りつゝ、よろづの事に使ひけり。名をば、さかきの造《みやつこ》となむいひける。その竹の中に、もと光る竹なむ一筋ありける。あやしがりて寄りて見るに、筒の中光りたり。それを見れば、三寸ばかりなる人、いとうつくしうてゐたり。……………この兒《ちご》、養ふ程に、すくすくと大きになりまさる。三月ばかりになる程に、よき程なる人に成りぬれば、……髪上げさせ、裳着す。帳のうちよりも出ださず、いつき養ふ。この兒のかたちけうらなる事世になく、屋のうちは暗き所なく光り満ちたり。……………この程三日うちあげ遊ぶ。よろづの遊びをぞしける。

（「竹取物語」『日本古典文学大系9』）

このケリは、伝承的・説話的な事柄についての「過去」である。そしてしばらくそれが続いた後「ケリ」は姿を消し、先に述べたように、「ケリ無し」の形で地の文が展開する（二重傍線部）。先の

図式２　「竹取物語」の場合

〈　物語　〉 ○ 事件・現場の基準時 スル	←	過去視　○ ケリ （本来の）物語りの基準時

←　語りの時　→

『源氏物語』「夕顔」のスル形式と同様である。物語は現場的に語られていると考えることが出来る。ところが、物語中のひとまとまりの話の末尾には、「よろづの遊びをぞしける」のように、また「ケリ」が現れる。「ケリ」が、「昔の話である」という始めと終りの枠組みを作り、その内部で話は現場の基準時に従っているかのようである。これは先の図式を利用すれば図式2のようになる。

また『今昔物語集』のような説話では、これほどのきっちりした枠組みは認められなくとも、やはり地の文でしばしば「ケリ」が出入りしている。なぜそこに「ケリ」があるのか、あるいは「ケリ無し」の文があるのか、一つ一つについて明確な説明は付かないが、気まぐれのままに「これは昔語りの説話である」ということを思い知らせてくれているようである。また、先の『源氏物語』の場合、「夕顔」引用部から少し進んだ場所で、「大徳たちも、たれとは知らぬに、あやしと思ひてみな涙をおとしけり」と突然「ケリ」が現れる箇所がある。読者はこのような時に、物語の現場からすっと離れたような気がするだろう。この「ケリ」は、やはり物語の「過去」という全体枠を確認しているのである。ただ改めて注意すべきは、古代の物語では「現場の基準時＝現場の現在」における事件の展開は「スル、スル、スル」と示されるのに対して、現代の小説では事件の展開は、先に見たように現在完了の「シタ、シタ、シタ」で示されているという点である。

文章の視点

以上のような基準時の設定に加えて、近代の物語・小説の文体論的な検討のためには、文章の視点位置について考えておく必要がある。一般的に物語・小説は、よく言われる「神の如き視点」「万能の作者の視点」で描かれていることが多い。そういう文章では、語り手によって外面的に描かれていた登場人物について、時にその人物の心理・その人物からの見た目の光景などが語られる。これを「登場人物視点」と言おう。

『海辺の光景』の「――来た、と信太郎はおもった。一年前、運転手がラジオのスイッチを入れたのは、ちょうどこのあたりだった。」はこの登場人物視点に当たるが、『海辺の光景』ではこのような内面・思いが記述される登場人物は、信太郎ただ一人である。その意味で語り手は常に信太郎に寄り添っていると言えるし、信太郎が事後的に語り手になったような気さえしてくることがある。いわゆる「神の如き視点」「万能の作者の視点」には、原則的にそのような制約はない。これは次のような事情による。

もともと「歴史叙述、物語・説話」というのは、事後的、共同体的な語りである。歴史叙述も物語・説話も、事件が終わった後に語られるのが普通である。「軍記物語」である『平家物語』などでは、冒頭に「驕れるもの久しからず」と事後的な教戒が述べられている。事件の当事者というのは、渦中にあって目前の出来事への対応に追われ事件の全体像が見えていない。どうかすると渦中で死んでしまう。事後的に種々の人々の立場・体験を集めて、始めて「見通せた」という総合的な叙述が可能となる。これが「神の如き視点（万能視点）」に通じている。人間が本当に神の如き視点を獲得し得るか怪しいが、そうしないとなかなか読者が満足しない。読者は「なるほど、そうであったか」と思いたいのである。

近代でも、このような万能視点的な語り方をする小説は多く存在する。しかし『海辺の光景』は多くの近代小説とともに、それとは異なっている。『海辺の光景』の語りは、物語の視点位置が常に「信太郎」とともにある。文章のBは「信太郎視点」である。Dは「信太郎の思い」であり、Eは「信太郎の回想」である。それらばかりではなく、冒頭の「片側の窓に、高知湾の海がナマリ色に光っている」からして、全体文脈を考えてみると、信太郎視点であることが分かるのである。以後このタイプを「登場人物視点」の物語・小説と呼ぶ。先の「力のない光をはなっていた」も、事後的であることを確かめさせてはくれるが、信太郎視点が否定されるわけではない。

以上のような登場人物視点の語り方は、古くからの日本語の語り方でもある。そこには和歌を伴う書き方の影響もあろう。和歌は「作者＝登場人物」の視点で歌われるからであるが、それは、一見伝統的と見える中世・近世の書き言葉文語体では、抑圧されていたように思われる。軍記や説話が登場人物視点で語られることはまず無いからだ。その抑圧されていた語り方が近代の口語体・言文一致体に噴出して、言文一致体の文章の魅力となった一面がある。その口語体・言文一致体の文章を、次に見て行こう。

『浮雲』の描写法

近代日本における本格的な「登場人物視点」の物語・小説の嚆矢は、最初の言文一致体小説の二葉亭四迷『浮雲』である。近代日本語の言文一致体の創始者は、二葉亭四迷、山田美妙として知られているが、さらに、近代的な文章としての言文一致体小説の確立は、二葉亭四迷の『浮雲』（明治二〇～二二、一八八七～一八八九）からと考えられている。その大きな要因の一つとして、『浮雲』ではほぼ一貫して登場人物視点（主人公である文三の視点）が取られていることが考えられる。視点的描写が魅力的だったのである。

『浮雲』の文章は、例えば次のようなものである。

「アラ月が……まるで竹の中から出るやうですよ、鳥渡《ちよつと》御覧なさいヨ。」
庭の一隅に栽込んだ十《と》竿《もと》ばかりの繊竹《なよたけ》の、葉を分けて出る月のすずしさ。月夜見の神の力の測りなくて、断雲一片の翳《かげ》だもない、蒼空一面にてりわたる清光素色、唯亭々皎々として雫も滴るばかり。初は隣家の隔ての竹垣に遮られて庭を半より這初め（中略）終に間《あわい》の壁へ這上る。（中略）風が吹罷めば、また四辺《あたり》蕭然《ひつそ》となつて、軒の下艸《したくさ》に集《すだ》く虫の音のみ独り高く聞える。　（『浮雲』一－三）

ここは「文三」とヒロイン「お勢」の語り合いの場面で、お勢の「アラ月が～～、鳥渡《ちよつと》御覧なさいヨ。」を受けて文三視点の描写がはじまる。この種の視点的な光景描写は、従来の日本の物語・小説の中には現れない。二葉亭は、自ら言文一致体で翻訳したロシア文学の「あひゞき」（ツルゲネフ）などから、粒々辛苦のあげくこのような視点的描写法を学んだようである。次は二葉亭訳の「あひゞき」である。

秋は九月中旬といふころ、一日自分がさる樺の林の中に座してゐたことが有ッた。今朝から小雨が降りそゝぎ、その晴れ間にはおり〳〵生ま煖かな日かげも射して、まことに気まぐれな空ら合ひ。あわ〳〵しい白ら雲が空ら一面に棚引くかと思ふと、フトまたあちこち瞬く間雲切れがして、無理に押し分けたやうな雲間から澄みて怜悧《さか》し気に見える人の眼の如くに朗かに晴れた蒼空《あおぞら》がのぞかれた。自分は座して、四顧して、そして耳を傾けてゐた。

（二葉亭四迷「あひゞき」明治二一）

「あひゞき」は明らかに「自分」視点の文章となっている。

この種の視点的描写法は、明治二〇年代の若い文学者たちを魅了した。彼ら若い文学者は、尾崎紅葉率いる硯友社系列の小栗風葉、小杉天外、江見水蔭、泉鏡花などと、民友社・雑誌「文学界」系列の国木田独歩、田山花袋、島崎藤村、徳冨蘆花などとに括ることができる。このうち二葉亭の言文一致体に本質的な影響を受けたのは民友社・「文学界」系列の文学者たちだが、旧派の文学的立場との折衷派とも見られた硯友社系の若者たちをも魅了した。その結果、明治二〇年頃には孤立していた二葉亭の言文一致体は、二〇年代後半から大いにふるい、西暦一九〇〇年（明治三三）には公表される小説の過半に達して、明治四〇年頃にはほぼ小説界を完全制覇した。[2,3]それに伴って、この頃には言文一致体の書簡文が急激に流行し、その手の「書簡文の書き方」の手ほどき書《しょ》がベストセラーになっている。日本語の書き言葉は、いずれ文語体から口語体に変化したとは思われるが、明治二〇年代には、これほど急激な変化は恐らく予測できなかったに違いない。

二葉亭の苦心

それにしても二葉亭はなぜ、非常な苦心をしてまでも言文一致体にこだわったのであろうか。それを『浮雲』の内容から考えてみよう。主人公の文三は下級官吏ながらお勢のいるおじの下宿で小康の日々を送っていたが、突然官吏を失職し、そのことをきっかけにお勢からも遠ざけられる。明治時代と徳川時代との社会生活上の最大の相違は、明治における原則としての「職業選択の自由」と「結婚（恋愛）の自由」とに認められる。徳川時代は身分制社会であり、また自由恋愛は「お家の御法度」であった。それが仮に建て前であるにせよ、原則自由と認められたのである。しかし「職業選択の自由」と「恋愛の自由」は、同時に「失職の自由」と「失恋の自由」ともなる。『浮雲』の文三はその両者にさらされたわけであるが、実は『浮雲』執筆当時の二葉亭の状況・立場と酷似している。二葉亭は国立の外国語学校でロシア語を学び成績優秀であった。それが商業学校に吸収合併されることに腹を立てて、学校を止めてしまった。二葉亭は行き場をなくして親の家の二階にひきこもり、鬱々悶々としていたのである。失職状態と似たようなものである。「失恋の自由」はいかがであろうか。『浮雲』では文三の心理の動きについてはもちろん描写が微細であるが、さらにヒロインお勢の外面的振る舞いは非常に巧みに描かれている。二葉亭は、当時近隣に軽薄な娘がいてそれがお勢のモデルであると述べており、内田魯庵「二葉亭四迷の一生」には、「A・N」と示されている。[4] 実は、二葉亭の恋愛の対象はあるいはこの娘であったのではないかと、筆者は睨んでいる。二葉亭はわずか二〇代前半に『浮雲』を書きはじめたのである。何か特別な苦い経験の裏打ちがなければ、いくら西洋－ロシア文学を学んでも、『浮雲』のような内容の文章は書くことができないだろう。ただし廉恥心の強い二葉亭は、決してそのような告白をしないのであるが。

恋愛はともかく、失職後の針の筵の上にいるような文三の情況は、退学後の二葉亭本人の情況でもあったろう。二葉亭には文三の位置から事柄を見つめざるを得ない強い必然性があった。「神の如き視点」に立つことは到底不可能なのである。とすれば、言文一致体への希求もまた選択の余地を許さない。文三的立場からの描写は、我々の内語としての日常的な「思い」そのものであり、その日常的な思いの言語は「話し言葉」に従っているからである。

小説家の伊藤整は、二葉亭の言文一致体について、「(二葉亭は)その頃から、何か新しい文体、戯作風な飾りを切り捨てた、誤魔かしのない、考えることをそっくりそのまま写せる文体が必要だと考へていた」と述べている[5]。「考えることをそっくりそのまま写せる文体」は口語体であり、さらに言えば、主観の強い思いが呼び込んだ必然的な口語体である。書き言葉が普通には文語体の時代であっても、人々の日常的な思いは、例えば道で財布を見つけたときの「あっ、財布が落ちている」のように話し言葉に従っていて、文語体の「財布落ちたり」のようには決して思わない。そのように記せば事柄は全く内面的なリアリティを失ってしまう。口語体＝言文一致体によってはじめて、個人の思いは言語によるリアルな記述を得るのである。

二葉亭の言語

以上のような経緯によって、二葉亭の口語体への強い希求が了解されようが、いくら口語体への希求が激しくとも二葉亭の言語の環境条件が適当でなければ、彼の口語体は「小説の言語」として印刷されることはありえなかった。二葉亭の話し言葉は、言文一致体への格好の条件を備えた言語であった。

二葉亭は元治元年（一八六四）、江戸（市ヶ谷）の尾張藩上屋敷で生まれ、幼年期（明治三年まで）を江戸・東京で過ごした。二葉亭の親友、内田魯庵は「二葉亭のお父さんは尾州藩だつたが、長い間の江戸詰で、江戸の御家人化していた。お母さんも同じ藩の武士の生れだつたが、矢張江戸で育つて江戸風に仕込まれた」（注4前掲書）と述べている。父親は明治三年に明治政府の地方官となり、以後明治一八年まで島根県や福島県などで勤務した。二葉亭も父に従って名古屋・松江などに転じたが、その期間も一時在京し、また明治一一年には陸軍士官学校受験のため帰京した（不合格）。明治一四年東京外国語学校露語科に入学、以後明治一九年まで在籍し、そのころは一家で神田猿楽町に住んだ。そこはちょうど神田聖橋のニコライ堂（ロシア正教会）と一橋の外国語学校を結ぶ線上にある。このころ東京には私立の専門学校がたくさん設立され、当時の神田は書生の本場であった。二葉亭は、育ちつつあった「標準語」の中心部で『浮雲』を書き上げたのである。

綴り方・作文

『海辺の光景』や『浮雲』の文章が今日の書き言葉の標準とどのようにかかわるか、疑問が生じるかも知れない。しかし次のような子どもの作文を見ると、それが今日の文章の「らしさ」を構成している事に理解が及ぶのではないか。

　ａかていも

姉さんが／明日の　カテいも　もってこい」／といった／私は　だまって／かごを持って行った／カマスから一つとって見たら／すみて（こおって）いた／あわてて　もう一つとって見たら／それ

もすみていた。

（『山びこ学校』一九五一）

b毛虫

学校かえり／ぼくの目の前を／毛虫がのこのこ／よこぎろうとしている／こんちきしょうと思って／ふんづけたら／青いもろみが／ピュ－ッとはじけた／ぼくは／思わず　足をひっこました／なんでもないと思っても／きもちがわるかった。

（『山びこ学校』）

cにあんちゃん

朝、目がさめると、外で「ざーざー」とものすごい音がしていました。よこのみぞでは、どろ水が「ごーごー」と、うなるようにながれています。どのくらいながれが早いだろうと思って石をなげいれてみると、ごろごろといってすべってしまいました。

（『にあんちゃん』一九五八）

d宮本常一（大正期）

僕はこの間父につれられて山に登った。僕は桑をつんでまっていると夕日が雲の間に出て海も空も夕焼で金世界の如くになってきた。少しして夕日がしずむと寺のかねがこうんこうんと聞こえてくる。そこへ母とねえさんが帰ってきた。父の用事がすんだので父と共にかえった。

（佐野眞一『旅する巨人』一九九六より　文藝春秋）

子どもの作文では、「見たまま」を書くことが推奨されることが多く、それは近代文の視点的描写に繋がっている。「作文教育」の結果であろうが、根本的には人々がその種の視点的描写に魅力を感じているのだと思われる。

aの文章はシタとシテイタより成っている。b、c、dでは基本はシタだが、スル、シタ、シテイル、シテイタがまじっている（dは仮名遣いを改めているようである）。子どもの作文はシタに終始するものが多いが、慣れるに従ってb・c・dタイプも現れるようになる。「図式1」の枠組みに洗練されてゆくようである。なおa、bなどには方言語彙が現れるが、文章全体は近代の標準語に従っていることにも注意したい。

作文などの文章表現については、正岡子規、高濱虚子、夏目漱石らが関与した「写生文」も重要なファクターをなしているのであるが、本書では触れていない。この点は特に本章「注3」文献を参照されたい。

文語体

第I章で述べたように、明治初期の版籍奉還などによって一掃された東京山の手の人口は、明治一〇年代には急速に復活し、その中心的な担い手は明治政府官吏、軍人、教師、書生、やがて会社員などであった。東京山の手は、近代標準語の地理的本場となった。改めて二葉亭四迷について考えてみると、彼の父親は、江戸時代なら御家人と考えてもいいような明治政府の官吏、母も武家上がりの江戸風、当人は書生であり神田住まいであるのだから、標準語、時に江戸弁の担い手として二葉亭ほどの条件を備えた人間はそうそういるものではない。そこで二葉亭は「自分は東京者であるからいふ迄もなく東京弁だ。即ち東京弁の作物が一つ出来た訳だ」（『余が言文一致の由来』）と平然と述べることができたのだった。これは明治三九年の回想とは言え、『浮雲』当時の二葉亭もそのあたりに引っかかりは無かったに違いない。もっとも最初期の言文一致体小説の担い手であった山田美妙、嵯峨の屋おむろ、尾崎紅葉、坪内逍遙などは、大体以上の条件を備えてはいた。しかし一時期の地方廻りによって、二葉亭は彼の「標準語」は出版に際し全国的に通用することも知っていただろう。

このように書き言葉の主流は、日常の思いを表現しやすい口語体＝言文一致体に進み、その言語は形成されつつあった東京山の手の「標準語」に定まってゆく。明治二〇年代の話し言葉としての「標準語」の確立と書き言葉としての言文一致体の制覇は、軌を一にしているのである。とは言え小説は、文章として一段低く見られているところもあったので、一九〇〇年ころには文学界の主流を占めた言文一致体も、真に書き言葉の標準体と認められるためには、その後、論議や歴史・学問記述の文章＝文語体と闘わなければならなかった。論議文の代表格である新聞社説が口語体化したのは、大正一〇年頃である。「ひとり非言文一致の孤塁を固守して来た大新聞の社説の文章も、「読売新聞」や「東京日日新聞」などが大正一〇年一月一日から、「東京朝日新聞」が翌一一年の元日からようやく「である」調の口語体を採用して、ついに全紙面が言文一致化されたのである」[6]。それは書き言葉文語体の標準形態から口語体標準形態への交替である。2節ではこの「書き言葉文語体の標準形態」について述べようと思うが、このとき論議文では、述べてきたような文章の視点的構造があらわにならないので、事柄の展開は、さのみ劇的なものにはならないだろう。

Ⅱ－2　普通文

さまざまな普通文

明治期の書き言葉の標準形態の文章は、しばしば「普通文」と呼ばれる。この場合の「普通」は

「普《あまね》く通ずる」「広く通用する」の意で、時代性を強調して「今体文」「時文」などとも呼ばれることもあった。

「普通文」とは、次のような漢語の多い漢文訓読調の文章を言った。今日、いわゆる「文語文」と言っているものは、おおむねこの「普通文」である。名前からして、当時の人々が「書き言葉スタンダード」と認めていたことが分かる。第Ⅰ章で示した上田萬年や徳富蘇峰の文章も普通文であるが、以下、改めて少々多めに「普通文」を提示する。

a　而して、鎗ヶ《やりが》嶽《たけ》は、いかに名称自詮とはいひながら、その矗々《ちくちく》として鋭く尖れるところ、一穂の寒剣、晃々として天を削る、その体《てい》たらくは日本山嶽に通有せる尖塔形《ピラミッド》にあらず、一個無煙の煙筒形《チムネー》を成して聳《そび》ゆるなり、鎗ヶ嶽が千山万嶽鉄桶の如く十重二十重に囲繞《いじょう》せる中に、昂々然として一肩を高く中抽《ひ》くさまは、これを草に喩《たと》ふれば、裾野に穂を閃かす薄《すすき》の如く、木に形容すれば、野路にひと際秀でたる一本杉の如く、人に具体すれば風骨珊《さん》として秋に聳えたる清瘦《せいそう》の高士の如し。（原カタカナ）　　（小島烏水「鎗ヶ嶽探険記」明治三六）

b　車は駛《は》せ、景は移り、境は転じ、客は改まれど、貫一は易《かは》らざる他《そ》の悒鬱《いふうつ》を抱きて、遣る方無き五時間の独《ひとり》に倦《う》み憊《つか》れつゝ、始て西那須野の駅に下車せり。

直ちに西北に向ひて、今尚茫々たる古の那須野原に入れば、天は濶《ひろ》く、地は遐《はるか》に、唯平蕪《へいぶ》の迷ひ、断雲の飛ぶのみにして、三里の坦途《たんと》、一帯の重巒《ちょうらん》、塩原は其処《そこ》ぞと見えて、行くほどに路は窮《きはま》らず、漸く千本松を過ぎ、進みて関谷村に到れば、人家の尽る処に淙々《そうそう》の響有りて、之に架れるを入勝橋と為す。

（尾崎紅葉『続続金色夜叉』明治三三〜三四「読売新聞」）

c　譬へば神仏の説、常に合はず、各《おのおの》其主張する所を聞けば、何《いづ》れも尤の様に聞ゆれども、其本を尋れば、神道は現在の吉凶を云ひ、仏法は未来の禍福を説き、議論の本位を異にするを以て、両説遂に合はざるなり。漢儒者と和学者との間にも争論ありて千緒万端なりと雖も、結局其分るゝ所の大趣意は、漢儒者は湯武の放伐を是とし、和学者は一系万代を主張するに在り。漢儒者の困却するは唯この一事のみ。斯の如く事物の本に還らずして末のみを談ずるの間は、神儒仏の異論も落着するの日なくして、其趣は恰も武用に弓矢剣鎗の得失を争ふが如く際限あるべからず。（原カタカナ）

（福沢諭吉『文明論之概略』明治八）

d　法律は、たとひ極善なるものといへども、人民をして、そのあるいは心を尽し、あるいは力をつくして得たるところの果実を享用せしめんがために、これを安穏に保全するまでの功用のみ。律法はたとひ極厳なりと雖も、懶惰の人をして勉強ならしめ、奢侈の人をして倹節ならしめ、爛酔を好むものをして酒を禁ぜしむることあたはず。（原カタカナ）

（中村正直訳『西国立志編』明治四）

普通文の性格

「普通文」という言葉は明治一〇年代の後半から使われ始めたようであるが、仮名文や候文までを含め、そのころよく使われた文体全般を想定している場合もある。しかし明治中・後期には、「普通文」は当時流行の「漢語の多い漢文訓読調」の文章に固定してくる。その用語以前からこのタイプの文章は広く一般に用いられていたので、明治初期の福沢諭吉や中村正直のものも、普通文の見本として右に示した。帝国憲法や教育勅語（後出）の文章も、普通文の仲間と言ってよい。いわゆる和文調の「廻れば大門の見返り柳いと長けれど、おはぐろ溝に燈火うつる三階の騒ぎも手に取る如く」（樋口一葉「たけくらべ」）のような文章は、普通文とは言わないのがふつうである。

普通文は文語文であり、基本的には中古語の文法すなわち古典文法に準拠している。しかしこの文語文は、中古語文法を規範とする古典文語文とも、もちろんこの時代の口語体とも異なる次の①′～⑤′のような傾向を示す（Ｉ－２の①～⑤に対応させている）。一口にまとめにくいが、①′～⑤′によって、普通文は見た目は文語文らしく、かつ古典文の規範に慣れない人々にも簡単に取り扱いできるようになっていると言えようか。

〈普通文の性格〉

①′ 文終止には終止形を用いる一方、連体形終止は用いられない。

②′ 係り結びをあまり用いない。

③′ ガ主格をあまり用いない。

④′ 「～ている」を用いない。

⑤′ 漢文の訓読によく現れる助詞・助動詞、構文形態をしばしば用いる。

以上は傾向であるので絶対とは言えないが、大体のところ①′については、中古和文では「終止」には「終止形」以外に、係り結びとは異なる場合の「連体形終止」もそこそこ現れる。しかし普通文では「連体形終止」は用いられない。口語体の終止はもともとの連体形であったから、普通文の連体形終止は、口語文のように見えてしまう可能性がある。それと差別化を図っているのだろう。

②′の係り結びは、まず現れない。漢文訓読体はもともとの漢文が係り結びを持たないので一般に係り結びが現れにくいのではあるが、古くは漢文の訓読体であっても「〜ぞ〜連体形」「〜か〜連体形」は割合に現れる。また訓読調の中世軍記などにも係り結びはよく現れる。普通文ではごく稀になる。古典文法に従うこの時期の歌謡などでは、「もとの木は生ひや茂れる　枝はなほ影をやなせる」（島崎藤村「椰子の実」）のように、係り結びはよく現れるのが通常である。

③′も②′に似ている。中古和文の主格のガは、制約はあるもののそこそこ現れる。しかし普通文でその制約に従うのはひどく煩わしいし、無制約に使用すると口語文のようになってしまう。例文a〜dでは、a「鎗ヶ嶽が……」と、一箇所のみ現れている。

④′の「〜ている」は、これも口語体と差別化するためか、まず用いられない。現代語の「〜ている」で表現されるべき事柄は、「〜たり」を用いるか（これがもっとも多い）、「〜てあり」を用いるか、単純に動詞だけで表現されるか、稀に「動詞＋居る」（テの無い形）かで表現される。例えばaの「一個無煙の煙筒《チムネー》形を成して聳ゆるなり」「秋に聳えたる清痩《せいそう》の高士」などの「聳ゆる」「聳えたる」は、口語文では「聳えている」とするのが通常であろう。

⑤′では、a「清痩の高士の如し」のように「如し」を用いたり、「遅かり」のようなカリ活用形容詞を用いたりする一方、「めり、らむ」などは避けられて、その分「べし」の使用が増大する（c「際限あるべからず」で用いられている）。「豈《あ》に偶然ならんや」なども訓読調の構文形態である。その他細かな点にはユレもあるけれど、今はこれを省かざるを得ない。（「これを省かざるを得ない」なども、現代書き言葉に残存する訓読調である。）

以上のような特徴を持つ普通文は簡潔かつ論理的という長所があり、明治期の文語文の主流をなした。また漢字は造語成分として使用しやすいので、欧語の翻訳にも、明治になっての「(新)漢語」が活躍した。

普通文から口語文へ

1節で見たように、文学(小説)の文章としての言文一致体は、西暦一九〇〇年過ぎにはその覇権を確立した。しかし逆に見れば、文学以外の場所における論議文や学問記述の文章は、この頃未だこの普通文、すなわち文語文であった。そのためもあって、ちょうど一九〇〇年頃に言文一致論は非常に盛んになってくる。

前節にも登場した上田萬年は、洋行帰りの近代的な国語統制主義者であって、次のような主張を持っていた。

> 一日も早く東京語を標準語とし、此言語を厳格なる意味にていふ国語とし、これが文法を作り、これが普通辞書を編み、広く全国到る処の小学校にて使用せしめ、之を以て同時に読み・書き・話し・聞き・する際の唯一機関たらしめよ。
>
> (「内地雑居後に於ける語学問題」明治三三、『国語のため第二』所収)

上田の主張に従えば、小学生は標準語口語体で「読み・書き」するのである。上田自身はここで普通文を用いて文章を書いているわけであるが、いずれ大人も口語文で読み書きするようになる。また、上田の弟子である藤岡勝二は「言文一致論」(明治三四)を『言語学雑誌』に掲載、保科孝一は

『国語学小史』（明治三二）のような学術書を言文一致体で出版した。国定教科書第一号の『尋常小学読本』（明治三七～三九）にも口語文教材が大幅に採り入れられた。以上の流れは止まることなく、最終的には既述のように、新聞社説なども口語体に改まった。

とは言え、明治期の書き言葉の文章の標準形態は普通文であった。普通文（文語文）が口語体に改まり、その文章が種々の変遷と分化を経つつも今日通常の書き言葉につながっている。だから、一九〇〇年ころまでの文学界における言文一致体の覇権の確立を文体における第一革命と称するならば、普通文の口語体化は第二革命と称することが可能であろう。小説で言文一致革命が生じたとしても、多くの人々にとって小説、特に新傾向の小説は疎遠なものではあったが、既に見たように学校教育も絡んでくるわけだから、もともと普通文であった文章の口語体化は、社会への影響が大きい。それではその普通文の口語体化は、いかなる経過を辿ったのであろうか。

漢文と普通文

漢文学研究者の齋藤希史《さいとうまれし》は、近代日本の漢文に関連して次のように述べている。ここでは大きく「漢文→その訓読→普通文」という流れが前提とされている。

> 漢文という文体について考えるとき、この文体に二つの焦点があることに留意する必要があります。端的に言えば、表現媒体としての機能性と歴史＝自己認識にかかわる精神性の二つです。この二つの焦点は、完全に重なり合うことはありませんが、互いに引力があって、まったく離れてしまうということもありません。楕円をイメージしていただければよいかと思います。[7]

そして卓抜な楕円型モデルによって、「二つの焦点」は「機能性（新漢語、普通文）⇕ 精神性（漢詩）」と示されている。「新漢語」とは欧語からの翻訳漢語（例えば「フィロソフィー」からの「哲学」）の如きものであり、明治期に多量に現れた。「機能性」は、操作性とも述べられる。機能性の中に「普通文」が指摘されるのは、漢字が意味を備えた表語文字であるので、相応の工夫をすれば一字一字の文字を活かしながら便利に「訓読」が可能であることを言っている。「普通文」は漢文の訓読に基づく文章なのである。一方漢文の精神性とは、「漢詩」と補足されるような、天下国家を論じて慷慨調を作り出すあたかも士大夫精神に通ずるような「歴史と自己のありかたについて一定の認識」、「漢文に特有の思考や感覚や議論」のことである。普通文は機能性ばかりということではなく、精神性をも土台とするが故に、とりわけ幕末維新期からそれ以降にかけて「志士、壮士」たちの間で大いに流行した。なお「機能性 ⇕ 精神性」は漢文についての図式であって、普通文についての図式ではないようであるが、「鞭声粛々、夜河を渡るゥ」のような詩吟の流行からも分かるように「訓読文・普通文」は、漢文を後ろ盾として、少なくとも一部はその精神性を引き継いでいるものと思われる。

　しかし、明治も中後期ともなれば漢文の精神性は次第に失われる。そこで「機能と精神の二つの焦点のうち、機能に重点を置けば、漢文は訓読文へと傾斜します。……近世後期から徐々に確立された訓読文体という型は、漢字漢語の高い機能を保持しつつ、漢文の精神世界から離脱するための方舟《はこぶね》となったのです」（齋藤　前掲書）と述べられることになる。さすれば漢文から離れた訓読文体は、あたかも現代口語文のような「万能の文体」となり、それは「訓読文が近代以前の文章から離脱して、現代口語文への道を開いたことを示しているのです。そんな文章はそれまでなかったのです。」（齋藤

前掲書　傍点原著者）ということになるわけである。

既に存在した口語文

「普通文↓近代口語文」という道程の具体的な指摘は、従来の近代口語体化研究に欠けていた視点のように思われる。どうもこれまでの言文一致研究は、近代文学研究の一環として第一革命の考察に重点を置いて、第二革命は「まあそうなるであろう」程度で済ませてきたような気がする。しかし、書き言葉の主流たる普通文の側に、示されたような準備が整っていなければ、これほど急激に文語体文が口語体文に移行することは難しかったに違いない。それとともに、この移行が第一革命の後に生じたことには、やはり注意を払う必要がある。

言文一致体内部の分岐については、山田美妙の「です体」、二葉亭四迷の「だ体」、嵯峨の舎おむろ・尾崎紅葉の「である体」などと言われる。動詞の文末はスル（シマス）かシタ（シマシタ）でよいが、「人なり」に対応する口語体は「人です」「人だ」「人である」「人でござる」「人でございます」「人じゃ」などなどのいずれを選ぶか問題になる。結局もっともニュートラルな「人である」がよく使われるけれども、「人だ」も少なくない。初期の言文一致体の書き手は「人で。」「人なので。」のような言いさし型の文末をよく使用するが、これもこの問題にはっきり決着を付けたくない心理の表れではないかと思う。「話すとおりに書く」ことの文字通りの実行は困難で、口語体で書くということにも、文章見本が必要である。初期の言文一致体の書き手は、この種の問題に決断を下し続けなければならなかった。動詞文末もすべてシタで良いのか、二葉亭の「あひゞき」の文末はすべて「タ」で終わっているとはまずは言えるが、これはロシア語（その完了体過去）に従っているのである。シテイル形式の選択も、ロシア語のアスペクト（不完了体）に従えばうまく行く。いきなり日本語で書くとなればそうは行かない。だから二葉亭はしばしば、まずロシア語で創作の文章を書きそれを日本語に翻訳していた。

普通文の口語文への移行の際には、こういった問題は大体片付いていた。小説の言文一致体採用パーセンテージは明治四一年には一〇〇％に達したそうだが（山本　前掲書）、小説には種々の文章が雑多に現れるので、論説文も科学記述文もすべて小説を参考にすることが可能である。「普通文→近代口語文」という日本語書き言葉の主流的な文体移動は、一歩の決断だけで済んだのである。小説における言文一致体がかなり完成の領域に達しており、つまりは受け入れ側の準備が完了していたということである。そればかりではない。実は普通文は普通文で、もう一歩で口語体という程度に文章が口語体化していたという事情があった。明治期のずっと以前から、普通文（と言われることになる文語文）は、口語体に大いに接近していたのである。

口語文の生まれ方

「江戸共通語」の発見者である森岡健二は、標準語について次のように述べている（Ⅰ－3も参照）。

東京という町のできた当初から、人々は、文化も方言も異なる人との交渉のために、自分の生活語とは別に、もう一つの言語を用意しなければならなかったにちがいない。この別の言語というのは、江戸時代にすでにモデルとしてあった本江戸の方式、つまり文字言語を土台とした音声言語以外には、ありようがないであろう。（中略）

要するに、文字言語を土台として、これを話し言葉に切り換えることは、多少の俗語を取り入れつつ、主として文末に、

ござる　じゃ　である　ぞ

などを用いれば果たせるのであって、このことは、室町時代の抄物以来の、講義・講述における一つの手法でもある。この種の表現は、ある特定地域の生活語に基づいて生じたものでなく、文字言語から来た中性的な口語体であるため、全国どこの地域の人でも、これを模することができたと思われる。[8]

これらの記述にはもっともな点も多いのだが、本質的には問題である。これによると、森岡の「江戸共通語」はどうも「文字言語を土台にした音声言語」のようである。となると、例えば「これは本なり」という文字言語に変更を加えて、「これは本でござる」だの「これは本でございます」だの「これは本である」などという（共通語）話し言葉が生まれたりすることになる。しかし、ある話者が文語体言語としての「これは本なり」を「これは本でござる」のような口語体言語に切り換えることができるのは、「でござる」という話し言葉が既に存在しているからである。しかも、この話者は、「でござる」という話し言葉が広く共通して（あたかも文語体の「なり」のように）使われている、だから自分も広い共通の場で使って構わない、ということまで知っている。つまり森岡の論法は、既に存在する話し言葉を前提にして話し言葉が作られる、という循環論法になっているように見える。「東京という町のできた当初」においても同様であって、「文字言語を土台とした音声言語」を作り出す個人というのは、非現実的である。森岡は「中性的な口語体」という点を強調したかったのかも知

れないが、その基盤は、既に森岡自身の言うところの「江戸共通語」（音声言語である）として存在していた。筆者は明治時代の口語体（言文一致体）小説で、東京言葉（あるいは標準語）を学ぼうとする人間がいただろうという推測を認めている（I章）。そのような人々も、書き言葉としての小説言語の背後に（東京言葉としての）話し言葉があるはずだと思ってそうしているのである。

とは言え、書き言葉においては社会に広く言文一致体が確立してさえいれば、個々人における新たな言文一致体の表現は、「多少の俗語を取り入れつつ、主として文末に、「ござる、じゃ、である、ぞ」などを用いれば果たせる」ということもあろうから、森岡の述べ方にはある種のリアリティが認められる。普通文の個々の書き手は、そのようにして言文一致体へ切り換えることもあっただろう。けれども、個人レベルではなく言語として「普通文→口語文」のような展開がスムーズに進むためには、それだけでは不足であり、また見方が表面的に過ぎる。実際は、先に述べたように、既に「普通文」は「口語文」に大いに接近していた。つまり、文語文としての普通文は変質していた。以下、見かけと異なって普通文がどれほど口語文的であったか、述べて行こうと思う。

「文法上許容すべき事項」

明治三八年（一九〇五）一二月、文部省は「文法上許容すべき事項」を公表した（文部省告示第百五十八号）。それは、「普通文」についての「文法上許容すべき事項」である。以下のような「理由書」がある。なお、理由書も改訂案の文章も「普通文」である。

国語文法として今日の教育社会に承認せらるるものは徳川時代国学者の研究に基き専ら中古語の法

則に準拠したるものなり。然れども之にのみ依りて今日の普通文を律せんは言語変遷の理法を軽視するの嫌あるのみならずこれまで破格又は誤謬として斥けられたるものと雖も中古語中に其用例を認め得べきもの少しとせず。故に文部省に於ては従来破格又は誤謬と称せられたるものの中慣用最も弘きもの数件を挙げ之を許容して在来の文法と並行せしめんことを期し其許容如何を国語調査委員会に諮問せしに同会は審議の末許容を可とするに決せり。（原カタカナ）

中古文法には従っていないが普通文でよく使われている語法は、「許容」しようと言うのである。しかも、「これまで破格又は誤謬として斥けられたるものと雖も中古語中に其用例を認め得べきもの少しとせず」というのだから、「破格・誤謬」と称せられたものの中にも、実際には古くからの「用例」があるという。しかしこれは「許容」の補強材料に過ぎず、「破格」はやはり「破格」であることには注意を要する。ともあれその中身が興味深い。

この「許容事項」に対応して、明治三九年（一九〇六）三月、「国語調査委員会」編纂による『現行普通文法改定案調査報告之一』が公刊された。そこには「許容事項」の中身が詳しく述べられている。

許容の内容

「改訂案」と「許容事項」は、提案事項の順序が異なっていたり二つが一つにまとめられ一つが二つに分割されたりなど、見た目が食い違う。しかし内容はそのまま対応していて、それぞれ一六項目ずつ示されている。「改訂案」の述べ方に従い、その内容の幾つかを「Ⅰ～Ⅳ」として示そう。後でまとめて解説を加える（傍線筆者、例文は原テキストの一部のみ）。

Ⅰ　連体形に付く「の」

中古文に於ては、句を以て名詞を制限するに、句末の連体形を以て、直《ただち》に之に連ぬるを常例とすれども、現行普通文に於ては、其句の長きものは、其間に「の」を介すること有るべし。

例　花を見るの記

砂糖及び食塩に税を課するの議

Ⅱ　疑の詞の下に在る疑問の「や」

中古文に於ては、疑問の「や」を、疑の詞の下に用ゐること無しと雖も、現行普通文に於ては、之を以て正格と定むべし。

例　中古文	普通文
いづれの処にか住むべき	いづれの処にや住むべき
誰に問ふか	誰に問ふや

Ⅲ　「しく、し、しき」活用の終止形を「しゝ」とする事

中古文に於ては、「しく、し、しき」活用の終止形を「しゝ」とする例なけれど、現行普通文に於ては、「し」の終止形を以て本格とし「しゝ」は叙述者の修辞上の取捨に委すべし。

例　わが心にあしゝと思へど

汝が其覚悟勇ましゝ勇ましゝ

Ⅳ　上に係り詞なくして過去の助詞《ママ》「し」にて止むる格

上に係り詞なくして過去の助詞「し」にて止むる格は、中古文の例に倣ひ、咏歎の意を含めたる一格として之を存すべし。

例　其警報に接するや、直ちに救助の船を出したれど、既に遅かりし。
　　偶々旧友に出で逢ひて、旧を話し新を談し、共に家に帰るを忘れし。

以上の中では、Ⅰ「連体形に付く「の」」は、漢文（和風の漢文も含む）の訓読に従って近世・近代の文語文の中に入り込んだものである。その用例は大変に多い。「改訂案」は次のように説明している。

現行普通文の一大源流たる漢文訓点には（古くは之《これ》を読まぬ例ながら、尚ほ夙く之を読みたるもあり）往々其例ありて、これより変化せる公用文に於ては、既に其常格となれり。それより徳川時代を経て、現行普通文に及ぼして、益々汎く習用せらるゝごとき、決して他の諸格に譲らず。……蓋し此の「の」は元と漢文の之字の直訳より出でたるもの、如く、純粋の和文には甚だ稀にして、多くは之れ無くとも事足る場合少なからず。

この「の」が一般的になるには「聞く（の）は一時の恥」のカッコ内のような準体助詞の「の」が自由に用いられなければならないはずだが、準体助詞の「の」が盛んに用いられるようになったのがいつの頃からか、今日でも正確には分からない。早くとも室町期より後と推測される。「改訂案」は鎌倉期の『東鑑』の「馴京都之輩也」を「京都になる、の輩」と読んでこの「の」の例とするのだが、この場合の「の」は「之」と書いてあるだけで、「の」と読んでいるかどうか疑問である。しかし、漢文訓読の影響によって「花を見るの記」のような語法が生まれたのは確かだろう。書き言葉(漢文)から書き言葉(漢文訓読体)への影響と考えられる。

「I」以外の「II〜IV」は、おおむね話し言葉の変化に、古典文体として不変化であるべきはずの書き言葉文語体が反応してしまった結果である。その典型がIVである。I章で見たように、近代語では旧連体形が終止形として用いられる。だから過去の「き」は、例文の「既に遅かりし」のように話し言葉においては「し」となる。しかもその「し」は「た」に取って変わられてしまうのだから、「き、し」が文語体で正しく用いられなくなるのはもっともである。そもそも「き(終止形)」と「し(連体形)」、しか(已然形)」では活用の行が「カ行‐き」「サ行‐し、しか」と異なるために、カ行の「き」はサ行の「し、しか」と関連が付けにくく感じられてしまうのである。この結果「き」は非常に分かりにくい形になって、話し言葉ではもちろん、書き言葉でもほとんど消えてしまう。そこで、「既に遅かりき」ではなく、「既に遅かりし」でも許容するというわけである。このように普通文は文語体の一種とは言いながらも、話し言葉の介入を大いに受けた文章である。

「改訂案」には挙がっていないが、もともと確定条件に用いられた「已然形+ば」が仮定条件によく用いられるのも普通文の特徴である。確定条件では「〜したので」とか「〜したところ」とかのように、もう条件が確定している(「雨降れば、遠足を延期せり」の訳は、「雨が降ったので、遠足を延期した」のようになる)。仮定条件は「もし〜したら」のように仮定の場合を表現し、本来「未然形+ば」で表現される(「雨降らば、遠足を延期せむ」。「もし雨が降ったら、遠足を延期しよう」)。「a

鎗ヶ嶽探険記」中に見える「これを草に喩《たと》ふれば、木に形容すれば」は、内容から考えると「仮に草に喩えたら」などの意であろうから、仮定条件として「草に喩へば」の如く未然形を用いるのが本来である。しかし話し言葉では、「喩ふる→喩える」（連体形）、「喩ふれば→喩えれば」（已然形＋ば）のように変化してしまっていて、その「喩えれば」が仮定条件に用いられている。繰り返すが「たとえれば」は、近現代の話し言葉の仮定条件である。それに引かれて「a」の「喩ふれば」も、仮定条件として使ってしまうのである。

江戸時代の国学者本居宣長（一七三〇〜一八〇一）は、例えば「今は正 濫抄《しょうらんしょう》もしは古言梯《こげんてい》などをだに見ば」（『玉勝間《たまかつま》』）のような言い方をして、仮定条件には「見ば」を使用し、「見れば」を使わない。しかしこの「已然形を仮定条件に使う」という現象は、かなり古く（鎌倉時代）から生じまた極めて一般的なので、当然「許容事項」として認めておかなければならないはずのものである。ところがこの点に触れると、不都合が生じる。「教育勅語」（明治二三発布）は次のように普通文で書かれている。「一旦緩急アレハ義勇公ニ奉シ以テ天壌無窮ノ皇運ヲ扶翼スヘシ」。「緩急アレハ」は已然形による仮定条件である（未然形は「緩急あらば」）。「已然形による仮定条件」を「許容」するとなると、「許容事項」は「教育勅語」を上から目線で「許容」することになる。しかし、「教育勅語」は「勅語」であって天皇のお言葉である。その勅語を「許容」などしてよいであろうか。許容事項に「已然形による仮定条件」が立項されていないのは、この点を考慮した可能性がある。冗談ではなく、「勅語を「許容」するのか」の如き揚げ足取りは、戦前の日本ではしばしば事柄の命取りになる可能性があった。

いずれにせよ普通文は、漢文の訓読を含めた本来の古典文とは異なり、大いに話し言葉の介入・影響を受けた文語体であったわけである。だが、以上のようにはっきりと形に表れた現象はまだ分かりやすい。実は普通文は、さらに見た目以上に口語体に接近した「文語文」であって、それ故に盛行したということを次に述べようと思う。

『金色夜叉』

次は『金色夜叉』の一部である。

未だ宵ながら松立てる門は一様に鎖籠《さしこ》めて、真直《ますぐ》に長く東より西に横はれる大道は掃きけるやうに物の影を留めず、いと寂しくも往来《ゆきき》の絶えたるに、例ならず繁き車輪の輾《きしり》は、或《ある》は忙しかりし、或は飲過ぎし年賀の帰来《かへり》なるべく、疎《まばら》に寄する獅子太鼓の遠響は、はや今日に尽きぬる三箇日を惜むが如く、其の哀切《あはれさ》に小き腸《はらわた》は断れぬべし。

元日快晴、二日快晴、三日快晴と誌されたる日記を瀆して、此黄昏より凩《こがらし》は戦出《そよぎい》でぬ。今は「風吹くな、なあ吹くな」と優しき声の宥むる者無きより、憤《いかり》をも増したるやうに飾竹を吹靡けつゝ、乾びたる葉を粗《はした》なげに鳴して、吼えては走行き、狂ひては引返し、揉みに揉んで独り散々に騒げり。微曇《ほのぐも》りし空は之が為に眠を覚されたる気色にて、銀梨子地の如く無数の星を顕して、鋭く沍えたる光は寒気を発《はな》つかと想はしむるまでに、其の薄明に曝さるゝ夜の衢《ちまた》は殆と氷らんとすなり。

（尾崎紅葉『金色夜叉』前編「読売新聞」連載　明治三〇）

ここで傍線を付した箇所は「キ、ケリ」（「キ系」とする）「タリ、リ」（「タリ系」）「ツ、ヌ」（「ツ系」）などの過去・完了系の助動詞が現れる箇所である。「キ系」四個、「タリ系」九個、「ツ系」三個が出現している。中古の『源氏物語』では「キ系」対「タリ系」対「ツ系」はおおよそ1対2対1の割合で出現しているので[9]、どうも使用法にさほど違いは無いように見える。しかし個々の用例を中古文法に基づいて検討すると、次のような事柄が分かる。

まず「キ系」を検討するに、「掃きける」のケリは用法上誤っている。ケリの意味は「説話的過去」か「気づき」である。「説話的過去」とは説話で過去を表しているということであり、「気づき」は「ああそうだったのか」と気づくことであるが、ここはそのどちらでもない。ここは「掃いてある」という程度の意味であるから、「掃きたる」でよい。「忙しかりし」「飲み過ぎし」が表している事柄は、つい先ほど生じた事柄であり、「過去のシ」は大げさである。近い過去なので「忙しかりつる」「飲み過ごしつる」（動詞も換えておいた）がよい。「微《ほの》曇りし」も大げさで、やはり「微曇りたる」がよい。タリ系やツ・ヌでは、はっきり誤っているものは無いが、全体にこれらを使いすぎである。例えば「横はれる」は「横はる」で、「出でぬ」は「出づ」でよい。ちなみに最後の「氷らんとすなり」の「なり」は余計であり、誤りである。「すなり」と終止形「す」に付く「なり」は、「聞いて分かる」という意味ないし「らしい」のような「伝聞」である。「連体形＋なり」のナリ（である）と間違えたのだろう。こうして見ると紅葉はかなりデタラメに「文語文」を書いているが、しかしそのような小うるさいことは、当時の読者にはどうでもよかったに違いない。

キとケリの用法上の異なり、「タリ」系と「ツ」系の使われ方の本質などは、今日でも文法家の間で議論のあるところで、いかに文豪であろうと国学者でもない人間に、これらの助動詞を正しく使い分けられるわけがない。「キ・ケリ、タリ・リ、ツ・ヌ」などは近世・近代の話し言葉では「タ、テイル」（特にタ）にまとまってしまっている（本章1節）。それを逆に「キ・ケリ、タリ・リ、ツ・ヌ」に分化させて用いようとするのは難しいのである。とすれば主にタに対応するようなタリだけを用いればよいのだが、すると文章が単調になって、下手な文語文になってしまいそうだ。また既述のようにテイルという形式は平安末期にはある程度使われているのだが、その頃から口語臭があったためか、文語体では絶対と言ってよいほど用いなくなる。するとパターンが限られてきて、その単調を避けるために「キ・ケリ、ツ・ヌ」をちりばめているのが『金色夜叉』の文章と言えそうである。『金色夜叉』だけではない。この後に見る江戸期のものを含め、普通文は「キ・ケリ、タリ・リ、ツ・ヌ」を文語体らしく適宜ちりばめてはいるが、結局それらは「タ」の意味・用法に支配されていて、きちんと使い分けられることはまず無い。

話し言葉の支配

そもそも明治普通文は、多く徳富蘇峰言うところの「新日本之青年」が、同様の読者に対して書いている文章と言ってもよいくらいである。「新日本之青年」は漢文好きかも知れないが、古典文にはなれていない。古典文になれない人々が文章を書く場合、古典文法によって規矩にはめられてしまうと、いわゆる筆が伸びないという現象が生じる。知識世界の習慣として文語体を用いる事に決してしまえば、その文語体は見かけは文語体であっても、実質は話し言葉に近いほど使いやすい。明治普通文はそういう文語文である。そこに言文一致体が存在するということになると、普通文から口語体への乗換は容易であった。そこで第二革命たる「普通文→言文一致体」という成り行きには、言文一致体の創始の際に見られる葛藤も感激も乏しい。道具的に、「漢文の精神世界から離脱するための方舟となった」（齋藤　前掲書）所以であろう。

それでは、この近代書き言葉普通文は一体どのようにして人々の前に現れたのであろうか。「普通文」という言葉が広く用いられるのは明治中期からであるが、既に述べたように明治初期の『文明論之概略』・『西国立志伝』・「大《おお》新聞記事・論説」は、実質的に普通文と同様の文語体と考えられる。この種の標準的文語文は明治期になれば、印刷された媒体の爆発的な普及により巷に氾濫することとなる。書き手たちは幕末以来の「漢文脈」によくなじんだ知識人である。そのあたりの事柄を考慮してか、旧版の『国語学辞典』（一九五五）は、「普通文」について、次のように説明している。[10]

……明治の初年、政治・文教の中心となった人々は、多くは漢学で鍛えられた人々であった関係から、公用文や著述を始め新聞記事に至るまで、漢文の訓読そのままのような文体が用いられ、一般の人々にはかなり親しみにくいので、雅文・消息文など各種の文体をとり混ぜて、品位もあり理解もしやすく、共通性の多い文語文体を新しく作ろうという気運が高まり、高山樗牛・大町桂月などの文学者もこの運動に参加したりして、明治三〇年代には教科書・新聞雑誌も、この新しい文体を採用し、ほぼ普通文の文体が定まった。

以上のような要素も認められはしようが、特に「共通性の多い文語文体を新しく作ろうという気運が高ま」ったから普通文が普及したわけではない。幕末・明治初期の「政治・文教の中心となった」知識人たちは、幕末期の漢学流行によって量的に拡大はしたであろうが、特に新しいタイプの文章を生み出したわけではないのである。幕末・明治期の標準的な文語文は、既に「普通文」であった。それは江戸初期にはほぼ確立しており、使いこなすにはもちろん高度な教育受容を必要とはするが、明治期の普通文と同様に大変使い勝手のよいものであった。話し言葉の文法によく対応していたからである。それでは、この江戸期の標準的文語文の実態はどのようなものであり、その展開は如何になされたか、これを次節で述べようと思う。

II－3　近世標準文語文

文章を読む人々

江戸期の書き言葉の文章はさまざまである。作品資料として残っているものの中から、狂言・歌舞伎や浄瑠璃のような演劇台本を差し引いても、西鶴の浮世草子、芭蕉の俳文、江戸の戯作、洒落本、人情本、滑稽本などよく知られた文章が残る。歌人や国学者の、中古仮名文を模範とする擬古文もある。また御触書などの公用文や書簡に用いられる「候文」も認められる。

しかし、これらはそれぞれに個性的な文章をなしているが、江戸期の文章の主潮流を形成しているわけではない。例えば、作品資料を残し得るほどのリテラシーを備えた知識人を上層知識人、その読み手になり得る知識人を中層、読み書きが相応に可能で文書・記録を残し得る程度の知識人（例えば農村の庄屋・村役人クラス、彼らは中層の場合もある）を下層とし、さらに主に仮名で読み書き可能な程度の人々までを含め「識字層」としよう。第I章で示したキリシタン資料『天草版平家物語』の聞き手「右馬之允」を想定してみてもよいかと思うが、これが中・下層の知識人ということになる。右馬之允はたまたま『平家物語』を読む機会を持てないまま、「喜一検校」の語りを聞くことになったわけである。この時代の代表的な知識人は、貴族、僧侶、上級のブケということとなり、もちろん町人クラスに属する人々も「上層〜識字層」に分化させて考えることができる。

江戸初期の中層知識人は、漢文を習ってそれを相応に読みはするが、自ら漢文を書きこなすことは難しいかも知れない。漢文以外の読書は、主に史書（流行は合戦もの、実録ものなど）や論議文で、自らも必要に従って論議文や記録を残したりする。以下の例として掲げる文章には作品資料が多いが、これらを作成しているのが上層〜中層知識人となるわけである。これらの文章の全体をざっと見わたすことが重要である。

キリシタン資料のスタンダード性

まず、江戸初期の作品資料の代表としてキリシタン資料を眺めたい。キリスト教は禁教化されたため後の日本語に影響を与えたわけではないが、キリシタンの書き言葉スタンダード観が、大いに参考になるのである。ここでの資料は外国語が混ざり込むが、漢字仮名交じり文であり、読みにくくても雰囲気が分かればよいと思う。原文に無い漢字は（　）で示した。［　］内は筆者による訳になる。

第四　こんちりさん［痛悔］を求め得るために、のぞ（除）くべきさは（障）り人のりんじう（臨終）と云事は、とりかへされぬ一大事也。其故は、りんじう（臨終）よきを以てたすかり、あしきを以ておはりなきくるしみにきは（極）まる事なれば、びやうじや（病者）には其きは（極）めよきやうにけうくん（教訓）し、合力となるべき事也。中にも、こんひさん［告白］

を聞玉《ききたま》ふべきぱあてれ［神父］の、ありあひ給はざる所にては、左のことはり（理）を教化《きようげ》すべし。

（「病者を扶くる心得」『日本思想大系25　キリシタン書　排耶書《はいやしよ》』）

夫《それ》、提宇子《だいうす》［デウス］門派、初入《しよにう》の人に対しては七段の法門あり。其《その》初段の所詮《しよせん》と云は、天地万像《まんざう》を以て能造《のうざう》の主を知、四季転変の時を違へざるを以て其治手《をさめて》を知《しる》。喩へば一宇殿閣を見れば、其巧《ぎよう》匠《しやう》ある事をしり、家内に壁書《へきしよ》あつて、其旨に随て家中治まるを見る時は、必ず主人ある事を知は常の習也。（原カタカナ）

（不干斎ハビアン「破提宇子《はだいうす》」『キリシタン書　排耶書』）

キリシタン資料はローマ字書きのものが多い。しかし漢字仮名交じりのものも相当にあり、いずれにせよそれらの制作は、南蛮人と日本人の共同作業によって行われただろう。漢字仮名交じりのキリシタン資料は、超一流とまでは言えないにしても一流どころの知識人が書き手であったと考えられる。ローマ字書きはポルトガル人の日本語学習書であり、漢字仮名交じり文のものは、日本人を目当てとした論議書である。ここに示したものもまた、後の普通文につながっていると思う。

厳しい禁制によって、キリシタン資料は江戸期の日本国内で人目に触れることがほとんど無かったが、キリシタンは話し言葉においても書き言葉においても、その標準態様を強く意識していた。スタンダード以外の言語態様の選択・使用は、布教の妨げとなる恐れがあったからである。『破提宇子《はだいうす》』は棄教者による排耶書であるが、著者の不干斎ハビアンは『天草本平家』の作成に深くかかわっていて、何が適切な日本語の話し言葉であり書き言葉であるか、強く意識せざるを得なかった人物だろう。棄教はしても、文章について学んだことは役立っているはずである。

その書き言葉の文章について、ロドリゲス（Ⅰ－2参照）は次のように述べている。

厳密な意味での日本語による書物のうち、講読に適するものを分類して平易なものから挙げれば、つぎのとおりである。第一の最も初歩的な部類に入るものとしては May（舞）と Sǒxi（草子）がある。文体が平易で通常の会話体に最も近いからである。第二の部類には、Saighiŏfôxi（西行法師）の著した隠者伝で Xenjixo（撰集抄）と呼ばれるものと、Camono chǒmei（鴨長明）の書いた隠者伝で Foxxinju（発心集）と呼ばれるものがある。第三は歴史物語の意の Monogatari（物語）の名のついたもので、例えば Feike monogatari（平家物語）、Fôghen Feigimonogatari（保元平治物語）。これら二つはこの分野で最高かつ最も美しい文体をもつものである。第四は Taifeiki（太平記）と呼ばれる歴史書で、その文体はこの日本で最も荘重にして崇高な文体である。講読に用いてよいのは以上四種の書物、および美しく正しい日本語があますところなく認められる同種の書物である。

（ロドリゲス『日本語小文典』岩波文庫）

もともとキリシタンは日本語について格別の知見を持っていたわけではないので、以上のような考え方は、当時の日本人の日本語の捉え方を反映したものと言えよう。ロドリゲスはこのように、書き言葉としては文語体のものを推奨している。

三河物語

次いで、教養の階層を眺めて行くために、『三河物語』を参考にしたい。著者の大久保彦左衛門忠《ただ》教《たか》（一五六〇〜一六三九）の「教養」は、当時の武士の平均的な水準よりは高いと思われるが、上層とまでは言えないだろう。引用部分は桶狭間合戦（一五六〇）を記述した箇所であり、後の徳川家康は今川方である。もちろん一五六〇年生まれの大久保彦左衛門自身は、この合戦に参加していない。

義元は、其［織田信長軍の接近］をばしり給ずして、弁当《［べんとう］》［もともとは「便利」の意］をつかはせ給ひて、ゆくゆくとして御《をはしまし》給ひし処に、車軸《しやぢく》の雨がふり懸る処に、永禄三年庚申《かのえさる》五月十九日に、信長三千計にて切て懸らせ給えば、我もく\と敗陣《はいぐん》［軍］しければ、義元をば毛利新助方《（ママ）》が、場も去らせずして打取。松井（宗信）を初《はじめ》として拾人余、枕を弁《ならべ》打死をしけり。其外敗陣《はいぐん》して追《をい》打に成《なる》。其儘押つめ給はば駿河迄も取給はんずれ共、信長は強みをさ（押）せられ給ざる人なれば、其より清須え引入給ふ。然ると申に、元康［家康］之ソ《し》ツ除《つばらい》　を被成《［なされ］》候物ならば、か程の事は有間敷《［あるまじき］》に、大高の城之番手を申被付《［もうしつけられ］》し事社《こそ》、義元の雲命［運命］なり。（原カタカナ　振り仮名は原本に基づく。［　］部分は原本に無いもの）

（『三河物語』自筆本「中　九代家康」一六二五頃『日本思想大系26』）

『三河物語』は漢字に宛字が多く、引用部分の「敗陣」「雲命」や、他にも「太香」（太閤）、「家勢」（加勢）など多量にある。文章にもたどたどしい所がある。しかし、「ごとく、ごとし」のような漢文の訓読によく用いる助辞を頻用し、係り結びを用いず、全体として簡略化された古典文法が表れている。また音読みの漢語がよく用いられているが、それが先のようにしばしば宛字になっている。仮名遣いは混沌としており、これは近世文語文の通例である。また「き」（「し」）、「けり」「たり」の使い分けがかなり恣意的である。引用部分では「御《をはしまし》給ひし処に」「打死をしけり」の「キ、ケリ」の使い分けもその基準が分からない。もっともこれも中近世文語体の通例である。またこの箇所には現れないが、「〜ている」が各所で用いられている。

『三河物語』は、三河以来の大久保家の正しき由緒を述べ子孫に教訓を垂れたもので、「門外不出」としてある。公的な場所に現れることを予定していないのである。そのためもあろうか、どうもそこここに話し言葉調が出てしまっており、それが文章の個性的な面白さでもある。しかしそのことは、『三河物語』でのちの明治普通文に通じる漢文訓読調の文語体が志向されていなかったことを意味しない。大久保彦左衛門も、出来ることなら「正しい」訓読調の文語文が書きたかったことだろうと考えられる。多量の宛字も、むしろその願望の発露だったのではなかろうか。

学問書

中世（鎌倉・室町期）に対する江戸期の文化的特徴の一つとして、学問の世俗化が挙げられる。中世学問は宗教的学問であり、その担い手は多く僧侶であった。儒学もまた禅との関わりが深かった。一方、江戸期では儒学は僧侶の手から離れ、むしろ漢学一般の内部に位置付けられている。社会が世俗的な学問を求めたのである。次の『農業全書』は、宮崎安貞（一六二三〜一六九七）による自然科学を志向するところのある学問書である。江戸期に広く普及した。振り仮名は原本のものを利用している。

それ農人耕作の事、其理《ことは》り至て深し。稼《いね》を生ずる物は天也。是を養ふものは地なり。人は中にゐて、天の気により、土地の宜きに順ひ、時を以て耕作をつとむ。もし其勤《つとめ》なくば、天地の生養《せいやう》も遂《とぐ》べからず。こゝを以て、上古の聖王より後代賢知の君に至り、天子自ら大臣《たいしん》をひきいて、春の始《はじめ》田に出て、手づから農具を取り、田を犂初《すきそめ》給ふ事あり。是を籍田《せきでん》と云て、政の初とし給へり。是古の賢君明王は農業《のうげう》を重んじ、本をつとめ給へるに依てなり。其後天下の農人《のうにん》、春の耕《たがやし》を始ると云り。

（宮崎安貞『農業全書』巻之一農事総論　一六九七『日本思想大系62』）

『農業全書』は、『三河物語』とは異なり、整った文語文であって、九八ページで示した「普通文」の性格①′〜⑤′の特徴がよく表れている。以下の新井白石や洋学書も含めて、この『農業全書』のような漢文訓読をベースにした文語文が、江戸期には量産されたのである。後出する『八犬伝』などとともに、江戸期のもっとも標準的な文語文と考えられる。

新井白石、洋学

新井白石（一六五七〜一七二五）は、宮崎安貞よりやや後の人。漢学、和学はもとより、後の洋学の先駆者とも考えられ、当代最高峰の知識人の一人と見なしてよいだろう。その自伝的回想録『折たく柴の記』は平明な和文調の文章で綴られるが、大元には漢文訓読調があるかと思う。引用では後の便宜のために傍線を施してある。

新井といふはもと上野国の源氏にて、染屋はもと相模国の藤氏なるに、いかなる故によりてか、（白石の父の祖父母は）常陸国には移り給ひぬらむ。其由をいひも伝ふる人あれど、まさしく父の仰られざりし事どもうけられぬ事也。父の仰せしは、我父はいかなる故によりてか、所領の地うしなひて、その領ぜし地に、引こもりておはせしといひしが、眼大きに、鬚多くして、をそろしげなるが、死し給ふ比、いまだ白髪にはおはせざりしと覚えたりき。つねに物めしけるに、箸筒の黒くぬりしにかきつばたの蒔絵したりしより、箸とりいでて、物めして、めし終りぬれば、箸をおさめて、かたはらにさしをき給ひしを、我をはごくみそだてし老婢のありしにとふに、「すぎにし比の戦によき首とりて大将の陣に参り給ひしに、『戦つかれたるらむ、これ給れ』とて、めしける膳を《(お)》し出して、その箸共に給る。此事時の名誉也しかば、今も身をはなし給はぬ也」といひき。

（新井白石「折たく柴の記」『日本古典文学大系95』）

同じく白石の『西洋紀聞』は特異な内容でカタカナ語が頻出するけれども、文章の基調はやはり漢文の訓読調である。今日のような外国語カタカナ表記については、さらにⅢ章で検討する。

当時ヱウロパ地方、こと〴〵く戦国となりし事は、初《はじめ》イスパニヤの君、名は、イノセンチウス＝トーデーシムス、嗣〔後継〕とすべき子なし。国人は、ゼルマアニヤの君の第二の子、名は、カアロルス＝テルチウス、かならず其嗣となるべしとおもひたり。これは、ゼルマニヤは、此方の大国にして、しかも其君の子は、イスパニヤの君の外姪なるが故也。十年前におよびて、イスパニヤの君、死する時に至て、其嗣いまだ定まらず、其親戚群臣に遺令して、一封の書をとゞめ、「我死せば、此書を捧げて、天主の像前に至て、披《ひら》き見よ。我嗣の事は、これにしるせり」といふ。国人其書を捧げて、ローマンに至て、天主の像前にして披き見るに、「フランスヤの君の孫、名は、ピリイフス＝クイントスを以て、嗣とすべし」としるしぬ。人皆驚きて、敢て言を発せず。されど、其君の命ぜし所なれば、敢てたがふべからず。

（『西洋紀聞』『日本思想大系35』）

江戸の中後期には、洋学（蘭学、最後期には英学）が発達する。洋学者も学問の基礎は漢学に基づいているので、文体は先の『農業全書』、『西洋紀聞』に類似する。工夫が無いだけ素直な文章である。

世《せ》風《ふう》右のごとく成り行けるも、西洋の事に通《つうじ》たりといふ人もなかりしが、只何となく、此事遠慮することもなき様《やう》になりたり。蘭書抔《など》所持する事御免《ごめん》といふ事はなけれども、間々所持する人もある風俗にうつり来れり。同藩の中川淳庵《なかがはじゆんあん》は、本草《ほんざう》を厚く好み、和蘭物産《おらんだぶつさん》の学にも志有て、田村藍水《たむららんすゐ》・同西湖《おなじくせいこ》先生なども同志にて、毎春参向せる、和蘭陀通詞共のかたにも往来せり。明和八年かのと卯《う》の春かと覚えたり、彼客屋へ至りて、ターヘルアナトミアとカスパリユス・アナトミア、といふ、身体内景図説の書貮本を取出し来り、「望人《のぞむひと》あらば、ゆづるべし」と云《いふ》者あり」とて持帰り、翁に見せたり。もとより一字も読事はならざれども、臓腑・骨節、是まで見聞する所とは大に異にして、これ、必ず実験して図説したるものと知り、何となく甚《はなはだ》懇望《こんまう》に思へり。

（杉田玄白『蘭東事始』一八一五頃『日本古典文学大系95』）

戯作文学

以上、江戸中後期の学問書を見た。この種の漢文訓読風の文体は、江戸期戯作にも大いに影響を与えている。次の曲亭馬琴（一七六七〜一八四八）はいわゆる「読本《よみほん》」小説の巨人であり、良きにつけ悪しきにつけ江戸期の代表的な文章家とされる。やはり後の便宜のために傍線を付す。

かかりし程に光弘は、こゝろ驕りて色を好み、酒に酖《ふけ》りて飽くことなく、側室媵妾《そばめおんなめ》多かる中に、玉《たま》梓《づさ》といふ淫婦《たをやめ》を寵愛して、内外の賞罰さへ、渠《かれ》に問て沙汰せしかば、玉梓に賄賂《まいなふ》ものは、罪あるも賞せられ、玉梓に媚ざれば、功あるも用られず。是《これ》より家則いたく乱れて、良臣は退き去り、佞人《ねいじん》は時を得たり。そが中に山下柵左衛門定包《さだかね》といふものありけり。是が父は青浜なる、草料場《まぐさぐら》の預《あづかり》にて、碌々として身まかりしが、定包は人となり、相貌《かほかたち》さへ親に似ず、面色白《しろく》して眉秀、鼻卬《たかく》して唇朱く、言語柔和の聞えありとて光弘これ召出して、近習にぞしたりける。現女謁内奏《げにによゑつないそう》は、佞人の資《たすけ》なり。山下柵左衛門定包は、陽《うへ》に行状を慎て、陰《した》に奸智を逞《たくましう》し、栄利を謀る癖者なれば、……尾籠の挙動《ふるまひ》多かりけれども、光弘は露ばかりもこれを暁《さと》らず、いく程もなく定包を、老臣の上にをらせ、藩屏《かちう》の賞罰大小となく、皆任用《うちまかせ》たりければ、その権山下一人に帰して、主君はあるもなきが如し。かくて志気《こころざし》あるものは、主を諫かねて身退き、又勢利に憑《つく》ものは、をさ〳〵媚て定包が尾髻の塵をとりしかば、党を樹《たて》て、讒りを禦《ふせ》ぎ、利害を説て、旧法を更め、税斂《みつぎ》を重《おもく》し、課役を累《かさね》て、民の冤《うらみ》を見かへらず。……（定包は）出仕する毎に白馬に騎《のり》しかば、……目を側て是を見るもの、密々《しのびく》に白妙の、人啖《ひとくひ》馬と渾名負《おは》して、たまたま途にあふときは、避かくるゝも多かりけり。

（曲亭馬琴『八犬伝』第二回）

馬琴は勧善懲悪小説の書き手で文章も硬いから、漢文調ももっともと考えられるかも知れないが、よりくだけた人情本の類でも事情は同様である。次の『春色梅兒與美《うめごよみ》』では、もっぱら会話で話が進行するのだが、地の文のとりわけて作者による解説的記述の場合は、普通の文語文が現れる。会話部分と地の部分を並べて示す。これも便宜上傍線を付けた。初めの例は会話部分であって、この頃の話し言葉を写したようであり、次が筋書説明の地の部分の文章である。案外に漢語も多いように思われる。

「どふして知つて来たのだ。聞《きき》てへこともたんとある」「ナニ今朝《けさ》は妙見さまへ参りに来たつもりで宅《うち》は出ましたヨ。寔《まこと》にふしぎなことサねへ。お前様《まはん》が此様《こん》な所に御在宅といふことは、ほんに夢にも知らなんだがネ、此頃目見《めみへ》に来て居るしたじッ子がありまはアな。その子の宅を聞たれば、本所の方だといひましたが、それから皆ゝと種ゝなことを聞て遊んで居るとき、其子が宅の近所の咄をする中で、どふもはなしの様子が、おまへはんの噂のよふだから、其晩一所に寝かしてよく〱聞いたら、宅に意気な美しいお内室《かみさん》が居ると言ましたから、夫じやア違ツたかと思つて、猶くわしく聞たれば……なんでも尋ねよふと思つて、十五日を楽しみにして、出て来たんでありまさアな。

（為永春水『春色梅兒與美《うめごよみ》』初編巻之一『日本古典文学大系64』）

そも〱此娘は何ものぞ。これ唐琴《からこと》屋の娘お長《てう》なり。いかゞして此所に来りしとたづぬれば、彼おゐらん此糸がはからひなり。そはいかにとなれば後見の鬼兵衛多くの借金を引請唐琴屋の家を相続なすを恩にかけ、お長にせまりていやらしく難儀させ、所詮おさまらざるを推量して、……

（「春色梅兒與美」初編巻之二）

江戸・明治期文語文の共通性

以上は江戸期の文章のほんの一斑に過ぎないが、江戸期の文語文の文章はおおむねこれらのようなタイプのものであり、既に確認した明治期普通文と次のような性格を共有する（①′〜⑤′再掲）。

①′　連体形終止を用いない。

②′　係り結びをあまり用いない。

③′　ガ主格をあまり用いない。

④′　「〜ている」を用いない。

⑤′　漢文の訓読によく現れる述語形態・構文形態を用いることがある。

以上のうち、②′、⑤′は文語文としての自然な変化を示しているとも言えようが、すべて「自然」に任せていると口語体になってしまう恐れがある。①′、③′、④′は、口語体との差異を示そうとする特徴付けと言えるだろう。さらに文末の述語形式を詳しく見るに、当然ながら江戸期に可能な口語的表現の「じゃ、である、でござる」を排除し「なり」を選択している。とりわけ目を引く特徴として、過去・完了の表現として古典文法の「き、けり、つ、ぬ、たり、り」を使い分けている。これは文語文法を選択した場合の論理的な帰結であるけれど、実はその「き、けり、つ、ぬ、たり、り」の使用法・使い分けは混沌としている。結局すべての過去・完了辞は、実際上「た」の代替に用いられていると考えられるのであり、いかにも文語体風にどれかが選択されているというに過ぎない。そのような性格は、ほとんどの江戸期文語体にも指摘できる事柄である。一例として新井白石『折たく柴の記』をもう一度眺めてみよう。

タとシの混乱

『折たく柴の記』では、キ（シ）の頻用が目立つ。これはこの作品が自伝的回想録であるから、そのために「体験的過去」のキを頻用（傍線部分）していたと言い得る場合もあるが、その他の過去・完了表現を含め文法的に不適切な箇所が多いのである。不適切な箇所には二重傍線を施しておいた。

まず二重傍線部（傍線は略）の「いかなる故によりてか、常陸国には移り給ひぬらむ」では、ヌは現在完了、ラムは現在推量であるから、「どんな理由で常陸国にお移りになっているのであろう」のようになってしまう。過去推量のケムを使って「移り給ひけむ」（「お移りになったのだろう」）としておけばよい。「つねに物めしけるに」、ここでケリを使う必要はない。すべて自伝的回想なので「物めししに」とシを使えばよく、説話的過去のケリが現れる余地は無い。もっともシを繰り返すのはくどいので、「物めすに」でよい。さらに「箸筒の黒くぬりしに」は、「ぬりたるに」でなければいけない。シは過去で現代語（江戸期も同様）ではタに当たるが、ここは「黒く塗った箸筒」のタのような「完了状態・結果状態」の意味であるから、過去のシを使ってはいけないのである。また「蒔絵したりしより」は、タリとシをまとめて一つのもののように感じているから何となく重ねて使ってしまっている。「したるより」でよい。「めし終りぬれば」では、くどくヌを使う必要はなく「めし終れば」でよい。また注目すべきは、「いまだ白髪にはおはせざりしと」では、「と」の前で文終止であるにもかかわらず連体形のシが使われている点である。このシは許容事項のⅣによって「許容」されるシであった。要するに、白石のシは問題が多い。

江戸期の文語文は、この種の混乱だらけである。国語学者の山口明穂は、ここで示した「箸筒の黒くぬりしに、蒔絵したりしより」のようなシの使い方について、本居宣長の語学書『玉あられ』を引いて次のように指摘している。便宜上傍線を付す。

まのあたりなるさへ偽おほき世説なるを、ましてしら雲の八重に隔たりし国なれば（雨月物語・浅茅ヶ宿）

細身のわきざし柄まへ少しよごれ、黒羽二重の紋際もちとよごれし小袖（遊子方言・発端）

「八重に隔たりし国」は、『玉あられ』の記述をそのままに用いれば、「今隔たりてある国のことを、『隔たりし国などいふもわろし、そは『隔たれるとこそいふべけれ、『隔たりしとては、前に隔たりしことを、後にいふになる也」ということになり、宣長の目から見れば、「差別をわきまへぬ「近世人」の誤りとなろう。［ちとよごれし小袖」もこれと同様で、「ちとよごれたる小袖」という表現が望まれたであろう。……このような「し」の表現がなされたことには、桜井光昭氏も既に指摘せられたように、当時の口語助動詞「た」の影響が大きかったに違いない。宣長や［富士谷］成章が、文語の時の助動詞と口語の「た」との関係を説いたが、それと同じように、当時の人達が、口語「た」を前提にして文語の時の助動詞をとらえて行けば、右に挙げたような表現の現れること決して不思議ではあるまい。[11]

つまり、「タ＝シ」のように考えて「曲がった釘＝曲がりし釘」のような誤りがおかされるということである。それと同様に話し言葉の「タ」を「シ」に置き換えて文語体化するというパターンが、この白石の文章全般にわたって認められる。ならば、このようなシなどの背後には話し言葉のタが潜んでいて、書き言葉文語体の文章を支配しているということになる。白石は当代最高級の知識人であるが、『折たく柴の記』は公刊を予定した文章ではないために、つい注意が弛んだのかも知れない。

もちろんこのような混乱は、白石ばかりに生じるわけではない。先に示した『八犬伝』には、「キ、ケリ、タリ」などが混在している（傍線部）。しかしその使い分けの基準は何かと考えると、どうも語調の良さに基づいているとしか思えない。例えば「用言已然形」の文節には、「とりしかば、騎《ゆき》しかば」のように「～しかば」が多いが、文法的にキ（シカ）を選ばなければならない必然性は無い。だから、「とりしかば」は、他の部分に多い「とりければ」などでよい。しかしそれでは表現がワンパターン化する上に、馬琴はどうも「～しかば」という語調を好んでいるようにも見える。地の文章の展開については『八犬伝』でも背後に話し言葉の夕が潜んでいて、それが文章を支配しているようである。

同じく「過去」といっても、中古にはキは体験的過去、ケリは伝承的・物語的過去に用いられて、キとケリには明瞭な区別がある。例えば「かきつばた」の歌で有名な『伊勢物語』の第九段では、地の文に一六例のケリが現れる。物語だから当然である。一方キは、「から衣きつつなれにしつましあればはるばるきぬる旅をしぞ思ふ」という「かきつばた歌」に一例現れるだけである。歌は体験に基づいて作者が書いているのだから、キが現れてよいのである。

以上に見るように、江戸期の文語体の文章の主流は、連綿と明治期普通文に引き継がれる。それは、文末形式を形式的に置き換えてやるだけで、ただちに口語文に転換可能な文語文である。見た目には古典文法の形式を維持しているが、用法上は大いに話し言葉の文法の支配を受けている。また、もともと漢文訓読調という特徴を備えているために、幕末・明治初期の漢文ばやりの折には、その流行に適応しやすい文体でもあった。では、そのような江戸期の文語体文は、いかにして形成されたのであるか。それが我々の次の課題となる。

Ⅱ－4　中世書き言葉スタンダード

和語要素と漢語要素

3節でも紹介したポルトガル生まれのキリシタン通詞ジョアン・ロドリゲスは、大著『日本大文典』（Arte da Lingoa Iapam）の中で次のように述べている。便宜、引用文に（1）～（4）の数字を入れた（「コエ」などは、ローマ字によって「coye」と書かれている和語である。その他、一部表記法を改めた）。

本文典の論述を理解し易からしめんが為の例言数則

一般の日本語は、すべてのことに、シナおよび日本を意味する「ワ、カン」（Ｖａ，Ｃａｎ）又は「カン、ワ」（Ｃａｎ，Ｖａ）の二語によって示される二通りの語がある。その一つは「コエ」と呼ばれて、シナ語を意味する。他は「ヨミ」と呼ばれて、固有の日本語を意味する。かくして、（1）日本語は、「コエ」の混じない本来の純粋な「ヨミ」であるか、（2）「ヨミ」に少しく「コエ」の混じたもので、すべての人に通用するものであるか、（3）「コエ」の多量に混じたもので、やや荘重であり、日本人が普通には文書に用い、重々しい身分の者とか学者とかが談話に用いるところのものであるか、（4）純粋の「コエ」のみのもので、最も晦渋であり、坊主が仏典の上で使うところのものであるか、そのいづれかである。

日本人もまた話す時の通俗な文体を用いて物を書くという事は決してしない。話しことばや日常の会話に於ける文体と文書や書物や書状の文体とは全く別であって、言い廻しなり、動詞の語尾なり、その中に用いられる助辞なりがたがいに甚だしく相違している。そういうわけだから、本文典の論述に於いても、話しことばではかくかく用い、書きことばではかくかくもちいると説いた。随って又、この国語は、その中に話しことばと書きことばとのほぼ二種類のものが含まれている事になる。

『大文典』はもともと、話し言葉・普通の会話のための文法書である。その「ヨミ」とは和語であり、「訓読み」の語ということにもなる。また「コエ」とは「音読み」の語や文（の部分）である。（1）のような和語ばかりを用いたものは、会話では極めて稀である。声を出して和歌・連歌のたぐいを詠む際にでも現れるのだろうか。（2）は普通の会話の日本語になるわけで、ロドリゲスの言はもっともである。（3）は通常は書き言葉に現れるたぐいであろうが、「重々しい身分の者とか学者とか」の対話ならば現れることもあろう。（4）はお経の読み上げを言っているようである。

この種の事柄は、ロドリゲスのもう一つの文法書『小文典』（Arte Breve da Lingoa Iapoa）で、「日本語について心得ておくべき一般的事項」としてさらに詳細に語られる（一部表記法を改めた）。

このようにヨミとコエという二種類の語彙があるため、日本人には三種のことばがあることになる。その第一はヨミだけから成りコエのまったく混じていないもので、この地に生まれた本来のことばである。現在このことばは韻文と、Ghenji monogatari（源氏物語）、Ixe monogatari（伊勢物語）などのごとく、文体が優美・流麗な書物のみに用いられている。第二はコエだけのことばで、仏僧がそれぞれの宗派の書物［経］によって祈りを唱える時に用いるものである。第三はヨミとコエとが混じたことばで、文字を用いるようになっている現在では、これがこの王国の共通のことばとなっている。人びとが日常の会話で一般に用いるのもこのことばで、大半はヨミであるが、コエも若干まじっている。ただし文章体・説教・あらたまった会話ではコエが多数まじる。……

心得ておくべき第二点。日本人も中国の人びとも文書・書物・書簡を書く時に、話し言葉における普通の表現、平俗な会話体を用いることはないし、文章体で話すこともない。通常の会話体と文章体とはたがいに別なものであって、表現にしろ、時制・法を示す動詞の活用語尾にしろ、多種多様な小辞にしろ、たがいに大きく異なっており、中には文章体でしか用いられないものもあれば、日常の言葉遣いに限られるものもある。このため日常の会話体で文章を認《したた》めたり書物や物語《イストリア》を書いたりすれば滑稽なことになろうし、日常の会話で文章体を用いるようなことがあれば、その大部分はどのような人にも理解可能であるが、やはり滑稽なものとなろう。

ロドリゲスの指摘──話し言葉と書き言葉

ロドリゲスは、当時の日本では書き言葉と話し言葉が大いに異なっているので、混同すると滑稽な結果を招くことに注意を与えている。書き言葉は文語体であって、会話の言葉とは特に文法において落差が大きい。しかし、両者ともに語彙としては漢語と和語をまぜ用いているのであり、一方的な漢語の使用や和語の使用は通常生じない。しかし書き言葉（文章体）では、漢語の割合が高くなるとも指摘している。ロドリゲスのこれらの指摘は、我々の常識に適っていて、もっともと思わせる。

しかも、ロドリゲスは以上のように述べた後、本章第3節に示したように「日本語による書物のうち、講読に適するもの」を指定する。そしてそこには『源氏物語』のような「文体が優美・流麗な書物」ではなく、『平家物語』や『保元 平治物語』の如き軍記ものが「これら二つはこの分野で最高かつ最も美しい文体をもつもの」として挙げられ、さらにやはり軍記ものの『太平記』が、「その文体はこの日本で最も荘重にして崇高な文体である」として紹介されるのである。

ロドリゲスの指摘には注意すべき点が二つある。まず第一に、室町後期の日本語は、はっきりと「言文二途、言文乖離《げんぶんかいり》」の状態であった。キリシタン文献や狂言・抄物などの口語資料から、当時の話し言葉が既に近現代語に近いことが分かっている我々には、予想しやすい事柄である。もう一つは、当時の書き言葉の見本として人々がなじんでいた文章・文体がいかなるものであったかということである。この点、改めて院政・鎌倉期から検討してみよう。

中古和文

中古の仮名文学は、物語・散文、和歌を含め口語体である（和歌は口頭でのみ示される場合もあるだろうが、よく整っており書きとめられもするから、書き言葉の仲間と認めたい）。中古より前の書き言葉は、漢文かその変形体以外には存在しないので、いやおうなく口語体となるのである。中古仮名文のような書き言葉は、話し言葉の文法に従う（書き言葉口語体である）以外、表しようがなかったわけである。

いわゆる八代集、古今・後撰・拾遺・後拾遺・金葉・詞花・千載・新古今のうち、初めの三歌集

（三代集）は口語体的と言えそうである。仮名散文とあまり変わりがないのである。他面、新しい係り助詞の「なむ」を使わない（後出）など文語体化している部分も認められる。次の後拾遺・金葉・詞花は次第に口語の変化に対応しなくなっているが、変化を反映していると見られる部分も認められる。例えば「うたたねに逢ふと見つるが現《うつつ》にてつらきを夢と思はましかば」（金葉・四一五）には、活用語の連体形につく主格のガ（「見つるが」）が表れている。このガは中古中期からよく使われ、やがて「けれども」の意の逆接接続助詞に転化してゆくのであるが、それは話し言葉における文法変化である。『金葉集』の歌はその用法変化に対応している。しかし、鎌倉期につながる千載・新古今の歌々は、相当に文語体化しているとみなさなければならない。ただし、「文語体化」というのは和歌の語法自体が変化しているわけではない。話し言葉が変わってゆく一方で和歌は変化しなかったとして、そのことについて、「文語体化している」と言っているのである。

漢文の訓読

院政・鎌倉期には物語・散文に、説話・軍記のような漢文訓読スタイルが大いに取り入れられる。これは漢文的だからと言って、必ずしも文語体化を意味するわけではない。もともと漢文訓読は当時の口語によって行われていたからである。しかし流派による訓読の固定化は権威主義をもたらしやすく、次第に訓読のスタイルは伝統的なものになりつつあった。例えば仮名文脈では今日の「様だ」に当たる「やうなり」が広く用いられるのに対して、漢文の訓読では「ごとし」が用いられる。「ごと」は奈良時代には日常語であろうから、初めは日常語としての「ごと」が訓読の中に入り込んだのであろう。しかしそれが訓読語化しつつある頃には、「ごと」は古い言葉として認識されていたかも知れない。漢文の訓読というのは、お経や漢籍のような有り難い内容を持っているわけであるから、権威ありげに、古語化しつつある「ごと」が用いられつづけられた可能性がある。ただ全体として見れば、特殊な漢文訓読的要素は目立つということがあるけれども、さして多くもないのだから、物語・散文の文語体化はやはり院政鎌倉期の話し言葉の激しい変化に起因すると言えるかと思う。書き言葉は見本を見て学習するもので、その見本はしばしば権威化するから、話し言葉の激しい変化について行けない（あるいはついて行こうとしない）ものなのである。

話し言葉の激変

それでは、実際に書き言葉の文語体化が生じた時期はいつ頃であろうか。それについて既に院政・鎌倉期に話し言葉が激しく変化したと述べているわけであるが、この時期の激しい変化については、以下のような現象からの推定の意味もある。

主に第Ⅲ章の課題であるのだが、いわゆる「仮名遣い」という問題がある。仮名遣い問題というのは、端的に言えば「同音の仮名の使い分け」の問題である。例えば古く（平安初期くらい）は、「え、へ、江、ゑ」（「へ」は語頭以外の「へ」、「江」はヤ行のエ）は、それぞれ「e，Fe，ye，we」と、みな違った音節を表していた。発音が違う（音韻の区別がある）のだから、仮名を混乱させずに使うのは当然である。例えば「かに（蟹）」と「かき（柿）」は「ni」と「ki」で発音が違うから、それぞれに「に」と「き」の選択を誤ることがない。それが一二世紀半ばには、「e、Fe、ye、we」はみな同じ音（「ye」と推定されている）を表すようになってしまった。すると話し言葉で「ye」と発音している場合に「え、へ、江、ゑ」のどの仮名を撰んで書くか分からなくなる。この種の事柄が、「同音の仮名の使い分け」すなわち仮名遣い問題である。

日本語の歴史の中でもともと別音であった音節が同音化するという事態は、種々の時代にたびたび生じている。いわゆる「上代特殊仮名遣い」、つまり音節「キ、ヒ、ミ、ケ、ヘ、メ、コ、ソ、ト、ノ、モ、ヨ、ロ」では奈良時代に各二種の別音節が存在したのだが、その二種が一体化した際には、多量の「同音の仮名の使い分け」つまり仮名遣い問題が生じてもよかったはずである。しかし、そのような問題はいっさい生じなかった。先の「え、へ、江、ゑ」でも、まず「e」と「ye」が一体化した際には（一〇世紀半ばに「ye」に合流。ただし以下では合流後の仮名は「江」ではなく「え」を使う。発音も「e」で示す）、「え」と「江」で「同音の仮名の使い分け」の問題が生じそうなものであるが、そのような問題はいささかも生じなかった。

「へ、え、ゑ」の仮名遣いは、「いろは歌」の盛行によって触発・意識化された面がある。「いろは歌」は、よくは分からないが一〇〇〇年前後に作られたものであろう。「いろは歌」の四七文字は別々の音節を代表しているようである。つまり、平安後期の「え、ゑ」はともに「e」で同音になっているのだが、「いろは」に従うと、別音として使い分けられなければならないようなのである。「いろは歌」など無くとも、「こえて」の「e」や「榎」の「e」は「え」でなければいけないのではないか、「ゑひ」の「e」や「絵」の「e」は「ゑ」でなければならないのではないか、と考える人が生じても不思議ではないかも知れない。しかし「え」と「ゑ」を書き分ける「いろは」のようなきっかけが無ければ、「え」と「ゑ」を書き分けようなどという人は生じにくいだろう。「同音の仮名」の問題が生じても、初めからそれが同音だと思っていれば人は何も考えないからである。仮名には平仮名であろうと片仮名であろうと、異体字がたくさんある。例えば「可」（をくずした平かな）

と「加」（をくずした平かな）は、別の字だがともに「か」である。だから、ア行の「え」とワ行の「ゑ」が代表する音節が同音化しても、「え」も「ゑ」がともに一つの「e」という音節を表すと思えば、それで済むのである。

歌人として著名な藤原定家（一一六二～一二四一）の時代まで、日本語はそれでやってきた。『源氏物語』が書かれた一〇〇〇年頃には、「お-o」と「を-wo」が合流した（「wo」に合流）。また一一〇〇年頃には「い-i」と「ゐ-wi」が合流した（「i」に合流）。また「ゑ-we」と「え・江-e」も合流した（「e」に合流）。さらに語頭以外の「はひふへほ」は、平安中期にワ行に合流した。「へ」は「ゑ」に合流し、発音は結局「え」となった（Ⅲ―3「音韻と仮名」参照）。

しかし、以上のような現象は格別の注意を集めることもないまま、日本語は一三世紀を迎えた。例えば、もともとの「e、Fe、ye、we」はすべて「え、e（ye）」と発音されるようになっていたのだが、どの仮名を用いるかそれなりの傾向はあったとしても、結局「え、へ、江、ゑ」のいずれでもよいという状態だった。例えば「故」はもともと「ゆゑ」なのだが、「ゆへ」と書かれるケースが非常に多くなる。『源氏物語』も、我々が見るのは後の時代の写本ではあるが、それらでは「をのづから」（本来は「おのづから」）のような「お」と「を」の混乱が目立っている。

ところが藤原定家は、例えば「い」と「ゐ」には「井戸」の「井」は「い」であって、「イノシシ」の「猪」は「ゐ」ではないかというように、何か使い分けのルールがあると考えたようである。定家はどのようにして、こんな問題にたどり着いたのであろうか。問題への到達理由は複合しているだろうが、もっとも根本的な理由には、この時代の言文乖離《かいり》の現象があげられると思う。

話し言葉は声に出したとたんに消えてしまう。例えば「猪（wi-ゐ）」と「井（i-い）」とは明らかに音声上の区別があったわけだが、「w・i」と「・i」が合流すれば、前時代の区別など当然忘れられてしまう。音声が消えているからだ。いま、書き言葉が口語体であって、「話し言葉」の文法や音韻に従っているとしよう。すると、人々はものを書く際に、言い廻し・表現の洗練などには大いに注意を払いもしようが、文法や音韻は自分自身の直感に従えばよいので、注意を払わない（「音韻」と述べたが、書き言葉ではそれは「表音文字」の使い方となる）。ところが言文が乖離してくると、つまり人々が現在の話し言葉とは異なった古い言葉（文語）を書き言葉で用いようとすると、文法も音韻（＝文字遣い）も直感に従うわけには行かなくなる。それが言文乖離時代の特徴である。

定家は古典を重要視したから、当然さまざまな古典的文章を学び、その権威に忠実であろうとしただろう。だがこの時代には、書き言葉の文章は話し言葉の変化について行けず、あるいはついて行こうとする意思を持たずに、相当程度文語化していた。また定家はこの時代の古典作品の校合《きょうごう》を行っていた。校合とは、ある作品の種々の写本を対照して、正しい本文を決定しようとする作業である。定家時代の古典作品の文章では、例えば「ゐ」と「い」は明瞭に区別がなされていた事が多かっただろう。定家の時代より百年ほど前までは、「い（・i）」と「ゐ（w・i）」は音韻として区別されていたからである。定家は、自身の発音では「井」と「猪」の区別がなされていなくとも、「井」は「い」、「猪」は「ゐ」という区別に気が付く可能性の高い環境に置かれていたのである。別の例だが、「飼ひて」は定家の時代には「飼いて」と発音されていただろう。しかし古い本では必ず「飼ひて」と書いてあったとする。文語体は口語体と違って直感に従って思うままには書けないから、注意して学ばなければならない。すると定家は「飼ひて」と書かなければならないのではないかと思うだろう。

書き言葉が口語体の時代には、書記は発音に従っていればよいのである。資料的に乏しいとは言

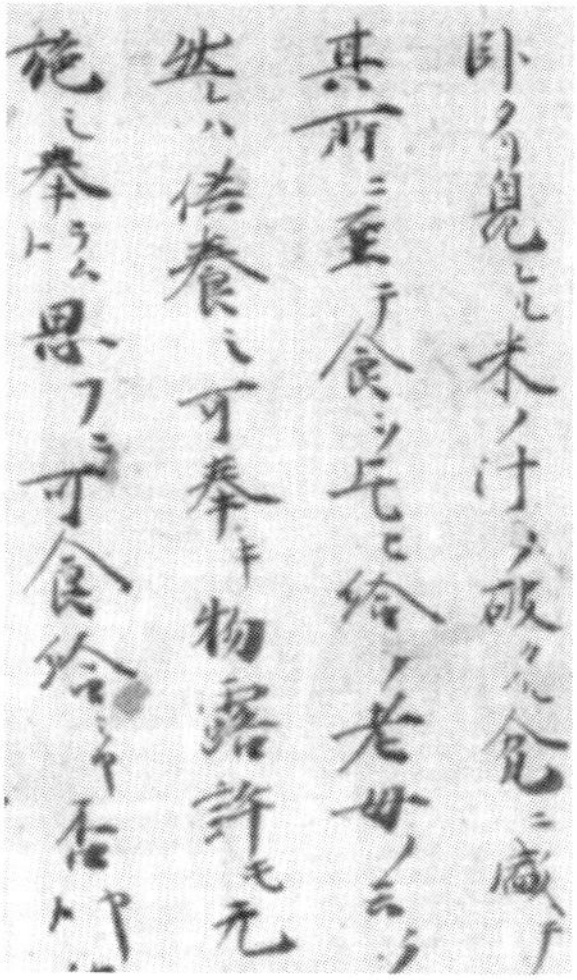

『今昔物語集』（鈴鹿本）京都大学附属図書館蔵

え、「上代特殊仮名」の区別が崩壊した時代（平安初期）に、何ら仮名遣い問題が生じていないのは、平安初期には書き言葉が全く文語体化していなかったからと思われる。逆に定家の生きた一二〇〇年前後の時代には、書き言葉の文語体化がある程度進んでいたと考えられる。仮名遣い問題が、生じているからである。

文語体出現の時期

筆者は、日本語作品資料における口語体と文語体の具体的な境界線を、一二世紀半ばの『今昔物語集』とそれ以降の説話（宇治拾遺物語など）・軍記（平家物語諸本）の間に引きたいと考える。『今昔』あたりに境界がありそうだということである。もちろん、書き言葉と話し言葉の乖離は連続的に進むので、明確な境界が認められるわけではない。『今昔』と『宇治拾遺』には説話集としての連続性も認められるし、『平家』には、特に物語中の会話の部分についてであるが、話し言葉をよく反映しているとみられる部分も認められる。だから、極めて大きな断絶が『今昔』とそれ以降の作品の間にあるわけでもない。それに『今昔』の内部は大きく「天竺・震旦」部・「本朝仏法」部・「本朝世俗」部に分かれており、各部は各部なりの特徴も指摘されていて、内部自体が混沌としているところがある。しかし、『今昔』にはそれ以降の作品と異なった次の特徴が認められるのである。後の文語文の出発点とも考えられる『今昔物語集』の文章を知っておくためにも、本朝世俗部から引用する。原文のカタカナを平仮名に変えた。『今昔』は原本が残っているわけではないが、鎌倉期の写本でもカタカナは、一四〇ページの「図」のように小字になっている（次の引用部とは異なる部分）。

　今昔、美濃国に因幡河と云大《おほき》なる河有り。雨降て水出る時には、量《はか》り無《な》く出る河也。然れば、其の河辺に住む人は、水出る時に登て居る料とて、家の天井を強く造て、板敷の様に固めて置て、水出れば其の上に登て、物をもして食《くひ》などしてぞ有なる。男は船にも乗り、游《およぎ》をも掻《かき》などして行けども、幼き者・女などをば其の天井に置てぞ有ける。

（『今昔物語集』巻二十六第三『日本古典文学大系25』）

　この説話中の傍線部には、「て居る」「て有り」（途中に係り助詞「ぞ」が入っている）という表現が都合三ヵ所認められる。「居る」は、「動き回り得るものがじっとしている」さまを表す動詞であるが、この時代末だ「すわっている、かがまっている」のように、具体的な姿勢をともなっていることを表現することが多い。しかし、「人の伝へて居るべき所を（他の人が受け伝えて住んでいるはずの所を）」（巻二十七第三十一）のように、単に存在を表現するケースも認められる。具体的姿勢が伴おうが伴わなかろうが、「意志的に存在する」ことを表すのである。また同様ながら意志性の弱い「〜てある」もある。

　これまで各所で、現代に列なる口語体の特性として「④「〜ている」「〜てある」という形式をよく用いる」と指摘してきたが、シテイル、シテアルは一五世紀以降の抄物から現代まで非常によく用いられる表現形式である。中古中期の『源氏』にはほとんど現れることが無いから、『今昔』の時代の一二世紀頃から口語でよく使用されるようになった新興の表現法であるかと思われる。つまりこの部分で、『今昔』は話し言葉をよく反映しているように思われるのである。ところが『今昔』のほぼ直後の時代（一三・一四世紀）の『宇治拾遺』や『平家』などでは、シテイルはほとんど用いられることが無い。一二世紀の『今昔』の時代に用いられはじめたシテイルが、一時的に一三・一四世紀の作品資料から姿を消し、一五・一六世紀にいきなり隆盛を迎えて今日に至るというのは、言語史として不自然な流れである。恐らく一三・一四世紀の作品資料では、シテイルの使用が格別に抑制されたのではないか。抑制されたのであるとすれば、その理由は何であろう。思うに、シテイルは『今昔』のころからしきりに用いられはじめた話し言葉表現であったために、次第に文語体化しつつあったこの時代の書き言葉に不適切として忌避されたのではないだろうか。シテイルは目立って口語的であったために、その後の時代にも「文語」作品では徹底的に排除される。明治期に至るまでそうなのである。

これは中古の和歌の世界における係り助詞の「なむ」に比肩される現象である。「なむ」は中古になって盛んに用いられた話し言葉のメルクマール的要素である。中古和歌の世界は未だ口語とさほど乖離はしていないが、独自の歌語らしさを形成しつつあった。その中で「なむ」はいかにも話し言葉的であり、「俗」であった。だから和歌で「なむ」は用いられない。徹底的に排除されるのである。同様に中世の文語では、シテイルはいかにも話し言葉的と考えられて排除されたのであろう。藤原定家の「仮名遣い」に話を戻せば、定家は和歌以外の散文にも旧態の仮名遣いを維持しようとしたわけだが、それは丁度、『今昔物語集』の直後の時代に重なるわけである。書き言葉が文語体化することと旧い「仮名遣い」を維持しようとすることとが、話し言葉の激変を背景に重なっているのである。

スタンダードとしての文語体

書き言葉の文体については、「和文体」とか「漢文訓読体」とか「和漢混淆文」とか、さまざまな文体が注目されてきた。それはそれで意義があるが、書き言葉の世界で最も重大な文体の成立は、文語体の成立であろう。「和文体、漢文訓読体、和漢混淆文」などは、「文語体」のバリエーションと考えることができる。明治期にはそれまでの文語体から言文一致体（口語体）に変換したのだが、それが重要視されるなら、中古口語体から院政・鎌倉期の文語体への変換も同様に重要視されてしかるべきである。ただ、近代の言文一致体の成立は、はっきり目に見える現象である。中古口語体から院政・鎌倉期の文語体への変換は、表面的には見えにくい現象であった。

文語体の成立は、文章で旧態を維持しようとする規範の成立である。文語体は意識的な規範言語である。ここに我々は書き言葉の標準形態を見出すことができる。つまり文語体の成立は、書き言葉スタンダードの成立ということになる。ただし鎌倉期あたりまでは、「方丈記、平家物語、徒然草」とさまざまな文体がある。標準形態というのは、人々が規範として一斉にそこになびいて、はじめて標準と認められる。それが成立するのは、もう少々時代のリテラシーの発展を待たなければならないようである。

さて現在その文語体には、漢文そのものを別とすれば、出発点として『源氏物語』のような仮名文系と漢文訓読系の文章が考えられている。『源氏物語』のような仮名文系の文章は、古典として大変に重要視されるが、あまり一般には浸透していない。一方漢文訓読体とは、原漢文に仮名を付け加え返り点を施して読み下す「訓読文」を基盤とした文章形式である。平安期以降、「ヲコト点」だの「テニハ点」だの言われる訓読用の点が加えられている資料は訓点資料と言われ、現代にも当時の文献がそのまま残っているので貴重である。先述のように、漢文の訓読だから文語体であるとただちに述べることはできないが、訓読の方式は寺院や学問界の師承によって受け継がれてきたものだから、院政鎌倉期にはほぼ文語体化している。そしてその種の訓読の言語は、その頃までに、寺院・学問界のみならず相当に人々の日常生活に浸透していたようである。

院政鎌倉期の寺院は、後のキリシタンがコレージオ（学林）と称したような教育機関を兼ねていて、一般民衆に接していた。この期は荘園制社会であり訴訟社会でもあったので、荘園管理のためにも裁判のためにも文字・文書が必要である。寺院大衆《だいしゅ》たちは「僧兵」などという名称を押しつけられたようなただの乱暴者ではなく、民衆的リテラシーの担い手であった。民衆（多少とも生活にゆとりのある一部の民衆だが）は、読み書きを習い、聖教の講義を聞き、集会《しゅうえ》に参加して知識世界を広げていった。

鎌倉期の文書類を見れば、広範な民衆的文書の中に漢文系の文章・語彙、音読みの漢語が豊富に現れていることが分かる。一例をあげよう。はじめは文書のままのもの、次に一部を漢字・漢語に変えたものである。またⅢ章に別例をあげている。

ゆつりわたすしりやうのちいその事

右、件てんちは、きよはらのうちの女さうてんのしりやう也、しかるにほんけんをあいくして、しそくとくす丸に、ゑいたいをかきりて、ゆつりわたす所しち也、きやうこうさらにたのさまたけあ

るへからす

（『鎌倉遺文』四―一九一七）

譲り渡す私領の地一所の事

右、件の田地は、清原の氏の女相伝の私領也、しかるに本件をあい具して、子息とくす丸に、永代をかきりて、譲り渡す所実也、向後さらに他のさまたけあるへからす

漢字・漢語（特に音読みのもの）がすべて仮名になっていると大変に読みにくくなるが、たぶん「相伝」などは口頭でも「さうてん」と、音形態で使われていたのだろう。ただこの文書の書き手にとってはその漢字が書けなかった可能性が高く、だからそのまま仮名で書いたものと思われる。また「ゆつりわたすしりやうのちいその事」というタイトルも注目される。同じような文書では、「譲渡寺領田事」とか「売渡　私領田事」とか「沽却　水田事」と漢文風になっているものが大変多く、「ゆつりわたすしりやうのち」などは、その動詞部分「譲渡、売渡、沽却」を和語風にして、しかも「動詞＋目的語」という漢文語順になっている。いわゆる和漢混淆もここにきわまれりと言うことができよう。漢文訓読調の文語体の背後にはこのような漢語・漢文の広範な普及があったし、それは一種の流行でもあった。

一方、種々の知識が依然として漢籍から摂取され、新たな文化語も盛んに取り入れられたに違いない。そのような場所では、訓読系の文章は簡略でもあり、旧にしばられることもなく実用的で便利である。多くの人々にとって書き言葉とは、その漢文に繋がるような訓読系の文章以外には無かったように思われる。ここにあげた「ゆづりわたす……」の文章もそうなのである。

先の『今昔物語集』なども、その訓読系の文章である。既に述べたようにこの訓読系の文章（訓読体）は、もともとは必ずしも口語体を排除しようとはしない。しかし次第に文語としての規範意識が高まれば、シテイルなどを排除して訓読体は古典文語文と化する。『平家』や、『今昔』以降の説話集がそれである。広範な識字層に迎えられ、しかも規範意識に適った文語文が書き言葉の標準形態である。その確立は、恐らく室町期に入っての『太平記』などに見ることが出来るかと思われるのである。

以下、幾つかの例をあげてこの時代の文語文の「文語化の度合い」を見て行こう。

『平家物語』覚一本

木曾殿は只一騎、粟津の松原へかけ給ふが、正月廿一日入相《あひ》ばかりの事なるに、うす氷ははッたりけり、ふか田ありともしらずして、馬をざッとうち入たれば、馬のかしらも見えざりけり。あおれ〈煽れ〉ども〳〵、うてども〳〵はたらかず。今井が行えのおぼつかなさに、ふりあふぎ給へるうち甲《かぶと》を、三浦の石田の次郎為久、おッかかッてよッぴゐてひやうふつとゐる。いた手なれば、まかうを馬のかしらにあててうつぶし給へる処に、石田が郎等二人落あふて、つゐに木曾殿の頸をばとッてけり。太刀のさきにつらぬき、たかくさしあげ、大音声をあげて、「この日来《ひごろ》日本国に聞えさせ給つる木曾殿を、三浦の石田次郎《いしだのじろう》為久がうち奉たるぞや」となのりければ、今井四郎《いまいのしろう》いくさしけるが、是をきゝ、「いまはたれをかばはんとてかいくさをばすべき。是を見給へ、東国の殿原、日本一の甲《かう》〈剛〉の者の自害する手本」とて、太刀のさきを口に含み、馬よりさかさまにとび落、つらぬかッてぞうせにける。さてこそ粟津のいくさはなかりけれ。

（『平家物語』巻九『日本古典文学大系33』）

軍記の代表と言える『平家物語』は、単なる異本とは言えない程度にまで異なった種々のバージョンに分かれるが、本書ではもっとも記述の簡潔な「覚一本」からの引用である。小字カタカナの「ッ」は、実際には原文に書かれておらず（無表記）、「はッたりけり」は「はたりけり」と表記されている。これは「はりたりけり」が音便（促音便）によって「はったりけり」と発音され、その「っ」が表記されていないことによる。音声形式に忠実な表記法であるから、『平家物語』の口語体的性格を示している。文語体に徹底すれば「はりたりけり」でよいのである。ちなみに「木曾殿の頸をばとッてけり」の「てけり」は、本来の用いられ方とは異なる。「てけり」の「て」（助動詞のツ）は「けり」とともには用いられないのが、『万葉』の頃の本来の用法である。「てけり」は「てんげり」のようにも現れ（「頸掻ききって棄ててんげり」）、『平家』の時代にはよく使われていたようである。

覚一本は『今昔』よりも一五〇～二〇〇年ほど後の成書と推定されるので、「ツ・ヌ、タリ・リ」のような完了系の助動詞は、話し言葉ではそろそろタリないしタに収束しているものと思われるが、『平家』ではよく使用されている。もっとも『平家』ではリ・タリに対するツ・ヌの使用率が『源氏』より大分低くなっている（「ツ・ヌ対リ・タリ」は、『源氏』で4：6、『平家』で3：7）。どうも徐々にタリの力が強くなってきているようである。『平家』の他の部分では過去のキも使われているから、この点も文語的である。過去のケリの場合は、未だ話し言葉でも使われていた可能性があるが、鎌倉期にはキの話し言葉での使用の可能性は低い。またテイルは地の文でほとんど使われていないので、先に述べたように排除されているものと思われる。係り結びは相当に現れる。係り結びの発現は目に見えやすい現象であり、いわば文語体であることの宣言とも言えそうな事柄である。特に「ぞ～連体形」の使用は文語的であろう（「こそ～已然形」は、ある程度話し言葉でも使用されていた）。

方丈記・徒然草

院政・鎌倉期の文学書として著名な『方丈記』『徒然草』だが、古典文学として必ずと言ってよいほど引き合いに出されるこれらの作品は、日本語史の資料としてはどのような意味を持つだろうか。『方丈記』『徒然草』と見て行こう。

予《われ》、ものの心を知れりしより、四十《よそぢ》あまりの春秋を送れるあひだに、世の不思議を見る事、やゝたびくになりぬ。去安元《いんじ》三年四月廿八日かとよ。風烈しく吹きて、静かならざりし夜、戌《いぬ》の時許《ばかり》、都の東南《たつみ》より火出で来て、西北《いぬゐ》に至る。……一夜のうちに塵灰となりにき。（原カタカナ）

（鴨長明『方丈記』『日本古典文学大系30』）

ル（リ）、ニ（ヌ）、シ（キ）が引用の傍線部に表れている。『方丈記』は、鴨長明（一一五三～一二一六）晩年の作だから、鎌倉期ごく初期の作品であって、微妙な時期である。助動詞ではタリ・リが優勢だが、ツ・ヌの使用もある程度認められ、キ、ケリも係り結びも自在に用いられている。文語体化していると言えそうであるが、それぞれの助動詞類の使い方は、正確である。

『日本語の歴史（1～7）』（平凡社）は、現行「ただ一つの」と言ってもよい行き届いた日本語通史書であるが、その『4　移りゆく古代語』では、吉田兼好（一二八二～一三五〇）の『徒然草』に関して次のように述べている。

平安時代の散文を言文一致であるとして、それなら言文が二途に分かれる契機をどこに求めたらよいかという問題が、ここにでてくるはずであるが、それについて、国語学者の亀井孝が興味ある見解を提出しているので、それを紹介してみる。

はじめに、そこから結論らしきものを要約してみれば、彼は《徒然草》に、言文二途の開きをみるというのである。もちろん、彼は慎重な態度をとって、そこから一般論をみちびきだそうとはしていないし、むしろ、《徒然草》の時代に、文語と口語とをへだてる壁が、いまだそれほど高くも厚くもなかったとさえ推定している。しかし、そういうことよりも、《徒然草》の時代に、文語と口語とのあいだに境界線があったこと、さらには、いつの時代にもあるはずのその境界線が越えがたい壁になってゆく過程にこそ問題があることを、はっきりと指摘しているのである。彼がその例証にとりだした文法現象は、のちに紹介することとして、《枕草子》の言語スタイルと相似形をとる《徒然草》のスタイルは、すでにそれが書かれた鎌倉時代の末期においては、日々、人びとの口頭にのぼせる生きたことばにそのまま基づいたものでないというその主張だけは伝えておかなければならない。[12]

この文章の「文語」、「口語」という言葉の使い方は、あまり好ましくない。「平安時代の散文を言文一致であるとして」という出発点は、書き言葉の「口語体」と「文語体」との隔たりを問題にしているはずである。しかしその後の「文語と口語とをへだてる壁」とか「文語と口語のあいだに境界線があった」とか「いつの時代にもあるはずのその境界線」とかいう言い方は、「文語」が「書き言葉一般」を指しているのか「書き言葉文語体」を指しているのか、「口語」が「書き言葉口語体」を指しているのか「話し言葉」を指しているのかはっきりしない。「いつの時代にもあるはずのその境界線が越えがたい壁となってゆく」というのは「話し言葉」と「書き言葉」にはもともと境界線があるが、次第にその境界線が「話し言葉」と「(書き言葉)文語体」との間で「壁化」してゆくということだろう。しかし、「いつの時代にもあるはずの、話し言葉と書き言葉との区別」というのは、「書き言葉の文語体化」とは別の問題である。

とは言え、以上の指摘は大いに参考になる。『徒然草』に「言文二途の開きをみる」ことができるというのは、そのとおりと思われる。また、この時代には「文語と口語とをへだてる壁が、いまだそれほど高くも厚くもなかった」と言う指摘(別の箇所にある)も、後の時代と比較してもっともである。それでは「彼がその例証にとりだした文法現象」とは何であろうか。それはどうも、「連体形終止の一般化」などと呼ばれる現象のようである。すなわち、『徒然草』の一つの本の「かならずおつ(落)と侍るやらん」「飛びおるともおりなん」という終止形終止が、他本では「おつる」「おるる」という連体形終止になっている現象を示しているようである。連体形終止には話し言葉的性格が認められるが、それが『徒然草』の一本に反映しているということかと思われる。

しかし『徒然草』に言文二途の開きを見やすいのは、『徒然草』が仮名文の『枕草子』と意識的な相似形を取っていて、広く説話、軍記、『方丈記』など、当時ふつうに見られる文章とは異なっているためである。「終止形終止‐文語体」「連体形終止の一般化‐口語」というのももっともではあるが、これは徐々にながら始まる書き言葉の文語体化の出発点を示しはしない(出発点はもっと早い)。

そういう意味では、『徒然草』は文語体史（文語文の歴史）を考える上で、実はあまり意味のある素材ではない。

太平記、室町期軍記

室町期になると、『御伽草子』のような多様な文体を持った作品や、それとは別に仮名物語の系譜を引く文章もあるが、世の中の散文的作品は、『太平記』四十巻に代表される説話・軍記の系列の文章で埋めつくされる。特に応仁の乱から室町末期（戦国期）までは合戦が続いていたわけだから、自然、文章の主流は軍記・合戦記になってしまう。代表的な『太平記』の前半と後半から文章を抜き出してみる。次の「巻九」は、鎌倉方と足利尊氏方の初期の衝突部分で、名越尾張守は鎌倉方である。名越はあまりに勇んで派手な格好をし、討ち取られてしまうのである。また「巻四十」は、大尾近くに及んでも南都と北嶺が抗争し世の中は安定しない。その抗争の様を描いたところである。漢文風の返り読み部分には特に読み仮名を付けた。また「ヌ、タリ・リ、キ、ケリ」には傍線を付した。

去程《さるほど》に搦手の大将足利殿は、未明に京都を立給ぬと披露有ければ、大手の大将名《な》越《ごや》尾張守、「さては早人に先を被レ懸《かけられ》ぬ。」と、不安《やすからず》思ひて、さしも深き久《こ》我畷《がなはて》の、馬の足もたゝぬ泥土の中へ馬を打入れ、我先にとぞ進みける。尾張守は、元より気早の若武者なれば、今度の合戦、人の耳目を驚す様にして、名を揚んずる者をと、兼て有増《あらまし》の事なれば、其日の馬物の具・笠符《かさじるし》に至るまで、當《あた》りを耀《かかや》かして被二出立一《いでたたれ》たり。花緞子《くわどんす》の濃紅《こき》に染めたる鎧直垂《ひたたれ》に、紫糸の鎧金物重《しげ》く打たるを、透間もなく着《き》下《くだ》して、白星の五枚甲《かぶと》の吹返《ふきかへし》に、日光・月光の二天子を金と銀とにて堀透《ほりすか》して打たるを猪《い》頸《くび》に

着成し、當家累代の重宝に、鬼丸と云ける金《こがねづくり》作の円鞘《まるさや》の太刀に、三尺六寸の太刀を帯《は》き添《そへ》、……（原カタカナ）

（『太平記』巻九　山崎攻事付久我畷合戦の事　『日本古典文学大系34』）

南都北嶺の衆徒等《ら》、於㆓南庭㆒《なんていにおいて》不慮《ふりよ》に喧嘩を引出して、散々の合戦にぞ及びける。紫宸殿の東、薬殿《くすどの》の前には南都の大衆、西の長階《ながはし》の前には山門の衆徒、列立したりけるが、南都の衆徒は面々に脇差の太刀なんど用意の事なれば、抜連《ぬきつれ》て切て懸る。山門の大衆は、太刀・長刀も不㆑持《もたざり》ければ、争《いかで》か可㆑叶《かなふべき》。一歩も不㆓践止㆒《ふみとどまらず》、紫宸殿の大床の上へ被㆓捲上㆒《まきあげられ》、足手にも不㆑係《かからざり》けるに、光圓坊良覚・一心坊の越後注記《ちゆうき》覚存・行泉坊の宗運・明静房の学運・月輪房の同宿圓光房・十乗房を始めとして、宗徒《むねと》の大衆腰刀許にて取て返し、勇 誇《いさみほこり》たる南都の衆徒の中へ、面も不振《ふらず》切て入る。中にも一心坊の越後の注記は、南都若大衆の持たる四尺八寸の太刀を引奪て、我一人の大事と切て廻けるに、奈良法師被㆓切立㆒《きりたてられ》、村雲立《むらくもたち》て見へける処に、手搔の侍従房只一人踏止て、一足も不㆑退《しりぞかず》、喚叫《をめきさけん》で切合たり。（原カタカナ）

（『太平記』巻四十　最勝講之時及闘諍の事）

『太平記』の文章を注意深く見ると、タリの使用が鎌倉期の作品と比べて大いに増大していることが分かる。特に二重傍線で示したタリは、現代語の完了のタとよく似ている。話し言葉では、このようなタ（タリ）がよく使われていたのだと思われ、それが文語文に反映しているようである。一方、「勇誇たる南都の衆徒」のタリなどは現代のタにも通ずるけれど、古くからのタリの用法である。また「巻四十」の引用部文の直後に「縦横無碍に切て廻しかば」とあるのだが、ここで体験的過去のキを使う必要はなく、ケリでよいはずである。するとケリばかりで単調になってしまうので、時々キを使っているのかと考えられる。読者は、ここで本書が述べている事柄は、江戸期や近代の文語文について本書が述べた事柄とよく似ていると感じられないだろうか。実は『平家物語』あたりで始まり、『太平記』などで大いに広まった文語文の性格は、見えない部分で話し言葉の影響を受け、近世・近代の文語文に連なっているようである。

さらに次は、室町中期の軍記『鎌倉大草子』である。南北朝の乱の収拾後も争乱の絶えない関東の様子や、関東管領の上杉禅秀が乱を起こして滅ぼされてしまう話が記されている。全体に文章が痩せて華麗さに欠ける印象があるが、文章見本は、『平家』『太平記』などであろう。既に示してきた明治期・江戸期・鎌倉期の文章と比べてみて「見なれた」という印象が伴うように思う。

扨《さて》その年はくれ、明くる年の同〈応永〉十九年〈一四一二〉十月、管領上杉安房守入道大全死去す。行年三十八歳。号二光照寺一。同名犬懸右衛門佐入道禅秀に管領を給はる。同二十年三月六日、由比濱大鳥居御建立。奉行は上杉禅秀なり。此鳥井は頼朝公より代々公方の御再興のところ也。然れども久しく造営なくしてかさ木も朽果ける所に、此御代にかく御建立、めでたかりける事ども也。

応永廿二年四月廿五日、鎌倉政所にて御評定のとき、犬懸の家人常陸国住人越幡六郎某、科ありて所帯を没収せらるる。禅秀、さしたる罪科にあらず、不便のよし扶持せらるる間、以の外《もってのほか》に御気色を蒙りける。禅秀は道の道たる事をいさめず、法外の御政道に随ひ奉りて、職にゐて何の益かあらんと述懐して、同五月二日管領職を上表申されしかば、かやうの事彌《いよいよ》上意を奉レ令レ軽《かろんぜしめたてまつる》と御腹立《ふくりゅう》有。

（『鎌倉大草子』群書類従三八二）

より時代を下った『応仁記』の次の部分は、「応仁の乱」緒戦の様子を描く。細川勝元が東軍の総帥、山名持豊（宗全）が西軍の総帥である。室町期にはこのような合戦記がたくさん作られ、人々の興味関心を集めた。戦乱は各地に及び、結果として「軍記」の地方色も豊かになる。作者不明のものが多いが、各地の戦乱はやはり各地の人々が記述したのではなかろうか。I章で述べた「抄物」の流行と並び、文化の地方拡散として考えられるべき事柄だろう。

去る九月十三日に三宝院、浄花院を責落て、又相国寺をも責落さんとす。下京をば山名方より追出され、内裏より東は、又三宝院の時焼野と成り、細川方には、只相国寺へ通入して、詰城に頼より外更に足詔りなし。此寺を焼落さば、要害もなき野原となり、敵はよも一時もたまらじと評議して、相国寺を目に懸て攻上る。

（『応仁記』群書類従三七六）

不レ計《はからず》も万歳期せし花の都、今何んぞ狐狼の伏土とならんとは。適《たまたま》残る東寺、北野さへ灰土となるを、古にも治乱興亡のならひありといへども、応仁の一変は仏法王法ともに破滅し、諸宗皆悉く絶はてぬるを不堪感歎、飯尾彦六左衛門尉一首の歌を詠じける。

汝《なれ》やしる都は野辺の夕雲雀《ゆうひばり》あがるを見ても落《おつ》るなみたは

（『応仁記』）

既に見たように、ロドリゲス『小文典』は、推奨されるべき書き言葉の文章として、「第三は歴史物語の意のMonogatari（物語）の名のついたもので、例えばFeike Monogtari（平家物語）、Fôghen

Feigimonogatari（保元 平治物語）。これら二つはこの分野で最高かつ最も美しい文体をもつものである。第四はTaifeiki（太平記）と呼ばれる歴史書で、その文体はこの日本で最も荘重にして崇高な文体である」と、『平家物語』や『太平記』をあげていたのであった。今日の目からすると、『太平記』を「最も荘重にして崇高」とするのはやや意外の感がある。しかし室町後期に世を覆う文章と言えば、『太平記』に代表される漢文訓読調を基盤とした文章であった。

中世軍記の研究者兵藤裕己は『太平記』の文章について次のように書いている。[13]

『太平記』は、漢籍の章句を自在に引用し、それに和文や和歌の修辞法をまじえたいわゆる和漢混淆文で書かれている。また、『平家物語』などの先行の戦記物語から受けついだ語りの文体は、当時のいわゆる俗文体である。そのような和漢混淆・雅俗折衷の『太平記』の文章は、以後の文章語の標準《スタンダード》になっている。

たとえば、『南総里見八犬伝』を書いた曲亭馬琴が、『太平記』の文章から大きな影響を受けていたことは知られている（後藤丹治『太平記の研究』）。馬琴は、江戸末から明治にかけて、もっとも広く読まれた小説作者だが、いわゆる言文一致体の文章が流行しはじめる明治三十年代よりも以前、文章語のスタンダードは、平安朝の和文（その擬古文）や漢文（その訓読文）よりも、和文脈と漢文脈に俗文脈を混淆・折衷した和漢混淆・雅俗折衷の文体であり、とりわけ『太平記』だった。

この認識は基本的にもっとものように思われる。

文体史としての文章の標準形態

我々は現代の口語体からはじめて逆行的に、明治普通文、近世文語文、中世文語文へと進み、「文章の標準形態」を見出したのである。時間的順序に従った場合、この種の事柄の記述は「文体史」と呼ばれる。文章のあり方はさまざまであるが、そこに個人の個性を超えた何らかのパターンが見出せそうなとき、その文章のあり方を言語史的な意味での「文体」と言っている。文体というのは到底厳密に規定できそうな事柄ではないけれど、感覚的に「似ている」「違っている」という把握ができそうだという事実も認められる。その中で、文章を書く多くの人々から特に文章見本と見なされそうなパターンを「標準形態」と考えて、書き言葉の文章のスタンダードとしてみた。それは時代の好尚にも従って、有為転変も甚だしく、また反発も含め話し言葉の変化の影響を絶えず蒙りつつある。だがその基本の線として、「和文脈と漢文脈に俗文脈を混淆・折衷した和漢混淆・雅俗折衷の文体」という兵藤裕巳の指摘を、本書は認めたのであった（ただし「俗文脈」とは何のことかよく分からない。だから「雅俗折衷」もよく分からない。西鶴などの地の文は文語体、会話文は口語体の文章を「雅俗折衷」ということはある）。これは兵藤のみならず、多くの日本語史研究家の述べてきた事柄でもあろう。

ただ従来のこの種の「文体史」についての考察・研究を見るに、例えば「和漢混淆」のような用語上の規定が論者によって様々であって、それぞれがどのような現象を指しているか実は分からないところがある。そこで最後に「標準形態」以前をふくめ、用語の整理を試みておきたい。本来、整理された用語から進んで行けば記述が明快となりそうなものであるが、そうも行かないのが「文体史」の分野なのである。

Ⅱ－5　漢文、漢文訓読、漢文訓読体（漢文訓読調）、変体漢文、和漢混淆文、記録体、仮名文、和文

漢文

ここでの「漢文」とは本来、奈良朝以前から日本に流入している古典中国語の文章のことである。当然、中国語音で読まれるべきものであるが、中国語音自体が変転するわけだから日本での読みも変転するし、中国語のネイティブならざる日本語話者が作ったものもある。例えば『日本書紀』がそうであり、それももともとは中国語音で読まれたであろうが、一方では「訓注」が示されることがあるので、訓読の対象でもあったろう。漢訳経典（いわゆる「お経」）は、現在でも伝統的な音読みである。

訓読文

「訓読」とは、漢字の「訓読み」のことではなく、漢文を日本語の語法に従って逐語的に訳読することである。漢字は字音で読むこともあり、訓で読む場合もある。漢文の訓読には、訓点（ヲコト点）や片仮名による読み下しの技法があるが、それを含めて「訓読」は本来翻訳（逐語訳）と考えるべきである。とすれば音読みが交じっていても、訓読文は日本語文であり、和文である。しかし実際には、ほとんど訓読みばかりの仮名文を「和文」と称する場合もあり、その場合には「訓読文」は和文ではなくなってしまう。とは言えいくら逐語訳でも、実際に日本語で読んでいるものを、和文でない

とするのは、奇妙であろう。いずれにせよ、伝統的に様々な人々が様々な言い方をしてきたので、用語に引きずられないようにすることが大切である。また訓読文には、漢文訓読の蓄積に従って、「如し」のような特有の漢文訓読語が定着している場合もある。漢文の文法に引きずられて、過去系の助動詞や係り結びが用いられなかったりもする。過去の助動詞や係り結びは漢文には存在しないからである。

（漢文）訓読体

原漢文を持たない「訓読風」・「訓読調」の文章のことを言う。古典漢文は文章が簡潔であることが多い。そこで訓読体は文が短く切れて簡潔となる。音読みの漢語が交じることも当然であろう。むしろ訓読みの漢字が交じってもよく、自然に漢字の量が増える。基本的に日本語の語法に従うが、書記法として「不〜、被〜」のような転倒語法が交じる場合もある。また先の「如し」のような特有の訓読語法も交じるが、これらは表現上の特色であり、訓読体文は本来は和文である。以上に従えば、「訓読体」はよく言われる「和漢混淆文」ということにもなるが、本書では「和漢混淆文」という言い方をしない。繰り返すが、訓読体文は本来（漢文訓読の影響を受けた）「和文」だからである。

変体漢文

この辺りから、用語の変異が甚だしくなる。漢字だけで綴られた文章ではあるが、正格の漢文の語法に従わない部分を相当に含んだ文章を、変体漢文と呼んできた。古くは『古事記』『日本霊異記』、より新しくは『御堂関白記』『東鑑』のような「記録体」までを含んだ用語で、時には文中での仮名の使用があるものも、「変体漢文」と称されることがある。漢文の語法に従わないというのは、例えば漢文は「主語・述語・目的語」の語順であるのに対して、「主語・目的語・述語」という日本語の語順が交じってしまうケースなどを言う。「給」などの日本語独特の敬語も表れる。漢文の学力が足りないため・不注意の結果などの理由も考えられないわけではないが、多くは日本語として読みやすくする目的で、破格の文体を選んでいるものと考えられ、次第にパターンが定まって来たものである。

次は鎌倉幕府の記録書『東鑑』の一部である。読みも付けたが、意味が取れればよいので、このように読まなければならないわけではない。

二品、御参詣、鶴岡宮、而、老僧一人、徘徊、鳥居辺。恠之、以景季、令問名字給之處、佐藤兵衛尉憲清法師也、今号、西行、（文治二年八月十五日）

（二品鶴岡宮に御参詣。しかるに、老僧一人鳥居の辺に徘徊す。これを恠《あや》しみ、景季を以て名字を問はしめ給ふところ、佐藤兵衛尉憲清法師なり。いま西行と号す。）

和漢混淆文

『国語学辞典』[10]には「広義には和文の要素と漢文訓読語の要素とが混じた文体をさすが、狭義には主として鎌倉時代以降の軍記物語等に用いられた文体、すなわち、和文調と漢文訓読調と、さらに当時の俗語等を交えた独特の文体を言う」とある。「和漢混淆文」がこのような意味に使われてきたのは事実であろうが、「混淆」というのは「玉石混淆」の如く、「入り混じった」状態を言うのであるから、「和漢混淆」は、文字通りには和文と漢文が入り混じった状態を表すことになる。しかし「漢文訓読語」というのは翻訳語のことであるから、日本語である。つまり「和漢混淆文」というのは日本語文であって、「漢文訓読調」であっても、「和漢混淆」などしていない。だから本書では、これまでの本文中で「和漢混淆文」という用語を使用してこなかった。本来の意味での「和漢混淆文」は、次の「記録体」にふさわしい用語である。

記録体

ここで言う「記録」とは、主に中古・中世の日記類を言う。「記録体」はそこに現れる特異な文体で、「その文体は、漢文の文法や漢文の原意とは異なる日本的用法や国語表記の様式などが、混入している日本化した漢文である」(『国語学辞典』一九五五)と言われる。筆者は、この「記録体」こそが「日本化した漢文」として「和漢混淆文」の名にふさわしいものと考える。本書はこれまで書き言葉の文章の標準形態として、「訓読体文」由来の文章を考えてきた。スタンダードとしてはそれで良いが、そのスタンダードの形成には、この記録体型の和漢混淆文が与って力があったものと思われるので、多少詳しく述べる。

記録語の研究者峰岸明は、論文「記録体」(『岩波講座日本語10　文体』所収　一九七七)の中で、次のように述べている。[14] 便宜「a、b、c」を付す。

a　記録体の文章では、その国語文が漢字表記という表記様式の背後にその姿を埋没していて、その言語を明確に把捉することが困難な状態にある。そこで、このような文章の作成事情を説明するに当たって、これが漢字を利用した文章表記であるので、元来表現内容の伝達のみが意図され、それに対応する国語文の作成は、必ずしも行なわれていなかったのではないかとか、表現内容の理解を求めることは意図されていたであろうが、その国語文の再現までは期待されていなかったであろうなどとする立場も存するようである。

b　しかしながら、このような立場は、畢竟、文字列を単なる記号の連続と見做す立場に連なるもので、現実の文章に対する理解としては必ずしも自然ではないように思う。

c　記録体の文章は、具体的な国語文があらかじめ存在し、それを基に漢文の表記様式を利用して作成されたもの、換言すれば、変体漢文という文章様式の背後に具体的な国語文の存在が想定せらるべきものと理解すべきではなかろうか。

以上のような把握から峰岸は、背後の「具体的な国語文」の解明に進むのであるが、その際に、院政期の辞書（字書）『色葉字類抄《いろはじるいしょう》』（三巻本）、『類聚名義抄《るいじゅみょうぎしょう》』（観智院本）の「訓」を利用する。『色葉字類抄』や『類聚名義抄』には、掲載漢字の「訓《くん》」や「音《おん》」が示してある。記録体の漢字の確定的「訓読」の手掛かりとするのは、これらの辞書の掲出順位上位の訓であり、これを峰岸は「定訓」と認める。例えば具体的な記録文書（『水左記』）に現れる「早旦参南殿、……晩頭帰家」では、その「参」は「マイル」であり、「帰」は「カヘル」であり、「家」は「イヘ」であり、「早旦、南殿、晩頭」は字音語と認めるようであるから、例文は「早旦南殿に参る、……晩頭、家に帰る」と解読される。

漢字における安定的な「訓」の存在の指摘はもっともで、峰岸の徹底した調査は多とすべきであろう。しかし先の文章の「a、b」は事実をゆがめていると思う。「b」にはよく分からない所があるが、「a、b」で峰岸は、連続した漢字列を音声化し得るような「よみ」が存在しない（内容が分かればよい）とする見解があると認めている。そしてそれを批判しているようである。しかし、「a、b」にかかわって、ある漢字列を音読みするか訓読みするかが決定できない、また決定しなくともよいという立場が存在し得る事を考慮していない。この場合「決定」はできなくとも、（「内容が分かればよい」というのではなく）「読み」は存在し得るのである（要するに「読み」が揺れるということ）。さらにまた、「c」の「具体的な国語文」とはどのようなものであろうか。峰岸は「定訓」の存在を指摘し、それは「国語」なのであろうが、「早旦、南殿、晩頭」のような音読み語は「国語」に属するのであろうか。また、日記によく現れる「天晴」の「天」は、『色葉字類抄』「ア」の部に現れる漢字である。その「天」の定訓は「アメ」であろうから、とすれば「天晴」は、「アメハル」と読んでよいのであろうか。『色葉字類抄』の「テ」の部には「テン」と「天」の音読みが現れ、「ハ」の部の「晴」には「ハレ」とともに、音読みの「セイ」も現れている。とすれば、「天晴」について「テン、セイ」（場合によっては「テン、ハレ」）のつもりである日記筆記者が存在してもよいのではないか。或いは、どちらでもよいとする日記筆記者が存在するのではないか。また「田畠」という語がある（Ⅲ章後出）。これは文書によく現れる語であるが、「でんばく」「でんはた（でんぱた）」「たはた」という仮名書きの書き方が、いろいろな文書にみな現れる。とすると「田畠」という漢字語は何と読むべきなのであろうか。

筆者は「a、b」について、「その国語文の再現までは期待されていなかった」と考えて構わないと思う。それは「読みが無い」というのとは違う。「晩頭帰家」では「晩頭、家に帰る」でもよいが、漢字漢文に慣れた人には、当時「バントウ、キカ」でもよかったのではないか。それが便利だからである。仮にそうだとすると、「バントウ、キカ」は「国語」になるのであろうか。また、仮に例文を音読みと訓読みを交じえて、「早旦南殿に参る、バントウキカ」とでも読んだとすると、一体何語になるのであろうか。

（ピジン・）クレオール言語というものがある。それはあまりにも多様であるので定義が難しいのだが、複数言語の混合言語であることは間違いない。多くは土着語と権威言語である非土着語との混合による「くずれた」言語である。植民地などに多い。ピジンは一時的に成立している言語でもよいが、クレオールとなると世代を超えている。多くは口頭言語であるが、表記法が成立すれば書記言語にも達しているわけである。

筆者は、「和漢混淆」の「記録体」は、書き言葉におけるクレオールと見なしてよいと思う。この「和漢混淆」文は、クレオールの特徴をすべて持っている。権威言語は漢文（中国語）で、土着言語は日本語である。これらが混合して、音声も文法も語彙もくずれているが、漢文・和文の範囲内にはとどまる。漢字の発音は和音（日本語的発音）の音読みであり、文法は「目的語＋述語」になったり「述語＋目的語」になったりしている。語彙上では、多量の漢語の存在でその混淆ぶりが明らかである。

書き言葉だけで成立しているクレオールというのはふつうあまり存在していないと思われるので、「和漢クレオール」は、極めて特異な存在である。書き言葉としてのみ存在したのは、日本国土では権威語の話し手（中国語の話し手）が少なく、書き言葉として漢文を習うためであろう。漢文訓読は和訳しているのだから、クレオールではない。しかしその和訳を徹底すると不便になるため、和漢クレオールが発達したのである。このクレオールは、一部が日本語文の中にすっかり消化されてしまった。音読み漢語も日本語と見なされるようになった。また一部は次第に排除された。新規の（創造的な）転倒語順は、現在見られない。残存する和漢クレオールは、結局日本語の一部と見なされるようになった。それには、権威言語が土着語と地理的に離れており、また中古には日本文化がかなり高度化していて、権威言語がそれほど土着語を支配することができなかったという要因があろう。日本語が漢語の影響を受けているというのは、そういうことである。

仮名文、和文

和歌を除いて、中古仮名文を和文として考える。文法的には、いわゆる古典文法の原型となる。我々は中古仮名文の文法を、現代ふつうに古典文法として学習している。それは後の文語体と対照してみると、次のようである（既に示した①〜⑤に相関している）。

a　終止形終止と連体形終止を区別してともに用いる。
b　係り結びを盛んに用いる。
c　一定の制約の下でではあるが、ガ主格を用いる。
d　「〜ている」を用いない（これは「文語体」に継承されている）。
e　助詞・助動詞が漢文の訓読のそれらとはやや異なる。

中古和文の特徴は、話し言葉との密着性が高いところにある。未だ話し言葉の変化に基づく書き言葉の更新が行われている。例えば、係り助詞の「ナム」は中古になって新たに話し言葉の中に登場したのだが、それは中古和文で盛んに用いられている。表現・文体の面では、連綿と文が長いという特徴がある。もともとは格助詞だった「ヲ、ニ、ガ」が接続助詞化したり、係り結びの結び（文終止であるはずのところ）までが無視されて、なかなか文が切れないという現象が生じている。話し言葉的現象に引きずられる事は、書き言葉として好ましくない。そこで後々の時代には、文語文の内部で、漢文訓読型の文章を取り入れたり『徒然草』のように文を短くして行ったりという工夫がなされた。

仮名文を漢文訓読体と比較してみると、特にa～cが注目される。仮名文はもともとの話し言葉に密着していたため、a～cのような自然な話し言葉を引きずっている。文語文の主流となる漢文訓読体の文章は、人工的な一面があるためにa～cを排除するのである。

まとめ

日本語の組織的な書き言葉の文章は、仮名文と漢文訓読という異なる系列の文章タイプへと発展した。漢文訓読は翻訳であるので、「日本語の組織的な書き言葉の文章」は仮名文であり『源氏物語』のような驚異の芸術性を獲得したが、もともとの話し言葉に引きずられて、一般的な書き言葉としては不自由であった。そこで院政期あたりから、書き言葉の文章の主流は、漢文の訓読に基づいた漢文訓読体の文章となった。漢籍・経典は絶えず学び続けられ新たな流入もあったので、漢語は一貫して漢文訓読体の文章に影響を与え続けた。主流の文章が書き言葉の標準形態と言える状態というのは、社会の状況に従う。相当に広い識字層、文章の読み手が成立していなければならない。広い識字層が実現した室町期に書き言葉文章のスタンダードが成立したと考えられる。たまたまそれは、『太平記』だったのである。

第Ⅲ章

表記のスタンダード

本章では日本語表記の標準形態を取り扱いたいが、大まかには既に答は出ているのである。それは「漢字仮名交じり文」であって、その成立・展開についてある程度第Ⅱ章で示した。表記法の詳細は、本来古代語にまでさかのぼらなければならない。しかし、話し言葉についても書き言葉の文章についても、日本語の標準形態は中世以降を出発点としていた。言語のスタンダードというのは規範的であると同時に、相当の広がりを前提として初めて問題になる事柄である。そこで本書は、「漢字仮名交じり文」の成立は本書の記述の前提としておいて、表記についてもやはり中世以降をもっぱら問題としてゆきたい。すると、特にカタカナ表記法及びいわゆる「仮名遣い」問題が、中心的なテーマとして浮上してくる。

Ⅲ－1　表記法大概

2節以下の前提として、日本語の文字表記について、基本的な事柄をさらっておく。

平仮名・片仮名

既述のように、現代の日本語はふつう「漢字仮名交じり文」で書かれている。この本を含め、書籍・新聞・雑誌などみな漢字仮名交じり文である。文字として漢字と仮名が使われているわけである。さらに漢字仮名交じり文には、アラビア数字、ローマ数字、ローマ字（アルファベット）、カッコなどの記号等々が交じることがあるけれども、それらは補助的なものとして、本書では取り扱わない。少し詳しく見ると、仮名には平仮名と片仮名の二種があり、現代の文章の多くの部分は漢字と平仮名で綴られていて、そこに片仮名が交じっていると感じられる。しかし戦前には、仮名がすべてカタカナである漢字片仮名交じり文もよく使われていた。Ⅱ章でも、読みやすさを考慮してそういった文章の片仮名を平仮名に直しておいたが、「原カタカナ」のように一々ことわりを入れていた。それだけ漢字片仮名交じり文が多かったことが分かると思う。

漢字

漢字にはふつうその漢字の「音声形式」と「意味」とが、コインの表裏のようにセットになっている。それを「音声形式／意味」（簡単に「音声／意味」とも）のように示そうと思う。「音声形式／意味」というセットは「語」であるから、漢字は「表語文字」と呼ばれることがある。また漢字一字は、一つの音節に対応するので、漢字は「一字―一語―一音節」の文字ということになる。音節というのは言語音の小さなかたまりで、大体「子音」と「母音」からなる。「あ、き、す、て、の」など仮名一文字は一音節である。以下日本式の発音で示すが、漢字の音《おん》の場合、「可」の「カ」は「ka」で、子音と母音からなる一音節である。また「去―キョ」「京―キョー」などの「キョ（ー）」などは、仮名二文字以上であってもみな一音節である。日本語の音節は、「か、き、く、け、こ」のようにふつう母音で終わり、それは「開音節」と呼ばれる。英語の「can cut match strike」などはみな一音節であり、子音で終わっている（「strike」の「str」のように子音が複数重なっていてもよい）。子音で終わる音節を「閉音節」という。漢字にも「漢」や「切」のように「n t」のような子音で終わる閉音節がある。「切」は日本の読みでは「セツ」であるが、本来は「set」のような閉音節を持った字なのである。

日本での漢字は、ふつう「音読み」と「訓読み」とを持っている。「音読み」はもともとの中国語音に基づいているが、日本の「音読み」では、その漢字が日本で受容された時期や大陸での音の出所の違いに従って、「呉音」「漢音」「唐音」と三種に分類されている。これは特異な現象で、中国でも朝鮮でも、時期や地域が同一ならば、ふつう一漢字は一種類の音に対応する。「呉音」は仏教とともに日本に伝わった「音《おん》」であるようで、例えば「経」なら仏教読みの「キョウ」が呉音になる。よく使われる「ケイ」は漢音である。「行」なら「ギョウ」が呉音、「コウ」が漢音、「アン」（「行燈《あんどん》、行宮《あんぐう》」）が唐音であるが、唐音はあまり使われない。日本語のネイティブはおおむね「呉音、漢音、唐音」の区別が付けられる。大体、「呉音－仏教音、漢音－一般音、唐音－特殊音」になる。

一方、「訓読み」というのは、もともと或る（ふつう一字の）漢字の意味に対応する日本語語彙の「あてがい」である。「月」を「つき」とする訓読みは、例えば英語の「ｍｏｏｎ」を「ムーン」と「音読み」で読まず、「ｍｏｏｎ《つき》」とするようなものである。中学生などが英語の教科書に「ｍｏｏｎ」と出てくると、「ｍｏｏｎ《ムーン》」と「振り仮名」のように書き込んだり、「ｍｏｏｎ《つき》」と書き込んだりすることがあるが、その場合「ムーン」は音《オン》、「つき」は訓と言ってもよい。「ｍｏｏｎ《つき》」は翻訳とも考えられるが、それほど上等なものではなく、ただ「あてがっている」と考えたらよいのである。以上のような次第であるので、日本語での漢字の扱いにはひどく込み入ったところが生じている。

仮名と漢字

仮名は平仮名・片仮名ともに表音文字である。表音文字にはアルファベットやハングルのように、

子音一つ母音一つを表す「単音文字」もある。「ka、가」では、「k、ㄱ」はともに子音、「a、ㅏ」はともに母音を表している。仮名は大体「仮名一つ＝一音節」であって、先の「きょ」のように仮名二つで一音節という場合があっても、そういう場合がある事を認識してさえいれば、「きょ」などをさほど気にする必要はない。「漢字仮名交じり文」で注意されるのは、意味を表しうる表語性の「漢字」と表音文字の「仮名」が交じっているという点にある。アルファベットなどは「母音・子音」レベルまで表し分けられるので、表音性が強そうな気がするかも知れないが、これはただ細かく表しているというだけのことである。意味を表しうる漢字と音《おと》だけしか表さない仮名が交じっていると、自然「仮名」は表音性がアルファベット以上に強くなる。例えば英語では「c」が「cut」では発音［k］に対応し、「cite」では発音［s］に対応する。また「night」では「g・h」は発音していない。これらはアルファベットが十分表音的に機能していないということである。仮名ではこういうことはふつう起こらない。

さて、日本での漢字には「音《おん》」と「訓」とがあった。「訓読み」は「あてがい」であるので、場合によっては一つの漢字に幾つもの「訓」が生じることがある。「去」は「いく」とも「さる」とも「いぬ」ともあてがわれて、結局そのように読めることになる。「書」のような場合、「かく」とも「ふみ」とも読めて、これは動詞と名詞にまたがっている。「行」は「いく」とも「おこなう」とも読めて、「水行」の「行」は「いく」に関連し、「悪行《あくぎょう》」の「行」は「おこなう」に関連することが分かる。だから一つの漢字として見ると、「行」は「ギョウ、コウ、アン、いく、おこなう」のような「読み」を持っていることになる（訓読みはさらにいろいろ可能である）。先に「音声形式／意味」というセットは「語」である旨を述べたが、日本語では、漢字「行」の音声形式はさまざまに揺れてしまう。少し前までは、漢字をよく「表意文字」と規定していた。そうすると漢字の音声性（表音的性格）に目が行かなくなる恐れがあるので、現在は漢字を「表語文字」と規定することが普通である。そのこと自体に異論があるわけではないが、これほど「音声形式」が揺れてしまうと、（日本での）漢字が真に「表語文字」であるか、疑問が生じてくる。表意性は確かであるのだから、「表意文字」という規定を完全に排除してよいか疑問が残るわけである。このようなたくさんの「音読み、訓読み」は日本語特有の現象である。

漢字仮名交じり

「漢字仮名交じり文」では、大局的に見て「漢字」と「仮名」の間に役割分担がある。「山を眺めた」という文で考えてみると、「山を」「眺めた」のような「文節」が組み合わさって文ができている。その「文節」の内部で、「漢字」と「仮名」の間に役割分担があることが観察される。名詞や動詞のような自立語には「山」「眺」のような漢字が使われ、助詞や助動詞のような付属語には「を」「た」のように仮名が使われているのである。「眺めた」の「め」のような活用語尾にも仮名が使われているが、この場合は読みやすさのためにそうしているので、あまり重要な事ではない。自立語、すなわち「やま」「かわ」「ながめる」「のぼる」のような語は、それ単独で目にし耳で聞いただけで、大抵意味を取ることができる。それに対して「が、を、に」とか「た」や「食べられる」の「られる」のような語は、それ単独では意味が取りにくい。「「眺めた」の「た」」のように言われないと、よく分からない。つまり「単独で意味が取れる」語と「意味を持っている」漢字がセットになっている。また「単独では意味が取れない」語と「意味を持たない」仮名がセットになっている。自立語では漢字の表意性がよく生かされ、付属語では仮名の「非意味性＝表音性」がよく生かされている。付属語の意味は、「自立語＋付属語」という文脈に支えられてはじめてよく分かるのである。

このような漢字仮名交じり文という表記法は、はじめから日本語の中にあったわけではない。漢字が流入し仮名が形成される中で、歴史的に発生・展開したものだろうと、たやすく想像がつく。それは今日までの文表記のための標準形態であるのだから、本書で扱うにふさわしいテーマであろう。しかし、先にも述べた事情もあり、また漢字仮名交じり文の成立・展開については、教科書風の勝れた概説書がたくさんある。そこに大きな見解の対立があるということでもないようである。そこで、漢字仮名交じり文の発生・展開については、必要が生じた箇所でその限りを簡単に述べるにとどめ、以下ではその展開における問題点、特に片仮名の用法といわゆる「仮名遣い」問題について述べてゆくことにする。

Ⅲ－2　片仮名の使用

片仮名の使用

既に見た今日の「漢字仮名交じり文」は、基本的に漢字と平仮名を交えた表記法である。片仮名はその中にちりばめられているように見える。「漢字片仮名交じり文」は、現代では通常見かけることがない[1]。

第一節で見たように、片仮名は「ムーン、セット、ハングル」のように外国語の表記に使われる。

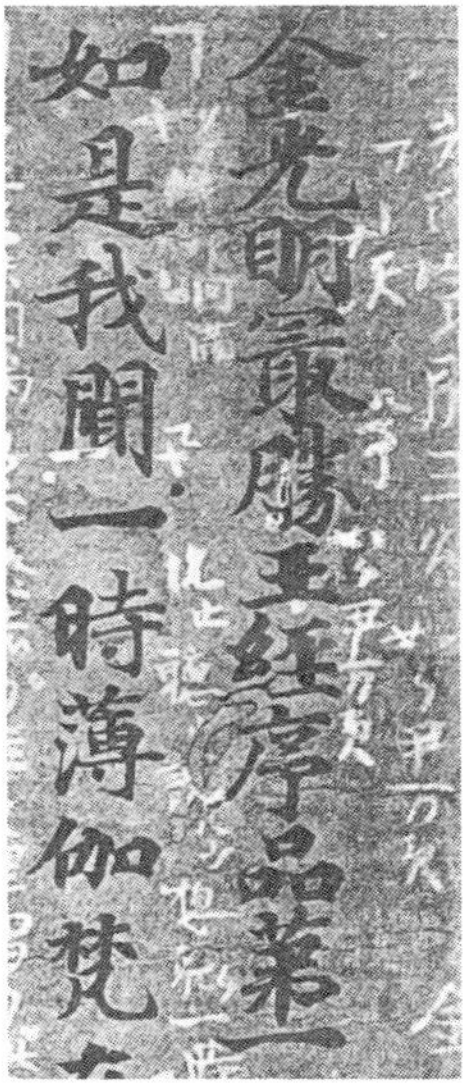

金光明最勝王経
『西大寺本金光明最勝王経古点の国語学的研究』（勉誠社）2

「カステラ」のような外来語（古くからのよくなじんだ外国語）の表記はその延長線上にある。また今日では、「キャー」（人の声）「カーカー」（烏の鳴き声）のような音声・具体音の表記、「ドカーン」「ヨロヨロ」のような擬音語・擬態語の表記、また「キツネ、ネコ」のような動物名だとか、本節の「カタカナ」のように語の際立たせのために使われることがある。が、主要な用法は外国語や外来語の表記（「外国語表記」とする）と、音声・擬音語・擬態語表記（音声表記）と思われるので、以下外国語と音声の片仮名表記を話の中心に据えて考えてゆく。片仮名については、まず、それを使った文章つまり「漢字片仮名交じり文」に注意することが重要である。

片仮名の発生

はじめに、簡単に片仮名の発生について見る。先に「漢字片仮名交じり文」は現代通常見かけないと述べたが、現在でも漢文の教科書などには、返り点付きの「漢字片仮名交じり文」が使われている。これは古くからの漢文訓読の伝統を引き継いでいるのである。

II章でも少し触れたように、平安時代には仏典や漢籍を読む（理解する）際に、日本語として読めるよう原漢文に符号や文字を書き加えた。これを「訓点」と言っている。

符号は主に点を漢字の周辺に置いて、助詞・助動詞などの読み加えを示す（ただし「点」と言っても、横棒・縦棒などを含む）。一七四ページの図の「如是我聞」の「聞」で見ると、この字の左下の「二」のような横棒はタマフ、その左下は句点、右下はカタカナで「ヘキ」に当たる。すると、「我聞」で「ワレキキタマヘキ」と読め、「タマヘキ」は下二段活用の謙譲語「給ふ」を活用させ（タマヘ）、助動詞の「キ」を加えたものとなる。これらの「点」を「ヲコト点」とか「テニハ点」とか言っている。「ヲ、テ、ニ、ハ」は助詞、「コト」は「事」であって、「〜する事」のようになるのである。

片仮名の文字自体は、万葉仮名（字《じ》面《づら》は漢字）やその略体を用いて、振り仮名風或いは送り仮名風に、漢字の読みや助詞・助動詞の読み加えを示す。万葉仮名の略体は、平仮名のように漢字をくずすのではなく、文字の一部を利用するのが通常である。今日の片仮名の「ホ」は「呆」の下半分を利用し、さらに「呆」は「保」の旁《つくり》を利用したものと考えられている。「呆」も片仮名なのである。訓点の書き加えは簡便な学習方法なので、当初は先生の講義の際の読み方の書き写しだったかも知れないが、一旦写されたものは、権威を帯びて継承される。その際一種の流派も生じて、実に多種多様の片仮名が生まれた。

「片仮名交じり文」と「平仮名交じり文」

漢文の訓読には、当然元の漢文が存在する。その周辺に小さな字で、点や片仮名が加えられているわけである。これを全部、原漢文の漢字ごと文章として書き写すと、見た目として「漢字仮名交じり文」が生じる。この時の仮名は片仮名であるから、実際は、「漢字片仮名交じり文」になる。図の

「如是我聞」を付された点や仮名を加えて読むと、「是（ノ）如キコトヲ我レ聞キタマヘキ」となる（「ノ」は読み加えで、図には示されていない）。

一方、「漢字平仮名交じり文」は、和語を中心にした「仮名文」の中に漢字を適度に打ち混ぜることによって生じたと考えることができる。「平仮名文」の中に、ある程度の量の漢字・漢語が入り混じったものである。これは次の『土佐日記』の「ごしき（五色）」のように、仮名書きの漢語を含めて言っている（句読点、濁点は補い）。大雑把には、「漢文」に仮名を入れてゆくタイプ（訓読文）と、「仮名文」に漢字を入れてゆくタイプがあったわけである。

きさらぎ〈二月〉ついたち、あしたのま〈間〉、雨ふる。むまどき〈午時〉ばかりにやみぬれば、和泉のなだといふ所より出でてこぎ行く。海の上昨日のごとくにかぜなみ見えず。くろさきの松原をへて行く。所の名は黒く松の色は青く、磯の波は雪の如くに、貝の色はすはう〈蘇芳〉に、ごしき〈五色〉にいまひといろぞたらぬ。

（『土佐日記』『新日本古典文学大系24』）

訓読文からの「漢字片仮名交じり文」は、片仮名である上に原漢文の漢字がたくさん入っているわけであるから、見た目は「漢字平仮名交じり文」とは大いに異なる。しかし古い時代の訓読では、一つ一つの漢字をなるべく訓読みしようとした。そこで、漢文の訓読の文章と仮名の文章は、日本語の文章として取り上げて見てみると（例えば声に出して読んでみると）、あまりかけ離れてはいなかった。だから、漢字入りの仮名文は訓読文を目標にしていたとも考えられる。もっとも、平安初期には和歌が平仮名で書かれるだけで、いわゆる仮名散文はほとんど現存しないので、両者を直接に比較することは難しい。

次は院政期の『今昔物語集』の一節で、原本では片仮名の部分は小さな片仮名（小字）になっている（一四〇ページ図版参照）。『今昔物語集』は成立時に近い写本が無いので、書写した時の表記法に十分に信頼をおけるか問題が残るが、おおむねこの種の書き方をしていたものと思われる。以下では、漢字の（推定の訓による）読み方を旧仮名遣いの平仮名で付ける。音読みないし音訓定めにくいものには付けない。

亦《また》、中ノ甕《もたひ》ニ、鮨鮎《すしあゆ》ノ大《おほ》キニ広《ひろ》ラカナルヲ尾頭許《をかしらばかり》ヲ押《おし》テ、卅許盛《ばかりもり》タリ。大《おほ》キナル鋺《かなまり》ヲ具シタリ。皆《みな》台ニ取リ居《す》ヘツ。亦《また》一人大《おほ》キナル銀《しろかね》ノ提《ひさげ》ニ大《おほ》キナル銀《しろかね》ノ匙《かひ》ヲ立《たて》テ、重気《おもげ》ニ持《もち》テ前《まへ》ニ居《すゑ》タリ。然《さ》レバ中納言鋺ヲ取《とり》テ、侍《さぶらひ》ニ給《たまひ》テ「此《こ》レニ盛《も》レ」ト宣《のたま》ヘバ、侍匙《さぶらひかひ》ニ飯《いひ》ヲ救《すくひ》ツヽ、高《たか》ヤカニ盛上《もりあげ》テ……

（巻二十八第二十三　三条中納言食水飯語）

自立語はほとんど漢字書きで、助詞や助動詞のような付属語、時には活用語尾などが仮名で記される文章は、漢文の訓読系（よく「漢文脈」とも言われる）の文章を連想させる。時に「不行」（ユカズ）のように返って読む箇所があったりもして、これも漢文訓読を連想させる。そこに片仮名が使われているのは、この文章が漢文訓読調であることによく適合していて自然である。しかしながら、音読み漢字が相応に出現しても、むやみに多いわけではないことに注意すべきである。文節中の自立語がほぼ必ず漢字表記してあることが重要なのである。『土佐日記』のような仮名文の自立語に大いに漢字を入れてゆくと、『今昔』の文章が生まれ、さらに音読みの漢語（字音語）を加えると『平家物語』

のような一層漢文調の文章が生まれる。だから訓読系の文章と和文系の文章は一面連続しているのであるが、漢字を増やし、字音漢語も増やし、「如し」のような訓読系の助辞を使い、漢文に対応する如く一文一文を短くすると、文章の雰囲気は変わってくる。そして漢文訓読の中で生じた片仮名は、自らが訓読系であることを象徴的に示す文字になる。

『今昔物語集』以外に鎌倉期の著名な説話集を見ると、代表的な写本でそこに使われる仮名は次のように片仮名が多いことが分かる。[3]

片仮名が使われているもの

宝物集（平仮名本も）、沙石集、雑談集、古事談、十訓抄

平仮名が使われているもの

宇治拾遺、古本説話集、古今著聞集

以上以外に、鎌倉期によく現れる仏教関係書のたぐいも眺めておく。それらはすべて「日本思想大系」（岩波書店）の『鎌倉旧仏教』（「旧」と略記、以下同様）『中世神道論』（「神」）、『寺社縁起』（縁）、『仮名法語集』（「日本古典文学大系」、「法」）に拠っている。総じて「仮名法語」や「寺社縁起」のような庶民向け（と言っても相当の識字層が対象）の文献に、平仮名がよく現れているようである。

片仮名が使われているもの

却癈忘記《きやくはいもうき》（旧）、法相二巻抄（旧）、興正菩薩御教誡聴聞集（旧）、諸神本懐集（神）、八幡愚童訓甲（縁）、覚海法橋法語（法）、栂尾《とがのお》明恵上人遺訓（法）、妻鏡（法）、仏法夢物語（法）、真言内証義（法）

平仮名が使われているもの

信貴山縁起（縁）、当麻曼荼羅縁起（縁）、粉河寺縁起（縁）、八幡愚童訓乙（縁）、横川法語（法）、法然一枚起請文（法）、道範消息（法）、一遍上人語録（法）、一言芳談（法）

平安中期には一般に平仮名はただ「かな」と呼ばれ、仮名を代表していた。使われる文脈は、和歌・仮名散文（物語）・仮名書簡などで、女性の日用字でもあったから、「女手」とも呼ばれていたことはよく知られている。やはり平仮名は、比較的平明な文章でよく使われていたようである。それに対して片仮名は、漢文訓読そのものないし漢文訓読系の文章でよく使われている。漢文の訓読は、仏典や漢籍を対象として行われる。すなわちこの時代の学問そのものである。そこを出自とし活躍の場としていた片仮名は、それ故、漢字につながるような学問的な「硬い」仮名文字であった。漢文訓読研究第一人者の築島裕は、「片仮名は、漢字と併用されつつ、僧侶、乃至は儒家を中心として、後世に引き継がれて行く」[4]と述べている。それに対して平仮名は、広く一般的に使われる平易な仮名であった。片仮名と平仮名の使い分けは、文章のスタイルに直結していたのである。

片仮名用法の変容

ところが、既に見たように現代の片仮名は、「セット、カステラ、ストライク」のように外国語・外来語に由来しても、「キャー、カーカー、ドカーン」のように音声表示・擬声語に由来しても、どちらかと言えば平易に使われていて、かつてとは大いにその性格を変えていると感じられる。なぜ、どのようにして、片仮名はその標準的な使用法を変容させて行ったのだろうか。

歴史学者の網野善彦は、史学の資料として用いられる鎌倉期の文書《もんじょ》の文字を分析して、[5]興味深い結果を示している。平安・鎌倉期の文書類は『平安遺文』『鎌倉遺文』としてまとめられており、以下の〈表1〉は、網野による『鎌倉遺文』の全巻調査の結果を簡単にして示したものである。この時代の文書は漢文、変体漢文という漢字専用文で書かれていることが多く、仮名文書の初出は「平安遺文・巻三」(『平安遺文』は全八巻)である。仮名文書と言っても漢字が交じるので、厳密には仮名交じり文書ということになる。網野の調査の時点では、『鎌倉遺文』は三四巻までしか発刊されていなかったので、その後の四二巻までは筆者が調査した。表は例えば鎌倉遺文の巻一には五七五の文書が収められ、その九・六%が平仮名交じり文、片仮名交じりは〇・三%だということである。

	全文書数	平仮名文書	片仮名文書
巻1	575	9.6%	0.3%
巻10	758	15.2%	1.5%
巻20	952	9.8%	4.7%
巻30	757	17.7%	1.5%
巻40	694	16%	2.7%

〈表1〉

このような先進的な調査を行った網野は、平仮名と片仮名の性格の違いについても、考えをめぐらせている。網野は、片仮名の性格を「片仮名そのものが、口頭で語られた言葉を表現する文字としての機能を持っていた」とまとめているのである。その根拠として、例えば、文書に現れる小地名・物品名などが片仮名で書かれていることについて「たやすく漢字で表記できず、口頭でいわれたことを耳にしたまま記した」と述べている。さらに漢文の訓読との関わりについては、口頭で講義されたものを書き写すという訓読の性格と片仮名を結びつけて、「片仮名が口頭で語られる言葉の表記に用いられるのも、こうした漢文の訓読という発生の仕方と結びついている」とか、「禅僧や儒者による漢籍、古典などの講義録、「抄物」が……片仮名で口語を記していることは、このような片仮名のあり方を端的に示すもの」とか述べたりしている。

別にまた網野は、事典項目「文字」[6]の中で、「祭文、願文、……、起請文など、神仏にかかわる文書には片仮名のみ、あるいは漢字に片仮名を交えた文字表現が共通して見いだされる。音声の呪力・霊力を通じて神仏との交流を行おうとするこれらの文書の場合、口頭の言葉を表現する機能を持つ片仮名が使用されたものと思われる」とか、「大和・紀伊には片仮名で書かれた文書が相対的に多いが、これは興福寺・東大寺や高野山などの大寺院にかかわりの深い地域であり、僧侶の片仮名多用の影響を受けているとも考えられる。また、法然、親鸞、日蓮等の書状、あるいは和讃に片仮名で記されたものが多いのも、同様の事情があると思われるが、この場合は社会に広く布教を進めたこれらの鎌倉仏教の祖師たちが、肉声によって多くの人々に呼びかけようとしたこととも深いかかわりがあろう」とか述べている。

網野による文書と平仮名・片仮名とのかかわり合いへの注目は、すぐれて歴史学的観点に基づいており、日本語史に関しても広い社会史的知見をもたらしたものと言える。ただ網野には、現代語の語感に従った「カタカナ ⇕ 音声」という思いこみがあるように見える。仮に「音声の呪力・霊力」が「神仏との交流」につながるものとしても、片仮名にそれを結合させるためには、片仮名自体にまず「カタカナ ⇕ 音声」という結び付きが生じていなければならない。しかし中世までの片仮名には、仏典・漢籍の訓読を通じた「興福寺・東大寺や高野山などの大寺院」とのかかわりの方がよほど強固であろう。また網野は、江戸期のポルノグラフィーにおける片仮名表記に言及して「片仮名はここでも、人の否応なしに発する音声を表現する機能を果たしている」とも述べているが、江戸初期には既に現代の「エエ（応答）、ドカーン」のような音声・擬声語表記の片仮名が現れている（後出）から、「カタカナ ⇕ 音声」という結び付きは（恐らくは別の経路で）既に生じていたのである。

強調しなければならないが、中世までの平仮名・片仮名の使い分けは、原則的に「平仮名 ⇕ 和文脈」「片仮名 ⇕ 漢文脈」といった文体的相違に基づいている。とすれば、現代語では「カタカナ ⇕ 音声表記・外国語表記」のような結び付きが確かにあるのだから、片仮名の役割が「漢文脈→音声・外国語」のような変化をどのように遂げたかが、改めて問題になる。また大原則として押さえておかなければならないことだが、「平仮名」は「平《ひら》」という表現からも分かるように、識字層一般に広く普及していた仮名である。対して片仮名は、漢籍・経典に関わる知識人の仮名であった。「平仮名 ⇕ 和文脈」「片仮名 ⇕ 漢文脈」は、そのことをも含んでいる。築島裕が述べているように、片仮名は「僧侶、乃至は儒家を中心と」した知識人の仮名だった。

仮名書き漢語

「平仮名・片仮名」の用途に関係することだが、鎌倉期には漢語が大いに民衆の間に浸透したようである。「平仮名・片仮名」交じりの文書（仮名文書）の中に（音読みの）漢語がたくさん入り込んでいる。特に興味深いのは、仮名書きの漢語である。次に示すものは、「鎌倉遺文」中に十文書以上での使用が認められる仮名書き漢語である。数が多いので、サ行のものの一部を示す。（　）内の漢字が無いと意味が分かりにくいだろうと思う。濁点が無いなど現代の表記法との異なりも一因であろうが、そもそも漢語を仮名で書くと分かりにくくなる。この点は、片仮名の役割を考える上で重要である。

さいけ（在家）、さう（左右）、さう・しやう（荘）、さう・しやう（状）、さうい・さうゐ・さをい

（相違）、さうてん・さうてむ（相伝）、さた（沙汰）、さん〳〵（散々）、さんや・山や（山野）、しき（職）、しさい（子細）、しそく（子息）、したい・したひ（次第）、しち・しつ（実）、しち（質）、しよりやう・所りやう（所領）、しりやう（私領）、しんけん（新券）、せいはい（成敗）、せう〳〵（少々）、せうもん・そうもん（證文）、せんする（詮ずる）、せんそ（先祖）、せんれい（先例）

仮名書き漢語の使われている文書の一例を見よう。①が原文、②は①を適宜漢字に置き換えたもので、サ行の漢字語が多い文書を選んだ。（Ⅱ章に別例をあげた）

①　いへさねつ、しんてゆつりあたふる
　てハくならひにちとうのせうくの事
あり、ふこのくにみろくしのこりやうとこうの御しやう、
みきくたんのてハく、いへさねかせそさうてんのしりよう也、しかるを、いへさね、しつしもたぬによりて……（『鎌倉遺文』二一一〇九〇）

②　いへざね〈人名〉つゝしんでゆつりあたふる
　田畠ならびに地頭の職の事
あり、豊後のくに弥勒寺の御領都甲の御荘
みぎくだんの田畠、いへざねが先祖相伝の私領也、しかるを、いへざね、実子もたぬによりて……

①は読んで理解しにくい。読みにくいものの一つ「てハく＝田畠」は、発音「でんばく」で、その「ん」が表記されなかったものである。この時代、撥音便「ん」、促音便「っ」は無表記が多かった。「てハく」の「ハ」は片仮名のように見えても、平仮名文書にも大いに使用されていて、あまり片仮名意識は無いものと考えられる。

鎌倉期には識字層が増大したが、しばしば①のようにほとんど仮名の文書も現れ、その種の文書の書き手は、漢字の知識はさほど無いのではないかと思われる。にもかかわらず文書①には、音読みの漢語（漢字語）が仮名で書かれて多量に使われている。どうも漢語（音読み漢字語）の使用は、一種の流行になっていたようである。その理由は、「漢語使用 ⇕ 文化的先進」という一種の想念に求められるかと思うのだが、それはともかく、これらの文書は民衆への漢語の浸透の一例と考えられる。それは読む側の立場から見ると、仮名であるから読むには読めても、大変に意味の取りにくい文章が出来るということになる。

現代でも京都へ行くと「しっかい洗い」という看板を目にする。「しっかい洗い」は「悉皆洗い」のことで、着物（和服）の「丸洗い」を意味している。「しっかい（ことごとくみな）」は難しい言葉であるが、このように京都では暮らしの中に根付いている。しかしそうなると、逆に「しっかい洗い」は知っていても、「しっかい」が「悉皆」のこととは知らない人が現れることも自然である。と言うより、「しっかい」などという言葉は知らないのが普通ではないかと思う。また全国の方言には、「とぜん」という言葉が広がっている。「とぜん」は「徒然」であって、「徒然草」の「つれづれ」と同じような意味である。方言であるから当然日常語である。何も「とぜん」と音読み語を使わなくてもよいのではないかと思うが、やはり漢語は広く流行していたのだろう。

室町期から江戸期にかけて「節用集」という一種の漢和辞書が出回った。いま「天正十七年本」と言われる『節用集』を見てみる。当時の人が、例の難しい「しっかい」を漢字で書いてみたいと考えたとすると、この節用集はまず「いろは」引きになっているので、「あさきゆめみし」の「し」の部に進まねばならない。次に「っ」はどうしようかと考える必要はない。二字目以降は「いろは」順は無視され、「天地」とか「人倫」とか「言語」とかの部立《ぶだて》になっている。「しっかい」はどうも「言語」部のようだから、そこを探すと「悉皆《シッカイ》」を見つけ出すことができる。読みは「シッカイ」と片仮名で示されている。「悉皆」は漢語であるから片仮名は当然だろうと思うけれども、例えば「ゆ」の部の「湯漬」は和語であるのに「ユヅケ」と片仮名で示されている。この「天正十七年本」の節用集では、読み方はみな片仮名で示される。節用集は漢字世界の字書であるから、一つ一つの音訓を超えて、片仮名が現れるのである。

「音声／？」

日本語本来の和語は、すたれてしまった語もあるが、連綿と基本語であることが多い。例えば「やま」とか「かわ」とかは、説明するのがかえって難しいくらい、意味が直感的によく分かる。語は既に見たとおり、音声形式と意味が、「音声形式／意味」と一体化したものである。漢語も、日本語の中に十分に根付いた語は、場合により「音声形式／意味」と認められるであろうが、では先の「しっかい」はどうだろうか。音《おと》としての「しっかい」の語感からは、どうも漢語のようだ。ところがこの種の難しい漢語は、耳で聞いただけではしばしば意味が分からない。つまり「音声形式／？」と感じられるのではないか。このとき「悉皆」は漢語のようであったから、ここでの事態を表してみると、漢字世界という文脈に従って「シッカイ／？」と、音声表記は片仮名になるのが自然であろう（ただし室町時代くらいの話）。意味の分からない、当然漢字も書けない難しい漢字・漢語は、耳で聞いて「音声形式／？」となって宙をさまよう。それを書けば、「悉皆《シッカイ》」の音声だけの「〇〇《シッカイ》」であって、これはあたかも節用集から漢字の欠けた読み方だけの場合の様である。「悉皆《シッカイ》」はその意味が分からないと「？《シッカイ》」のようになるのである。筆者は、漢語が日常語に入り込みつつある日本の中世社会においては、いろいろな漢語でこのような事態が進行していたと考える。

「カタカナ ⇕ 音声」という結び付きの基盤には、漢語がある。漢語はしばしば難しくて意味不明である。だから、本来の「カタカナ ⇕ 漢語（音声形式／意味）」から「カタカナ ⇕ 漢語（音声形式／？）」を経て、短絡的に「カタカナ ⇕ 音声形式」と片仮名を音声形式と結び付けて考えることには、このような根拠があるわけである。しかし以上はあくまで基盤であって、「片仮名 ⇕ 音声・外国語」という表現上の結び付きは、室町期までには具体的には現れて来ないようである。

江戸最初期において、片仮名が漢文脈ひいては知識人の仮名であることに全く変わりはない。先に述べたように、種々の作品資料では漢文訓読調の文章が書き言葉の主流をなしていたわけだから、自ら文章を書こうとするような人々がなじんでいた仮名は片仮名であって、従来どおりである。しかし、注目すべき新たな変化が生じる。

カタカナ音声表記、浄瑠璃・歌舞伎

元禄期（一六八八～一七〇四）には近松門左衛門で知られる浄瑠璃が盛んになった。その中の古浄瑠璃と言われる宇治加賀掾《かがのじょう》『吉田兼好物語』（延宝九年一六八一頃上演）などを見ると、「アアはら立やつらにくや」とか「ヲヲいかにも〳〵」のように、文章全般が平仮名で書かれている中で、感動詞や応答詞の「ああ」「おお」に対する片仮名表記が認められる。同じ作者で同じ頃の『平安城遷都』にも「アアなむあみだ仏」「エエ聞たくもなきなま念仏」のように「アア、エエ」もあり、これらは今日の「アー」や「キャー」のような音声表記と似ている。もっとも同じ作品の「かんらかんらとわらひ」「しんでんあゆみのいたをどう〳〵とふみならし」などでは、「かんらかんら、どうどう」などは平仮名表記である。「アア」や「オオ」は音声なのであって、擬声語・擬態語にまで片仮名が使われていたわけではないようだが、品詞としては感動詞のような対象的・概念的意味を持たない人間音声に、この頃片仮名が使われはじめたようだ。同様に近松も、「ムム、ヲヲ、イヤサ」（浄瑠璃『三世相』・貞享三年一六八六上演）などとカタカナを使い、著名な『心中天網島』（上演享保五年一七二〇）では、「ヲヲ、エイ、サア、アア、サアサア、ハテ」以外に、「ワハハハ」など笑い声にも片仮名を使っている。（『古浄瑠璃正本集　加賀掾第二』大学堂書店、『近松全集』岩波書店）

一方、同じ近松のやや早い時期の歌舞伎台本では片仮名が使われていないのだが、中田楮同作の歌舞伎台本「心中鬼門角」（宝永七年一七一〇上演）には、「アイ、エイ、サア、マア、ハテ」が現れている（『歌舞伎台帳集成第一巻』勉誠社）。以降の歌舞伎台本では、この種の片仮名表記が増大する。さらに時代が下った鶴屋南北『東海道四谷怪談』（文政八年一八二五）では、「コレ、てへげへに呑みやナ」「オヤ、何かくすものかな」「イエ〳〵、私はやはりこれがよろしうござりまする」「サア、何事もそのよふに……」「ナニお客なものか」「ハイ〳〵」「ハハア」「ソレ」「ヤ」「イヤ」「アイヤ」「ハハハハハ」（笑声）「スリヤ」「オオサ」「ヤイヤイ」「イイヤ」「イヤモウ」「ヘイ」「マア」「ヲツト」

などなど、今日の間《あい》の手のような言葉が、多く片仮名で表記される。一旦生じたこの種の表現はその後とどまることがない。江戸戯作となると今日とあまり変わりもなくて、式亭三馬の『浮世風呂』(文化六年一八〇九)では次のような調子である。「エエ、ナニ、コレコレ、イヤ」などはもちろん、笑い声「ハツハツハツ」「へへへへへ」、げっぷの音「ゲイツプウ」、さらに擬音語に広がって、「家々の火打の音、カチカチカチ」「犬につまつく「キヤン」」「なむあみだぶ、ポクポクポク」などになる。「アア」とか「キヤン」とかは、その意味を問われると困るであろう。せいぜいが「こういう時に使う(出る)言葉」のような答え方しか出来ない。「シッカイ」が「音声形式/?」であったように、どうも「アア」とか「キヤン」も、概念的な意味が不明の「音声」だけであるような感じがする。図式化すれば「音声形式/意味」は「アア/?」「キヤン/?」であり、そのとき使われる仮名はちんぷんかんぷんの漢字(漢語)用の仮名「シッカイ/?」などからもたらされた片仮名となるのが自然である。「カタカナ ⇕ 音声」の結合が具体化したのである。

歌舞伎の前の口語体のセリフ劇に、狂言がある。しかし、狂言台本の中で江戸初期につくられた「虎明本《とらあきら》」狂言などには、片仮名音声表記は現れない。また、室町期の庶民的な物語である「御伽草子」、江戸初期の「仮名草子」の中にも、片仮名音声表記は現れないようである。人間音声・擬音語の片仮名表記は、どうも江戸期の浄瑠璃・歌舞伎の中の音声表記から始まったように思われる。

浄瑠璃・歌舞伎に見たように、平仮名文の中で概念的な意味を持たない人間音声に片仮名を使うことは、平仮名と片仮名の機能分担の始まりである。片仮名の側から言えば、文章全部を(漢字と)片仮名で書く場合と平仮名文の中の片仮名とでは、片仮名の役割が根本的に異なっている。これは片仮名の側から、事態を眺めたのである。

一方、平仮名使用者の側から事態を眺めてみよう。鎌倉期の仮名文書からも分かるように、平仮名は広く深く庶民へ浸透した。「知識人の仮名＝片かな」に対して「庶民のかな＝平がな」という図式が、鎌倉・室町期には形成されていた。節用集は江戸期、広く辞書一般を表すほどに多様・多量に出版されていたが、江戸中後期にはもっぱら「漢字・カタカナ」と結び付いていた節用集に、平仮名バージョンが現れるようにもなった。これまで文字とは無縁の衆生であった民衆も、場合によっては「悉皆」のような漢語を平然と使いこなす一方、「シッカイ／悉皆」のような世界には、一種の違和を感じることが出来るようになったかと思われる。何も文字を知らなければ何の違和も存在しないわけだが、漢字まで含めた識字率の上昇によって、庶民社会が知識人社会に接触すれば、庶民的な諸個人は各所で「片仮名－漢字」連合に出くわす。その際「シッカイ／悉皆」はしばしばちんぷんかんぷんである。庶民の教養水準が上昇することによって、逆説的ながら、「意味の分からない（音声形式しか分からない）語は片仮名で書いてある」という認識がはじめて発生する。「カタカナ／意味の分からない音声形式だけの語」という連合が生じるのである。庶民的な平仮名世界の広がりが、平仮名に対する片仮名の差異化を生み出したのではないかと思われるのだ。

カタカナ音声表記、外国語

ところで、片仮名の重要な役割の一つに、漢語とは異なるヨーロッパ語のような外国語の表記があった。その出発点はいかなるものであったろうか。漢語もある種の外国語だから漢語で生じた事柄はヨーロッパ語にも生ずると考えるのはもっともなように思われるが、一方では短絡という疑いも生まれるだろう。けれども、「カタカナ／？」からヒントはすぐに得られるように思われる。

室町後期のポルトガル人キリシタンとの出会いが、日本語とヨーロッパ語との最初の本格的な接触である。キリシタンは多くの日本語資料を残し、その重要なものは、ポルトガル人宣教者の日本語学習のためのローマ字資料である。そこでは当然、平仮名も片仮名もない。しかし、広い意味でのキリシタン資料の中には、ポルトガル人や日本人のための仮名資料も認められる。まず、それらを眺めてみよう。

漢字仮名交じり本（国字本）のキリシタン教理書『どちりな―きりしたん』（一五九一）では「でうすのがらさを以きりしたんになる也」と、「でうす」（神）「がらさ」（恩寵）などを平仮名で書き、傍線で外国語であることを示している。漢字片仮名交じり文であっても同様で、これは「サンタ－マリヤヲ母トシテ提宇子ノ本尊ゼズ－キリシトモ誕生」（反キリシタン書の『破提宇子』（一六二〇））のように、やはり傍線を付けている。「提宇子」（ダイウス）のように漢字による音訳の場合もある。どうもキリシタン資料では、平仮名と片仮名の機能分化はなされていないようである。

新井白石とオランダ通詞

平仮名文中に西洋語片仮名書きを自覚的・組織的に交えた最初の例は、新井白石（一六五七～一七二五）によるものだろう。[7] 白石は六代将軍家宣の補佐官として幕政の要路にあり、その間鎖国の禁を冒して日本に渡航したイエズス会宣教師シドッティ（一六六八～一七一四）の尋問に当たったことがあった。その尋問の記録が『西洋紀聞』（正徳五年一七一五頃執筆）である。『西洋紀聞』の文章は、例えば「ヱウロパのことばに、父を、パアテレといひ、母を、マアテレといひ、兄弟を、イルマンといふ」のようになる。このほかにも沢山のヨーロッパ語を、白石は片仮名で記している。全体は漢字平仮名交じり文なので、仮名の機能的な使い分けがなされていることになる。

白石のヨーロッパ語片仮名表記の源泉は二つ考えられよう。

第一に、白石の著作中に『東雅』という日本語語源辞書がある。「烟《ケフリ》　ケとは気也。フリとは降也。気降の謂也」とか「雷《イカヅチ》　イカヅチとは、畏るべきの神といふがごとし。上古の語に、イヅといひイカシといひしは、厳畏の義也」とか「日《ヒ》　ヒとは霊也」「天《アメ》　義不詳」とか「風《カゼ》　義不詳」など、その「語源」は他愛ないと言えば他愛ないものであるが、相当の教養蓄積がないと述べられるものではない。

さてこのとき説明されるべき言葉「日ヒ」が「漢字＋カタカナ」であることに注意したい。「ヒ」はただの訓読みのようであるが、逆に「ヒ」という音声形式の意味が「日」に示されていると考えることもできる。「ヒ」（音声）が「日」（意味）なのは、日常的には当たり前である（もちろん文脈は必要）。語＝「音声／意味」（「ヒ／日」）であるわけで、これは強固なかたまりになっており、「ヒ」で音声だけを表すわけにはゆかない。ところが『東雅』は、和語の語源辞書である。ということは説明されるべき「ヒ／日」の「日」（意味）は一旦「括弧に入れられて」、その意味が分からないものとして扱われる。だから、「天《アメ》　義不詳」の「義不詳」という表現が現れることにもなる。つまり「ヒ／？」という状況が生じるわけであるが、これは先の「シッカイ／？」（意味が分かったら「シッカイ／悉皆」となる）と同じ状況である。『東雅』のような辞書作りは、言語の音声と意味との関係に反省を迫るものがある。『東雅』には、「猿をマシラといひ、杜鵑をホトトギスといひ、水をアカといひ」のような記述がある。「アカは阿伽也」ともあり、これら「マシラ、ホトトギス、アカ」などを、白石は梵語（古代インド語）だと言う。「アカ」などが意味の分からない形式「アカ／？」だということが、よく理解できよう。
『東雅』の執筆時期は享保二年（一七一七）頃と推定され、ならば『西洋紀聞』よりも後ということになる。しかし、『東雅』のような大部の語源辞書作りには長期に及ぶ知の蓄積が必要であり、突発的事件の結果としての『西洋紀聞』よりも出発時点は早かったであろう。むしろ、白石の長年の言語考察が『西洋紀聞』の片仮名表記法に反映したとも考えることも出来る。もちろん、『西洋紀聞』執筆時にオランダ通詞に触発されたということも大いに考えられてよいわけである。すなわち、これがもう一つの源泉となる。

　白石以前にも長崎のオランダ商館では日本人通詞（通訳）たちがオランダ人たちと接触していた。彼らは最新のニュースを取り入れ、それを「和蘭風説書《ふうせつがき》」として幕閣に報告していた。「風説書」は相当の量になるが、残念ながらその原本はほとんど残っておらず、わずかに「寛政九年（一七九七）風説書」は原本と言われている。そこでは「ふらんす国臣下の者共徒党仕、国王幷王子を弑し、国中及乱妨阿蘭陀国其外近国よりも同所え押寄及合戦候」（フランス革命についての記述）のように、平仮名で「ふらんす」と書かれ、さらに「りゆす国」「とるこ国」なども平仮名で書かれている箇所がある。ところが「デーネマルコ、スエーデン、ノヲルドアメリカ、此三ヶ国」は片仮名で書かれ、人名も「ぜねらる、あるてんぎ」「はん・おゝふるすたらあと」などは平仮名で書かれていて、一貫した表記方針が認められない。

　もともと和蘭風説書は幕府の秘密文書のはずなのだが、諸藩役人・民間有志などが海外情報として大変な興味を示し、多量の写しが残される結果となった。それには白石『西洋紀聞』以前の「風説書」も含まれているが、多くは一八世紀以降となる。だから、そこには外国語平仮名表記も片仮名表記も認められるとはいえ、風説書原本の表記を忠実に反映したものであるかどうかは分からない。しかも、原本の残る「寛政九年一七九七風説書」では、外国語の平仮名表記・片仮名表記の一貫した方針が認められないのである。とは言うものの、そもそも「和蘭風説書」には大勢の通詞たちが関係しているので、通詞たちが一七・一八世紀の時点で、外国語片仮名表記を取り入れていた可能性は否定できない。

白石のシドッティ尋問に関わった長崎通詞に今村源右衛門という人物がいた。今村源右衛門は優れた語学能力を持つ通詞であり、白石にオランダ語を教えている。[8] 例えば彼は、「右阿蘭陀のことは承度候　此書付の下にかな御つけ可被下候」という白石の要請に応えて、「父　ハーダル　先祖《ホールサート》といふ事」のように文書で回答している（一七一六年）。そんなわけなので、白石の外国語片仮名書きには、長崎通詞たちの影響があるかも知れない。ただ通詞たちの表記には全体として一貫した方針が認められず、その点、白石の場合は自覚的に一貫して外国語片仮名表記を取り入れている。「白石↓通詞」という影響関係も考えられるのである。

以上のように考えると、「音声・擬音語」系の片仮名表記と「外国語」系の片仮名表記とは、「音声・カタカナ／意味・？」という原理を等しくするものの、具体的な出発点は異なっていたものと考えられる。

蘭学・洋学者たち

より後年の杉田玄白『蘭東事始』（一八一五）では、「其頃はウォールデンブックといふものもなし」とか「フルヘーヘンド」は堆《ウヅタカシ》といふ事なるべし」とか書かれている。「フルヘーヘンド」は、片仮名で「 」のような括弧付きである。この頃には、洋学者たちはヨーロッパ語を示すのに幾らでも片仮名を使っていたが、既に通詞間の伝統と化していたかも知れない。ただ、洋学者たちはまず漢学に親しんでおり、II章で示したように漢字片仮名交じりで文章をしたためることが多いため、「助語ハ蘭語「リットウヲールド」ト云フ」のように全片仮名で、外国語の部分に括弧を付けたり傍線を付けたりする。これは明治になってもよく受け継がれている。

幕末・明治期のカタカナ

江戸期の文章は、仮名という側面から注目すると、かなりはっきりと二つに分かれる。学問系の片仮名文と日常生活の平仮名文である。第II章では、公的な性格の強い「標準的な」文章を扱ったために、「原カタカナ」の学問系の文章が多かった。しかし漢学・儒学系の学者でも、手紙などでは（漢文で書かなければ）平仮名を使うことが普通である。また和学系の学問（和歌・国学など）では、当然平仮名を用いる。読み物出版も盛んになったが、それは都市の庶民向けであるので、やはり平仮名が用いられる。一般的には、仮名は平仮名なのである。

ところが、明治期を迎えると、印刷物に多量の片仮名文が現れるようになった。まず明治期には書生が一挙に増大した。明治初期の書生の基礎教養は漢学であった。片仮名文の増大は当然である。これは普通文として既に考察した。また、維新期には欧米の新知識が輸入されて盛んに紹介されるようになったが、このような洋学も学問の一種なので、片仮名文が好まれる。開化啓蒙誌である『明六雑誌』は、漢字片仮名文で埋まっている。更に新制度の発足に伴い、明治政府はさかんに法律を作り官報類を発行した。これも権威がなければならないので、漢字片仮名文である。典型的には、著名な五条誓文は「広ク会議ヲ興シ万機公論ニ決スヘシ」などと漢字片仮名文で示されている。ちなみに、日本語史上明治初期の書生の役割は重要で、彼らは東京山の手で「標準語」の形成の主体となり、漢文訓読系の書き言葉を用い、片仮名を多量にまき散らしたということになる。

一方、明治期には、新聞・雑誌・読み物出版なども盛んになった。新聞・雑誌・読み物出版には普通、漢字平仮名交じり文が使われている。江戸期の「浮世草子」とか「読み本」とか「黄表紙」「人情本」とか言われている木版本は漢字平仮名交じり文だったが、これらはその系列にあると言える。平仮名と片仮名の役割分担はこのタイプの文章（漢字平仮名交じり文）に限って可能となるわけで、片仮名文の中の外国語表記は、やはり「是ヲ「グレートブリタニヤ」国ト称ス」（『特命全権大使 米欧回覧実記』明治一一）などと括弧付けをしたり、傍線を付けたり、「大不列顛〈ブリテン〉ハ、島嶼ナレトモ、大陸地ノ地形ニ似タリ」（同書）などと音訳漢字を使ったりしていた。

しかし、例えば言文一致体を代表する二葉亭四迷『浮雲』では、漢字平仮名交じり文の中で「フム」「イヤ」「アノー先刻此郵便が。」だの「ベチャクチャ」だの「ツンとして」だの、音声表示・擬音語・擬態語に多量の片仮名が使われている。同時に外国語には「「フロックコート」」「「チョッキ」」などは「　」付きで片仮名が使用され、また「Ｙｅｓ《イエス》」「お勢《カズン》」「レモン」もあり「いるりゅうじょん」もあって、全体としてかなり雑多であるが、ほぼ今日的な片仮名の使用がなされている。つまりは、漢字平仮名交じり文の隆盛が、平仮名と片仮名の役割分担を固定化していったのである。

平仮名文が中心である明治期の新聞・雑誌・読み物などに共通する特徴は、これらが商業出版だということである。一方、よく片仮名が使われる法律文・官報・学問書などは商業出版物ではない。法律・官報などは市場で選んで買ってもらわなくてもよいし、この時代の学問書は、教科書として学生に対する強制力を持っている。そしてそれら法律文・官報・学問書などの書き手は、江戸期以来の「士・知識人」なので、片仮名文中心は自然であり、またそれらは商業出版でなくても済むわけである。逆に、新聞・雑誌・読み物出版物などは、その購入がすべて自由意志に委ねられる。それらは広範な大衆に買ってもらわなければならない。広範な大衆は、日常的に平仮名を使っている。しかも学校教育のおかげで、識字率は高まる一方だ。片仮名を便利な音声表記・外国語表記として残存させつつ、近代の平仮名は、言論の自由市場を勝ち抜いたのである。

III−3 音韻と仮名

問題の所在

私たちの多くが習ってきた高校の古典の教科書の仮名遣いは、いわゆる「歴史的仮名遣い」である。『国語学辞典』(一九五五)では、「歴史的仮名遣い」について「一定の過去の文献における例証によってその標準を定めるから「歴史的」である」と述べられている。けれども、ただちに修正が行われる。「その本質は一定の時代、すなわち、かなの用法に混乱を生じなかった平安中期以前のかなづかいを基準とする点にある。もっとも、かなの範囲は普通「いろは歌」に区別されている四十七字に限られて、上代の特殊仮名遣には及ばない」。

しかし、現実にこの「(歴史的)仮名遣い」が認められる古典テキストは、まず存在しない。平安中期以前にもほとんど存在しないのである。それは書写などによって発生する「仮名違い」などが原因なのではない。原理的に存在し得ないのだ。だから高校の古典教科書などで行われている「歴史的仮名遣い」は、極めてフィクショナルなものである。

そもそもこの国語の古典教科書などの仮名遣いは、先に述べられているように「いろは歌」の仮名遣いに拠っている（「いろは仮名遣い」）。本来「歴史的仮名遣い」はこの「いろは仮名遣い」に限られなければならないわけではない。「一定の過去の文献によってその標準を定める」のであるから、その「過去の文献」に従っていろいろな「歴史的の仮名遣い」があって良いわけで、現在は「いろは仮名遣い」が「歴史的仮名遣い」という名称を独占的に使用しているのである。ならば、「いろは仮名遣い」というものは、とにもかくにも「歴史的仮名遣い」の一種ではあると言えるかと言うとそうでもなく、「歴史的」とは言えない「いろは仮名遣い」もある。本書で後に現れる「定家仮名遣い」は、その一つである。また、「歴史的の仮名遣い」は「いろは仮名遣い」しか考えられないかと言うと、もちろんそうではなく、「いろは仮名遣い」以外の「歴史的の仮名遣い」も考えることも可能であり、また実際に示されたこともある。

詳しい説明は後にするものとして、「可能な歴史的仮名遣い」の主要なものの名称だけ示すとすると、「万葉仮名遣い」「あめつち仮名遣い」「いろは仮名遣い」「四つ仮名仮名遣い」などを挙げることができる。だから、ただちには「いろは仮名遣い＝歴史的仮名遣い」とは言えないのであるが、とすれば、「いろは仮名遣い」はいかにして「歴史的仮名遣い」を独占使用してきたのか。これを別の側面から見て、いわゆる「仮名遣い問題」はどのように展開してきたのか。表記の標準形態をめぐって、この問題を考えることにしたい。

仮名遣いとは

以上はいきなり「歴史的仮名遣い」をテーマにしてしまっているが、そもそも「仮名遣い」とは何か、その点をまだ明確にしていない。「仮名遣い」という用語は、（ある時代の）仮名の使い方全般をさす場合もあるが、国語学者の橋本進吉（一八八二〜一九四五）は「仮名遣」の本質を「同音の仮名のつかひわけ」[9]と述べている。「歴史的仮名遣い」だとか「仮名遣い問題」などと言う場合の「仮名遣い」については、この橋本の定義が実質的である。

「井戸、熊の胆、貝」などの語を現代では「イド、クマノイ、カイ」と発音する。「イ」はすべて同音である。これを「歴史的いろは仮名遣い」でもって平仮名・片仮名を併せて記すと、「ゐ＝ヰ」（井戸）、「い＝イ」（熊の胆）「かひ＝カヒ」（貝）となって、「ゐ、い、ひ」で異なっている。現代では同音の「イ」を「歴史的いろは仮名遣い」では「ゐ、い、ひ」と書き分けている訳で、これを「同音の仮名の使い分け」と言う。なぜこのような「使い分け」状況が生じたかというと、かつて（平安中期では）「ゐ」は「wi」、「い」は「i」、「ひ」は「Fi」というそれぞれ別々の発音だった。そこでは自然に仮名を書き分けるのであって、それなら「同音」ではないのだから、この時には「仮名遣い」とは言わない。現代で同音の仮名を（中古基準で）「い」「ゐ」「ひ」と書き分けるとしたら、それを「仮名遣い」と言うのである。

だから橋本進吉は、表音的仮名遣いについて「仮名遣いにあらず」と言う。中古の仮名の使い方は表音的なので、中古の「ゐ（井）」「い（胆）」という表記は仮名遣いとは言えず、異音異字にすぎない。すると、「現代仮名遣い」は表音的なので矛盾した述べ方になるかというと、現代仮名遣いは実は非表音的な部分を含んでいる。例えば助詞の「は、を、へ」などは、「わ、お、え」と発音するのだが、それとは違った書き方をしている。「つづき（続き）」なども「つずき」とは書かない。もっともそれらの点は例外的として無視するとしても、「現代仮名遣い」は「歴史的仮名遣い」と対照してそのような言い方にしているので、この場合は「仮名遣い」という言い方をしてもよいと思う。また既に述べたように「歴史的仮名遣い」には各種の「歴史的仮名遣い」が考えられるので、高校の古典教科書のような特殊な仮名遣い（いろは仮名遣い）を「歴史的仮名遣い」と称するのは混乱をまねく。正確な名称を考えることは可能だが、話が長くなるので、当面「現代仮名遣い」（新カナ）に対して、それ以前に広く用いられていた仮名遣いを、「旧仮名遣い」（旧カナ）と称することとする。

以上からも分かるように、仮名遣いの問題は発音（音韻）の、しかもその変化の問題に直結している。そこで以下ではまず、日本語の発音（音韻）の歴史的変化を簡単にたどりつつ、どのように仮名遣い問題が発生したか、述べて行きたい。

仮名の表音性

前節「カタカナ」で述べたように、日本語の仮名には「平仮名、片仮名、万葉仮名」などがある。ここでは代表的に平仮名を念頭に考えてゆくことにする。既に説明した事柄を繰り返す場合がある。

漢字には字形があることはもちろんだが、働きとして「音《おと》」（言語音）と「意味」も持っている。漢字の「おと」は、はじめは当然中国語としての「言語音」である。例えば「山」という字は大体のところ「サン」というおとを持ち「mountain」のような意味を表す。「山」＝「サン／mountain」（音／意味）である。おとと意味が合わさったものは普通「語」と呼ばれるから、漢字は「語」を表す字、すなわち表語文字と言われることは、既に述べた。

この漢字のもともとの「おと」を利用して、日本語の音節を表すようになった。意味を捨てた、すなわち「おと」だけを表すようになった字を「かな」と言う。もともとの「かな」は漢字の字形を持っている。いわゆる万葉仮名である。またその「おと」はもともとの漢字のおとだから、いわゆる「音《オン》」である。次は万葉集の歌の一部であるが、漢字はその「音《オン》」を使って日本語の音節を表している（訓字には仮名を振っていない）。

秋佐良婆《さらば》　安比見牟毛能乎《あひむものを》　奈尓之可母《なにしかも》　奇里尓多都倍久《きりにたつべく》　奈気伎之麻佐牟《なげきしまさむ》（巻一五・三五八一歌）
〈秋になったら逢えるはずなのに、一体なぜ、霧になってしまうと言うほどあなたはお嘆きなさるのでしょうか〉

仮名は漢字の「音＋意味」のうちの「意味」を捨てているわけだから、「表音文字」と呼ばれる。先の引用歌の一部を平仮名で書くと「きりに」となり、個々の仮名「き」「り」「に」は音節「ki」「ri」「ni」を表している。一方アルファベットは、例えば英語だと「atom」のそれぞれの文字は、単音の［æ, t, ə, m］（発音記号で示している）を表している。同じ表音文字でも音節を表さず「単音」を表しているだけなので、「単音文字」と呼ばれる。しかし、単音文字だからといって表音性が必ずしも強いわけではないことは、前節で示した。

上代の音韻と仮名

中古以降と異なり、上代（奈良時代とそれ以前の文献時代）には、いわゆる「五十音図」では表しきれない音節があり、結局八七ないし八八の異なる音節が認められている。「ないし八八」というのは、「古事記」にだけ現代の「も」の音節に二類の別が認められるからである。八八の音節は、左の表の通りである。この表は、まず現代語の五十音図に対して「ワ行」に「ヰ、ヱ、ヲ」、ヤ行に「江」を加えてある（ア行は「衣」）。それぞれ「ヰ＝wi、ヱ＝we、ヲ＝wo、江＝ye」と発音される。カ行、サ行、タ行、ハ行にはそれぞれ濁音が認められる（〈表2〉は濁音を記入していない）。ここまでで音節の数は「48＋20（濁音）」で「68」になる。これに加えて、「きひみけへめこそとのもよろ」の十三個の文字には、二種類の音節があることが認められていて、それぞれを「き甲、き乙、ひ甲、ひ乙」などと言っている。これが「表」に書き加えてある。また先のカ行、サ行、タ行、ハ行には濁音があるが、「きひ、けへ、こそと」の濁音もまた「甲乙」二種類に分かれる。「13（清音）＋7（濁音）」で20増えて、合わせて八八の音節数になる。

	こ乙	そ乙	と乙	の乙		も乙	よ乙	ろ乙	
お	こ甲	そ甲	と甲	の甲	ほ	も甲	よ甲	ろ甲	を
	け乙				へ乙	め乙			
衣	け甲	せ	て	ね	へ甲	め甲	江	れ	ゑ
う	く	す	つ	ぬ	ふ	む	ゆ	る	う
	き乙				ひ乙	み乙			
い	き甲	し	ち	に	ひ甲	み甲	い	り	ゐ
あ	か	さ	た	な	は	ま	や	ら	わ

〈表2〉

「きひみけへめこそとのもよろ」の仮名（万葉仮名）の書き分けを、普通「上代特殊仮名遣い」と言っている。この書き分けの近代言語学的な発見者は、先の橋本進吉である。先に見たように橋本は「仮名遣い」を「同音の仮名の使い分け」と言っていた。「キ甲、キ乙」など「甲乙」の仮名の区別は発音（音韻）の区別であることが分かっている。同音ではないのである。だから「（上代特殊）仮名遣い」というのはおかしいので、筆者は「上代特殊仮名」と言っている。もちろん橋本進吉もそんなことは分かっていたが、広義の「仮名の使い方」の問題ではあるので「特殊仮名遣い」と言ったのであった。なお特に注意すべき事柄は、八八の音節があるとだけ述べたら、それはこれ以外にはないということである。〈表2〉だけで考えればよいのである。「きゃ」のような「拗音」は、上代には存在しない。「ん（撥音）、っ（促音）、ー（長音）」なども存在が認められていない。「ぱ、ぴ、ぷ、ぺ、ぽ」も無いが、実際の発音としては、ハ行は「ｈａ、ｈｉ……」ではなく「Ｆａ、Ｆｉ……」か「ｐａ、ｐｉ……」であった可能性が高い。

中古・特殊仮名の区別の消滅

上代では「きひみけへめこそとのもよろ」の音節に甲乙の区別があることを述べたが、中古に入ると、以上の音節の甲乙の区別は失われてしまった。そこで仮名の書き方としては、例えば「キ甲」の仮名と「キ乙」の仮名は区別なく使われるようになった。仮名が区別なく使われるようになったのは、音節の区別がなくなったからである。例えば「キ甲」と「キ乙」は、「き」というただ一種類の仮名で表現されることとなった。

万葉仮名の「キ甲」には「伎、吉、支、企、枳」など多くの仮名があり、「キ乙」には、「紀、幾、奇、貴」などがある。中古の平仮名としては「幾」からくずされた「き」型がよく使われるが「起」や「支」からのくずしもある。仮に中古の「き」の仮名表記の全部が「幾（キ乙）」からの「くずし字」であっても、それは「き」の発音が「キ乙」の発音を継承しているということではなく（平安期の「き」の発音は、「キ甲」に近いものと考えられている）、ただ一種類の音節になったということである。もともと「キ甲」を含む語には「雪、君」などがあり、「キ乙」を含む語には「月、霧」などがある。それらが「ゆき、つき」の「き」のように、ただ一種類の仮名で書かれるようになった。「き」という音節（発音）は一つであっても、もともと「雪」は「由伎」、「月」は「都幾」なのだから、「雪」は仮名で「ゆ伎」、「月」は「つ幾」と書くべきではないか、という発想は夢にも生じなかった。この時には、「同音の仮名の使い分け」つまり「仮名遣い」の問題は生じていないのである。

音便

中古の著名な仮名作品（例えば『源氏物語』）は、書写に書写を重ねて今日に伝わっている。当然写し間違いもあり、仮名の字母のどれを選ぶかも、書写者の恣意にゆだねられる面がある。例えばある作品中の「川」の「か」がもともと「加」系の仮名で書かれていたものを、書写者が「可」系の仮名で書いたとしても、写し間違いとは言えまい。だから写本の仮名は、原文時のものであるかどうかなかなか信用が出来ないのだが、例外的な作品として『土佐日記』がある。これは著者紀貫之自筆本を、ほぼ写真のように写した（臨模という）写本が二種類残っている。オリジナルとしての信頼性の高いものである。

その『土佐日記』の中に「ししこかほよかりき」という表現が見える。また別に「よむたる」という表現も見える。「ししこかほよかりき」は、「死にし子、顔よかりき」（亡くなった子どもは特にかわゆい）の「死にし子」が「しんじこ」と発音され、その「ん」が未だ対応する仮名が無かったために表記されなかったものと考えられている。この「ん」の発音は「n」である。「じ」という濁音は、その前の「ん」とセットで発音されて「し」が「じ」となるのであるが、『土佐日記』のころ（一〇世紀中頃）濁音は普通「し」のような清音と同じ表記法となる。また「よむたる」は、現代風に書くなら「よんだる」で、この「ん」は「よみたる」の「み」が「ん」に変化し、実際の発音は「m」と考えられている。現代なら「ん」と書きそうな所が「む」と表記されているのである。「に」から転化した「ん」の発音は「n」であるが無表記となり、「み」から転化した「ん」の発音は「m」であるが「む」表記となる。いずれにせよ、『土佐日記』の時代には、今日の「撥音便」が生じていると考えられるわけである。紀貫之自筆本がほぼ再現できるので、「ししこかほよかりき」が転写の誤りではなく、その自筆本の時代の仮名表記そして音韻の状態をよく反映していると考えることができる。だから音便の「ん」が表記されるようになると、「しんじこ」と「ん」は（「に」ではなく）発音の通り表記される。

別の音便だが、『源氏物語（桐壺）』に「車よりも落ちぬべうまろび給へば」という表現が見える。書写上の問題が無ければ、「落ちぬべう」は本来「落ちぬべく」なので、この「う」も音便の結果生じたものである。「ウ音便」と呼ばれる。また「書きて」は「書いて」となり、この「い」は「イ音便」と呼ばれる。撥音便や促音便の表記に「ん」を使ったり無表記だったりすることは、それまで存在しなかった音節の表記法としてやむを得ない。むしろ自然だと言える。ならば、「イ音便」や「ウ音便」に「い」「う」を書くことも、そのように発音しているのだから自然だと考えられるだろう。しかし、「書いて」には「書きて」というもともとの音声形式が存在する。「高い」なども、もともと「高き」である。「落ちぬべう」には「落ちぬべく」というもともとの音声形式が存在する。歴史的仮名遣いの原則に従えば、「高い」「書いて」などは「高き」「書きて」と表記されてしかるべきであろう。つまり「イ」と発音していても「き」と表記するということである。「書いて」という発音を「書きて」と表記するとしたら、それは語頭以外の「ハ行音」が、ワ行で発音されるが（後出「ハ行転呼〕「ハ行」で表記されるというのと同質の事柄である。「恋＝こひ」の「ひ」は「イ」と発音しても「ひ」と表記するということだからである。しかし、「高い」「書いて」はイ音便と言われており、イ音便やウ音便について、どのように書き分けるかという問題は全く発生していない。それは上代特殊仮名の場合と同様である。「イ音便」や「ウ音便」やその他「音便」一般は平安前期には生じていたと考えられているが、その頃仮名はまだ音節の発音（音韻）の通りに書くことが大原則であったわけで、音便は「仮名遣い」問題の対象にはならないのである。

あめつち

二〇一ページの〈表2〉から上代特殊仮名の甲乙の区別を差し引くと、四八の清音音節が残る。ワ行のウはア行のウと同じであるから、ア行に対するワ行の異なり音節は「ワヰヱヲ」の四つである。ヤ行のイはア行のイと同じであるから、ア行に対するヤ行の異なり音節は「ヤユ江ヨ」の四つである。ヤ行に、ア行のエともワ行のヱとも異なる「江」（発音は「ye」）があるために、上代特殊仮名の区別が消滅した時点での清音の異なり音節は、「いろは」の四七ではなく四八になる。

八代集の一つ『後撰和歌集』の選者でもあった源順《みなもとのしたがう》（九一一～九八三）は、才人であった。ごく若い時に、『和名類聚抄（和名抄）』（九三一～九三八）という漢和辞書を残している。『和名抄』は、例えば「雲」について「山川出気也」「和名久毛」などと記して、「雲」の和名は「クモ」だと言うのである。また『源順集』という私家集も残している。そのなかに「あめつちの歌」という四八首がある。それは次のように沓冠が同音、すなわち傍線で示した歌の最後と最初を同音とする歌の群れである。

あらさじとうちかへすらし小山田のなはしろ水にぬれてつくるあ
めもはるに雪間も青くなりにけり今こそ野辺に若菜摘みてめ
…………
えも言はで恋のみまさる我が身かないつとやいはにおふる松のえ
のこりなく落つる涙はつゆけきをいづら結びし草むらのしの
えもせかぬ涙の川のはてはてやしひて恋しき山はつくばえ
…………

見るように、第一首目は「あ」から始まって「あ」で終わる歌である。これは作るとなると難しい。歌だから古来の和語で作るわけであるが、和語の単語は古くは母音の連続を嫌った。すると、一般に日本語の音節は母音で終わるので、母音単独の音節は語の二番目以降に現れることができないことになる。「C」(consonant)を子音とし「V」(vowel)を母音とすれば、語の二番目以降の単独母音「V」は「CV・V」となって、母音が連続してしまうからである。だから「あめつちの歌」の「あ、い、う、え、お」で始まる歌の末尾は、母音「あ、い、う、え、お」単独で一語となるような語でなければならず、そういう語は「胆(イ)」のように全く無いわけではないが、「あ」単独で一語となる語はまことに見付けにくかった。「あらさじと」の歌の最後の「あ」は「畔《あぜ》」の意のようであるが、いくぶん無理筋の感がある。

さて、才人の源順はとにもかくにも「あめつちの歌」を四八首作り上げたが、その冠部分をつなげると（沓部分でも同じことであるが）、次のような言葉のつらなりが現れる。今日推定されている言葉の意味も併せて示しておく。終わりの方はあまり綺麗になっていない。

あめつちほしそらやまかはみねたにくもきりむろこけひといぬうへすゑゆわさるおふせよえのえを
なれゐて
（天　土　星　空　山　川　峰　谷　雲　霧　室　苔　人　犬　上　末　硫黄　猿　負ふせよ　榎
の枝を　なれ居て）

これは「あめつちの詞《ことば》」と呼ばれているが、「あめつちの詞」の実際は、源順の「あめつちの歌」から再現されているのである。さらによく見ると「あめつちの詞」は、「いろは歌」同様、（清濁の区別は付けないが）仮名によってその当時の日本語の音節を過不足なく示したものということが分かる。

さて、この「あめつちの詞」の後ろの方の「えのえを」は、本来「榎の枝を」すなわち「えの江を（「え」はア行のe、「江」はヤ行のye）」だろうと推定されている。しかし「あめつちの歌」では「えも言はで」「えもせかぬ」と、「え」という同語を二回使用してしまっている。この「え」は中古文法の「え〜〜ず」（〜〜できない）と使う時の「え」である。例えば「えもせかぬ涙の川」は「とうていせき止めることのできない涙の川」の意になる。恐らく源順は「えの江を」（「榎の枝を＝eのyeを」）の部分の意味がよく分からず、「え」と「江」を同類の仮名と見なしてしまったのだろう。それは、源順以前には音節として区別があった「え（e）」と「江（ye）」が、順の時代には一つの音節（「ye」と推測されている）にまとまってしまったからと考えられている。

以上は音韻変化の問題であるが、ここで重要なのは、この時にはやはり「仮名遣い」の問題は生じていないということである。「え（e）」と「江（ye）」とが一つの音節にまとまった「同音の音節」（ye）は、ただ一類の仮名（「え」としておく）にまとまったのだが、「榎」には「え」を当てるべきか「江」を当てるべきか、「枝」には「え」を当てるべきか「江」を当てるべきか、全く問題にならない。だから源順も「えも言はで、えもせかず」と、同じ仮名を平然と重複して使用しているわけである。中古には一類の仮名には何種類もの字母があったので、「え」と「江」との相異は「衣、愛、依」（ア行の「え」）、「延、要、叡」（ヤ行の「江」）」という仮名群の中に埋没してしまったのだろう。つまりこの時点では、仮名としての「え」の仲間と「江」の仲間の区別を誰も気にしなかったわけだが、もちろん上代・中古初期では、「え」の仮名と「江」の仮名は音節の違いにしたがってはっきり区別されていたのである。

中古では「ハ行転呼」と言って、語頭以外に現れる「ハヒフヘホ」の音が「ワヰウヱヲ」の音に転化してしまう現象がある。例えば「言はず」が「言わず」と発音されるようになる。その結果、本来の「言はず」は、「言わず」とも「言はず」とも表記されるようになった。語頭では区別があるので、例えば「わな（罠）」と「はな（花）」の「ワ」と「ハ」は別々の音節で紛れることなく書き分けられるのだが、「言わず」と「言はず」では「わ」も「は」もどちらも現れる。今日の「古典文」では人工的に原テキストが変えられてしまっているので、「言わず」は現代の書き方のように見えてしまうかも知れないが、当時《とうじ》は「わ」「は」のどちらでも気にされない。

「オ」と「ヲ」はもっと激しい。「治め」はもともとの発音が「ヲサメ（wosame）」なのだが、「おさ

＊単独母音の変化		950頃		1000頃	1100頃	室町期
オ	o		o			
	wo		wo	wo	wo	wo（o）
エ	e					
	ye	ye		ye	ye	ye
	we	we		we		
イ	wi	wi		wi		
	i	i		i	i	i

［図１］

め」のように記すことがあり、甚だしいのは目的語を示す助詞の「を」も「お」と書かれたりする。また一二世紀ともなると「イ（ｉ）」と「ヰ（wi）」や「エ・江（ye）」と「ヱ」（we）も混同されるようになる。「イ」「ヰ」が音節として「ｉ」一つ、「エ」「ヱ」が「ye」一つになったからである。ハ行転呼が生じて「はひふへほ」はワ行に変わり、それがア・ワ行で混一化するわけであるから、例えば「変える」の「かへ」は「かゑ」「かえ」（「か江」）いずれでも構わなくなる。

　以上をまとめてみると、上代特殊仮名の時代から「あめつち」を経て「アワ行」の混一化まで、「仮名遣い問題」は生じていなかったことが分かる。ハ行転呼と「アワ行」の混一化は後に「仮名遣い」問題の対象になるので、「仮名遣い問題」は生じていなかった、というのはおかしいと思われそうだが、先の「治め」の「ヲサメ」と「オサメ」の混一化は年代のはっきりした訓点資料の一〇〇〇年頃の例である。大体一二〇〇年くらいまでは、同じ発音の仮名の使い分けなどは誰も考えず、同一の発音の音節はひたすら同類の仮名を当てていたわけである。もともとは異なっていた音節の発音が同一化すれば、それに従って使い方が変化するのが表音文字としての仮名の特質である。ただし書《しょ》の場合は、その美学からすれば、例えば同じ「し」であっても「之」の仮名を使うか「志」の仮名を使うかなどは見た目の違いをもたらすから、そのような場面で同音の仮名の選択が問題となる場合がある。それはもちろん、「仮名遣い」問題とは別の事柄である。

さて今後の見やすさを考慮して、「単独母音」の「オ、エ、イ」を中心とした発音の変化を［図1］に示しておく。先述のように、「エ（e）」と「江（ye）」が合流した際には実際の発音は「ye」となったものと考えられているが、文字としては「エ」を使っている。

［図1］に「ハ行転呼」も加えて考慮すると、「いろは」は大体一〇世紀後半の音韻の状態を反映していると考えられる。これは個人で代表させると源順の時代であり、作品資料からすれば彼の作った『和名抄』の時代ということになる。本節初めに「いろは仮名遣い」が「認められる古典テキストは、まず存在しない」と述べたが、その唯一とも言ってよい例外が『和名抄』なのである。

Ⅲ－4　仮名遣い

定家仮名遣

仮名が以上に述べたような特質を守っている限り、その表音性に問題は生じない。ところが鎌倉初期に、「同音の仮名の使い分け」の問題が、はじめて生じた。いわゆる「定家仮名遣い」の発生である。

藤原定家作と考えられる『下官集』という書物がある。『下官集』にはものを書く際の注意がいろいろと述べられているのだが、そこに次のような「嫌文字事」という項がある。「他人摠不然、又先達強無此事、只愚意分別之極僻事也、親疎老少一人無同心之人、尤可道理、況且當世之人所書文字之狼藉、過于古人之所用来、心中恨之」（他人は大体そうではないし、先達も強く述べない。ただ私が考えだした偏頗な誤り事であって、周りの人が同じ思いを持たないのも道理である。しかし最近の人の文字の書きぶりはでたらめで、古人の用法に外れている。これは残念だ。）そしてこの後には、「緒之音」の語例と「尾之音」の語例が以下のように挙げられ、「緒」「尾」に続いて、「へ、ゑ」「ひ、ゐ、い」の語例が挙がっている。ここでは「を、お」「へ、ゑ」の一部分のみを示す。以下の括弧内は原注部分、〈　〉括弧内は筆者注である。

緒之音
　をみなへし　をとは山　をくら山　玉のを　をたえのはし　をく露　……
尾之音
　おく山　おほかた　おもふ　おしむ　おとろく　おきの葉　おのへの松　……
へ
　うへのきぬ　不堪（たへす）　しろたへ　草木をうへをく（栽也）　前（まへ）　……ことのゆへ
　〈故〉
ゑ
　するゑ　こゑ　こするゑ〈木末〉　絵（ゑ）　衛士　ゑのこ　詠（ゑい　朗詠）　……

これらはどうも、この語はこのように仮名で記すという「仮名遣い」を示しているようであり、ここで示されたような「仮名遣い」を「定家仮名遣い」と言っている。例えば「故」は仮名では「ゆへ」と書くのがよろしく（しかし、本来は「ゆゑ」）、「末」は「すゑ」とするということであろう。もっとも『下官集』には、「い」部の後に「右事非師説只発自愚意見旧草子了見之」（右は師説ではない。ただ愚意に発して、古い草子類を調べた）と加えられている。

『下官集』について、より本質的には定家自身の「仮名遣い」について、決定的な解明を行ったのが大野晋「仮名遣の起源についての研究」[10] である。大野は定家自筆の文献類を調査し次のように述べた。

藤原定家の仮名遣は、……歴史的仮名遣と相違しているものもあるが、「い」「ゐ」「ひ」、「え」「ゑ」「へ」に関しては、これらの他には、さして目立つ相違点はない。

ところが、「於《お》」「を」については歴史的仮名遣と全く相違する例が多くあり、それが厳格に守られている。そこでこれには何か特別の理由があったのであろうと考えられる。

特別な理由とは、定家が、歴史的仮名遣と相違する何らかの原理によって統一的に「於」「を」を使ったのだろうということである。そしてその特別な原理とは、当時のアクセントによる仮名の使いわけにあるのではないかと私は推測した。私は一語一語のアクセントを調査した。その研究の結果は、その推測が妥当であることを証したように思われる。すなわち、定家は当時、一つの音に帰していたオの音を「於」と「を」とで書き分けるのに、低く平らかな調子のオの音節は「於」の仮名で書き、高く平らかな調子のオの音節は「を」の仮名で書くことに定めていた。これが定家仮名遣の一つの骨格をなす原理だった。

日本語のアクセントは、英語のような強弱アクセントではなく、語によって定まるそれぞれの音節の高低の配置であって、高低アクセントと言っている。音の高低がなぜ後世に分かるのかというと、古い辞書などの漢字の和訓に、アクセント符号が付けられていることがある。大野はそれらのアクセントを調査して、定家の仮名遣いの「於＝低」「を＝高」をほぼ証明した。

定家没後百年以上の後、行阿という僧侶が『仮名文字遣』という書を残した。行阿は定家同様「於」と「を」の仮名の使い分けをアクセントに基づいて定めようとしたことが分かっている。ところがそれは、定家の使い分けとは大いに異なる結果となっている。行阿の時代の京都語のアクセントは、定家の時代のアクセントから変化していたからである。行阿の『仮名文字遣』及びその類本は、室町期に相当に広まったが、定家の仮名遣いとは結果が異なっている。ところが一方、鎌倉・室町期には、定家は歌道家として神聖視されるようになる。『下官集』、『仮名文字遣』やその他の仮名遣書は、定家の名の下に権威化されて「定家仮名遣い」と認められることとなった。しかし、それらの書の仮名遣いには互に齟齬《そご》があるわけだから、仮名遣いに注意を払う人々においても、仮名表記の実態は混沌としてしまう。まして一般には、仮名の表記法についての厳密な意識は持たれないのが普通である。文書類のように庶民たちが記す文章はもとより、作品と認められる文章でも、和歌・連歌のような中古仮名文の後継者を別にすれば、軍記もののような鎌倉・室町期の主流をなす文章でも「定家仮名遣い」は顧みられない。それは江戸期を迎えても同様なのである。

本書は当然ながら、日本語のスタンダードを記述しようとしている。スタンダードというのは規範的であるのだから、全くの「自然史としての言語史」ばかりを対象とするわけにはゆかず、価値判断にかかわる人工的な問題を取り扱わざるを得ない。「仮名遣い問題」はその最たるものであって、自然言語としての日本語の歴史にとっては、さのみ重要な問題ではない。にもかかわらず、これまでの日本語史の記述は「仮名遣い問題」に多くのページを費やしてきた。それは江戸期の国学に由来する伝統による所が大きい。また「国語問題」として、最も激しい論争が交わされた所でもある。本書もまた相当のページを「仮名遣い問題」にさいているわけであるが、それは一つには「仮名遣い問題」の際立った人工性を示すためである。これまでの日本語史論の問題点を理解することは、日本語史について理解を深める上で役に立つものと考えられる。

仮名遣いと「いろは」

定家の仮名遣い研究並びにその表記実践について、特に注意しておかなければならない点が二つある。その第一は、現代の我々もよく知るところの「いろは」歌の強い影響力である。「いろは」は音節の清濁を無視しているものの、制作当時に存在した（仮名一文字で表せる）日本語の音節を過不足無く表示しており、大体一〇世紀後半の京都語の音韻を反映していると考えられる。現在確認できる最古の「いろは」は、『金光明最勝王経音義』（一〇七九）という辞書体の書に付載されているものであるから、どうやら「いろは」は、十一世紀中に珍重されるに至ったものと考えられる。院政期には大部の「いろは」引き字書である『色葉字類抄』も作られている。「いろは」が存在しなければ、定家による仮名遣いの問題化は生まれてこないか、少なくとも別の形を取ったものと思われる。

第二に、なぜこの定家活躍の時期に、仮名遣いが問題化されるに至ったかが問われなければならない。第Ⅱ章で述べたように、大体この時期に日本語の書き言葉の「言文乖離」現象が発生している。言文が乖離していなければ、「書き言葉」というのは相応の学習が必要であるにせよ、実際に口語体の文章を書くことが直感的に可能である。例えば、私たちはいま「曲がった釘」と「曲がっている釘」という類似表現が二つとも可能であることを知っている。ところがこれらを終止的にした表現「この釘は曲がった。」と「この釘は曲がっている。」では、ふつう「曲がった」の方は「変だな」と思うだろう。実際の表現では、「曲がった」は考慮されることもないので、表現遂行に滞りはない。しかし仮に今日の現代語が文語になっているような後世の人々にとっては、「曲がった」と「曲がっている」の選択は難しい問題となる可能性がある。書き言葉表現が文語体である場合、この種の事柄に一々悩まねばならなくなる恐れがある。また、第Ⅱ章の「許容事項」に関して述べたように、文法破りが平然と行われることにもなるだろう。書き言葉が文語体化していなければ、直感で文章が綴れるわけだから、定家の時代までがそうであったように、人々は「同音の仮名の使い分け」に悩むこともなく、「仮名遣い問題」が何らかの形で生ずることもなかったと考えられる。

『下官集』には先述のように、仮名遣いについて「旧草子了見之」と書かれているところがあった。また藤原定家は、源氏物語をはじめ種々の古典作品の校合を行ったことで知られている。当然定家は、しばしば「旧草子」を見ていたものと思われる。その際に言語感覚の鋭敏な定家には、何か気づく点があったに違いない。それは文法も文字使いも、「旧草子」を残した古人と定家当時の「今人」とは異なるという感覚であろう。そして「いろは歌」が示した仮名の区別に従って、「定家仮名遣い」を残したのである。

いろは歌

「いろは歌」は「金光明最勝王経音義」にも現れ、さらに『色葉字類抄』は「いろは」引きであった。なぜこの時代に「いろは」はかくも盛行したのであろうか。川瀬一馬『増訂 古辞書の研究』[11]は、「いろは」について「国語の音種を記憶に便ならしめ、且つ又習字の基本たらしめる為」と述べるが、（話し言葉の）直感に従えば「音種」を覚える必要はないのだから、「いろは」盛行の理由はよく分からない。しかし定家にとっては、古人の書き方を見るに直感では文字種の区別が付かない、つまり「い」と「ゐ」などは同音だからなぜ「旧草子」で文字種として区別されるのか分からないという状況が生じている。ところがたまたま存在していた「いろは」を見ると、原理は分からずとも「こうするものだ」という規則の存在ははっきりする。しかもこの時代、「いろは歌」は弘法大師・空海の作であると伝えられている。「いろは」に仮名の使い方の鍵があると考えるのは自然だろう。さらにその根底には、この時代、しばしばその時その時の言語直感が利用できないほどに、言語変化が激甚であったということが考えられる。

「四つ仮名」時代

室町末期までの間に、日本語の音韻と仮名の関係はさらに変化した。ザ行の「じ」とダ行の「ぢ」、ザ行の「ず」とダ行の「づ」は、大雑把な述べ方にはなるが室町前期頃まで「じ＝zi」と「ぢ＝di」、「ず＝zu」と「づ＝du」で音韻上の違いがあった。だから「富士」は「ふじ」、「藤」は「ふぢ」のように自然に書き分けていたのである。それがそれぞれ同一の発音になった（「じ＝ぢ」「ず＝づ」）ので、「じ、ぢ」「ず、づ」の混乱が生じる事態となった。この「じ、ぢ、ず、づ」を「四つ仮名」と言っている。また「逢（あふ→あう）、翁（をう→おう）、大（おほ→おお）、蝶（てふ→ちょう）では「あう、おう、おお、ちょう」が長音化して、すべて「オー」という発音になった（「ちょう」は「チョー」）。これらをオ段の長音と言っている。「逢坂山」という山は「オーサカヤマ」と発音され、「大坂」は「オーサカ」と発音され、「てふてふ」は「てうてう」を通って「チョーチョー」と発音されるようになる。これらのケースも新たな仮名遣い問題を発生させる。むろん定家の頃には、このような問題は生じない。

「いろは」の同音の仮名の使い分け（「イとヰ」など）は無視するが、「ジとヂ」のような「四つ仮名」の使い分けは維持する「仮名遣い」も考えられる（これはかなり「現代仮名遣い」に似てくる）。この「仮名遣い」は、鎌倉・室町期の説話・軍記に向いているように思われる。四つ仮名仮名遣いも江戸期以降の作品に対してはフィクショナルとなるが、どのみち仮名遣いはフィクショナルなのだから、それはそれでよいだろう。

さて江戸期前期、大坂の真言僧の契沖（一六四〇〜一七〇一）は、万葉集の研究を行い、時の学問的水準を遙かに抜いて『萬葉代匠記』を残した。『萬葉代匠記』には初稿本（一六八八）と精撰本（一六九〇）があり、初稿本の述作中の仮名は「定家仮名遣い」である。ところが、わずか二年後の精撰本では「集中仮名ノ事」の項が立てられ、「此度和名集を初めて日本紀より菅家萬葉集等までの仮名を考へ見るに、皆一同にして此集〈万葉集〉と叶へり」と述べている。『和名集』（先述した源順の『和名抄』のこと）や『日本紀』（日本書紀）や『菅家萬葉集』（八九三〜九一三頃、菅原道真撰と云われる歌集で『新撰万葉集』とも）の仮名の使い方は、『万葉集』によく一致しているというのである。さらに契沖は、仮名遣い専門書としての『和字正濫鈔』（一六九三）を著して、「仮名に証とすへき事あれ

あ	か	…	…	や	…	わ
い	き	…	…		…	ゐ
う	く	…	…	ゆ	…	
え	け	…	…	江	…	ゑ
お	こ	…	…	よ	…	を

［図２］「あめつち」時代の五十音

あ	か	…	…	や	…	わ
い	き	…	…		…	ゐ
う	く	…	…	ゆ	…	
え	け	…	…		…	ゑ
を	こ	…	…	よ	…	お

［図３］「いろは」時代の五十音

ば、見及ふに随ひて、引てこれを証す」とし、『和名抄』までの種々の古典の書き様を証拠として、仮名の書きざま（仮名遣い）を正そうとした。歴史上の古典の仮名に従っているので、「歴史的仮名遣い」の嚆矢とされる。ただし和名抄までの古典と言っても、契沖は上代特殊仮名の甲乙の別や「あめつち」の「え、江」の区別を知らなかったので、それは問題にしない。『和名抄』は便利な辞書であって、源順の頃の音韻は「いろは」歌が代表する時代に対応するので、契沖の示した仮名遣いは、「いろは」仮名遣いの一種としての歴史的仮名遣いということになる。

契沖の時代には、「いろは」弘法大師制作説が世に浸透していた。契沖は真言僧であったから、とりわけて「いろは」を尊重したであろう。その「いろは」を基準にして仮名の使い方を調べてみると、『和名抄』以前の作品での「いろは」型の仮名の使い方は安定しているのに、それ以降の作品では混沌としている。契沖は一々の文献に従って、そのことを発見、実証したのであった。

ここで「あめつち」と「いろは」に従った五十音図の問題の箇所を並べておく。「いろは」の方は、「ア行」の

「お」と「ワ行」の「を」を現行のものと逆にしてある。五十音図（らしきもの）は平安期から存在するが、鎌倉期から契沖時代まで、五十音図のア行とワ行の「お・を」は［図3］のようであった。「お」と「を」は早く発音が同一化したので、混乱したのである。もともと「お」は［o］であり、「を」は［wo］であるから、「あいうえお」「わゐうゑを」が本来の位置である。「あめつち」に従った五十音図［図2］はそうしてある。

国学者たち

契沖説はしばらくの間、排仏的な江戸期の国学者にはさほど浸透しなかったのであるが、高く評価したのが本居宣長である。宣長は、「かなづかひは、今は正濫抄もしは古言梯などをだに見ば、むげに物しらぬわらはべも、いとよくわきまふべきわざなるを」（『玉勝間』「かなづかひ」の項）と述べて、『和字正濫鈔』を推奨している（『古言梯《こげんてい》』は後出）。また宣長は、大著『古事記伝』における『古事記』研究の過程で、契沖がはっきり述べ得なかった「天暦〈九四七～九五七〉のころより以往の書どもは、みな正しくして……みな恒に口にいふ語《コトバ》の音《コヱ》に、差別《ワキタメ》ありけるから、物に書《カク》にも、おのづからその仮字の差別は有りけるなり」（『古事記伝』一之巻）という認識にまで達していた。音韻（語の音）の相異が文字の相異（仮字の差別）に表れるというのである。しかも、例えば「コの仮字には、普く許古二字を用ひたる中に、子には古の字をのみ書て、許の字を書ることなく」などと述べているから、いわゆる上代特殊仮名遣いの区別をも、認識していたフシがある。ただ、国学者は一般に五十音図を「いろは」に比して、非仏教的かつ合理的なものと信奉していた。「口にいふ語の差別」が「仮字の差別」をもたらすとすると、上代特殊仮名遣いは五十音図を崩壊させる可能性があるから、「古、許」の差別は、真理発見の驚きと恐れを宣長にもたらしたのではないかと思う。この後も五十音図は、国学者の躓《つまず》きの石となったのである（後に詳述する）。

『古言梯』

宣長の推奨する『古言梯』は、賀茂真淵門下の楫取魚彦《かとりなひこ》（一七二三〜一七八二）の仮名遣い書である。『和字正濫抄』の実証の不備を補うとともに、配列が「あは」（粟）のような「あ部」から始まり、以下「いも」（妹）、「うを」（魚）のような五十音順になっている。もっとも『古言梯』の初版本（一七六八）の五十音図のア行は、先の［図3］にさらに「ゑ」もプラスして「あいうゑを」であり、再考本（一七六九頃）で「あいうえを」と訂正され、最終的に「あいうえお」に改められたのは、魚彦の没後の文化五年（一八〇八）であった。『古言梯』は江戸後期に繰り返し版行されてその影響は大きかったと考えられるが、社会における仮名遣いの実態についてはまた後に触れることとし、しばらくこの後の仮名遣い考察の展開の様子を眺めてみる。

『古言衣延辨』

加賀藩重臣の奥村栄実《てるざね》によって文政一二年（一八二九）に著された『古言衣延辨《こげんええべん》』という小さな本がある。それが活字出版されたのは、明治二四年（一八九一）である。「衣」はア行の「え（e）」、「延」はヤ行の「江（ye）」の仮名であって、延喜天暦の頃より前の書にはこの区別があり、それは発音の違いに基づくことを、奥村は「衣延辨」として主張した。この書によって「あめつちの詞」の時代の五十音図が指し示されたわけで、当初の文政一二年頃に版行されていたら、特に国学者たちに大きな影響を与えたはずである。しかし、『古言衣延辨』は写本によって細々と伝えられただけであったので、世に埋もれたまま明治二四年に改めて石川県金沢市で出版されたのであった。ところが、この活字本もほぼ埋もれた状態のまま年月を経過し、一九三二年（昭和七）『音声の研究』（第5輯、音声学協会編）に掲載され、ようやく世に広まった。それまで、仮名遣いの議論は、一般には『衣延辨』を知らぬまま行なわれていたのである。

『古言衣延辨』の「解説」[12]に、訓点語学者の中田祝夫は次のように記している。

さて古言衣延辨も先の二面をもっている。

㈠延喜・天暦時代以前の文献に、「衣」類（ア行）・「延」類（ヤ行）の二類の仮名が、語によって遣い分けられているという事実の指摘。

㈡現在及び将来において、「衣」「延」両類の仮名が遣い分けられなくてはならないという規範の確認。

右のうち、㈠は過去の文献に内在する事実の発見であるから、本書の学術研究上の価値は既述のように不朽であると断言してよい。

ただし㈡は、今日ではいささか滑稽にさえ感じられる。和字正濫抄の主唱する、いろは四十七字の仮名を遣い分けるべきであるという、いわゆる歴史的仮名遣の上に、さらに天地の詞に見える「衣」「延」両類の区別を併せて加味するのが、当為の実践であるべきだというのであるから。

このうちの㈡に関する記述は、いささか奥村栄実に気の毒の感がある。歴史的仮名遣いというのは、歴史上のある一時期の仮名の使われ方を規範とするわけであるから、「いろは」も「あめつち」も同等の資格を持っている。しかも、既述のように「あめつち」は五十音図を整然と埋め尽くす［図2］。もちろん、ヤ行の「い」やワ行の「う」は「yi」「wu」で「yi＝i」「wu＝u」であり、ア行と重複して当然と誰もが思うが、「ye≠e」なのだから、「いろは」型では「江＝ye」はどうなるのかという違和感が生じて当然なのである。江戸後期、特に幕末から明治初期に大きな影響力を持った国学者たちは「五十音図」を重視したから、奥村の『古言衣延辨』が世の中に知られていたら、「いろは」型ではなく「あめつち」型の仮名遣いが、現在にいわゆる「歴史的仮名遣い」となっていた可能性が高いのではないかと、筆者は思う。何と言っても「あめつち」型「五十音図」は、合理的にして整然と出来上がっているからである。国学者たちは、この場所で初めから躓いている。

音義派仮名遣い

契沖－宣長のラインの国学者は、文献による実証を重視した。ところが江戸末期の国学者たちは、「音義言霊学派」とでも称されるべき言語論を展開した。それぞれの仮名の音（音節）はしかるべき意義を持ち、それが五十音図に整然と配置されていると言うのである。確かに五十音図は、「かきくけこ」のようにタテに子音がそろい「あかさたな」のようにヨコに母音がそろって、「いろは」と比べても整然としている。そこで、例えば国学者の平田篤胤（一七七六〜一八四三）は、『古史本辞経』（一八三九）という書物で、「抑《そもそも》天地自然の音声の、五十なることは、必然るべき。かむながらの道理なるが故に……神字〈神代文字〉のみ用ひし世の古書にはうつなく其の仮名の差別ありけるを……」と言っている。音声は神代より自然・必然的に（「うつなく」）、仮名による五十の別音があると

ア	イ	于	𛀀	オ
ヤ	𛀀	ユ	エ	ヨ
ワ	ヰ	ウ	ヱ	ヲ

［図４］

ア	イ	ウ	エ	オ
ヤ	𛀀	ユ	以	ヨ
ワ	ヰ	𛄢	ヱ	ヲ

［図５］

ア	イ	ウ	エ	オ
ヤ	𛀀	ユ	𛄡	ヨ
ワ	ヰ	于	ヱ	ヲ

［図６］

いうのである。

とすればヤ行もワ行も、ア行同様五種の音節があって然るべきであろう。実際、国学者の富樫広蔭（一七九三〜一八七二）『辞玉襷《てにをはたまだすき》』（一八二九）の掲げる五十音図のアヤワ行の仮名は、次の［図４］ようなものである[13]（片仮名と万葉仮名を適宜交ぜ、アヤワ行だけ示した）。ここではア行の「衣（𛀀）」とヤ行の「エ」が『衣延辨』に適っているようだが、これは偶然の仕業で、富樫は実際に仮名を調べているわけではなく、［図４］は観念的に形成された五十音図である。五十音図は子音と母音の組合せで出来ているのだから、ア行の「イ」とヤ行の「以（𛀀）」、ア行の「于」とワ行の「ウ」も、「かくあるはず」と区別されているわけである。

また国学者の大国（野之口）隆正（一七九二〜一八七一）『ことばのまさみち』（一八三六）の掲げる五十音図のアヤワ行の仮名は、［図５］ようなものである。［図５］は本質的に［図４］と同様であり、ヤワ行が観念的に形成されている。

その他多くの観念的な五十音図が幕末期の国学者によって示された。彼らはまたしばしば、五十音図を使って神代文字をも示した。漢字伝来、仮名形成以前に日本に仮名に類する文字があった、つまり「神代文字」があったという主張である。もっともその文字は多く梵字ないしハングルを改竄《かいざん》したものである。幕末期の国学者の五十音への固執は、かくも激しいものであった。また彼ら国学者たちは、明治初期政府の文教政策に相当の影響力を維持していた。小学校の国語教科書の一例を示すと、［図6］（田中義廉編『小学読本』一八七三 師範学校・文部省）のようである。音義派の五十音図が、教科書に示されているのである。だが、音義派仮名遣いは全く実証性にかけていたので、結局は放棄されていった。繰り返すが、音義派の五十音図は、「あめつち」型五十音図に似ているが観念的なものである。観念的だから五十音をすべて揃えることができる。対して奥村栄実の『古言衣延辨』から構成される「あめつち」型五十音図は、実証的事実に基づいている。事実に基づく「いろは」を超えた指摘は、ア行の「衣」とヤ行の「江」の区別にしか行えないので、音節の区別は四八しか指摘できない。

後述するように、小学校の教科書の仮名遣いは、明治初期に副次的な力しか発揮していない。だから教科書類だけでは仮名遣いは決定しないだろうが、『衣延辨』が浸透していたならば、その後のいわゆる「旧仮名」は、総合的に考えて「あめつち」型になったろうと思われる。これはまことに皮肉な想像となる。子音と母音を組み合わせていることによって、「あめつち」型五十音図は、「いろは」型より合理的にして整然としている。後に「旧仮名派」と「表音派」は仮名遣いについて激しい論争を交わすことになるのだが、『衣延辨』を知っていれば、旧仮名派はより強力な論争の武器を手に入れることが出来たであろう。しかし先に述べたような事情によって、明治期の仮名遣い論争には（そしてその後もだが）『衣延辨』は全くかかわらなかった。結局「あめつち」は専門家だけの知識となって、今日に至っているのである。

江戸期仮名遣いの実態

既に我々の取り扱っている時代は、明治に達している。近代は仮名遣いが政策的問題と化し激しい論争が交わされた時代である。政策が直接に表記のスタンダードと認められていった。既にⅠ章・Ⅱ章で見たように、話し言葉スタンダード（標準語）でも書き言葉スタンダード（近代言文一致体）でも、政策は基本的には現状に追随しただけである。それが表記の特に「仮名遣い」に関しては、政策がかなりの決定権を握っているようにも見える。だがその近代国語政策を云々する以前に、江戸期以来の「仮名遣い」の実態をまず見ておかなければならないのは当然だろう。

極めて大雑把な述べ方になるが、江戸期には、或いはより大きく中世・近世には、「仮名遣い問題」など存在していなかったと言ってよい。確かに中世には「定家仮名遣い」が問題視され、近世には契沖が「中古いろは仮名遣い」を発見し、その影響下に楫取魚彦・本居宣長・奥村栄実らが「仮名遣い」認識を進展させ、かつ契沖の「復古仮名遣い」を推奨した。しかしそもそも宣長にしても、しばしば「歌読み文書く人」という言い廻しを用いるように、「仮名遣い」は和歌・古典文のための「仮名遣い」であった。また、今日我々が江戸期の重要な著作家と認めている西鶴・近松・芭蕉・白石・秋成・馬琴、その他江戸後期の戯作者たちは、程度の強弱はあれ、あまり「仮名遣い」を気にしていない。上田秋成などは仮名遣いについて、「こころの随《まま》に書くぞよき」（『霊語通』一七九七）としているのである。

このあたりの事柄に関して屋名池誠は、山東京伝の黄表紙『江戸《えど》生《うまれ》艶気《うわきの》蒲焼《かばやき》』（一七八五）・作者不詳の洒落本『遊子方言』（一七七〇頃）・大槻玄沢『蘭学階梯』（一七八八）・式亭三馬『浮世風呂』・滝沢馬琴『椿説弓張月』（一八〇七）・為永春水『春色梅児誉美』（一八三二）・仮名垣魯文《かながきろぶん》『安愚楽鍋《あぐらなべ》』（一八七一）などの仮名表記を詳細に調べ、一テキスト内部に「をとこ、おとこ」のような同語の異表記例が大量に存在することを指摘した。場合によっては、「同じ語形が同じページに「やまひ／やまい」「うはきな／うわきな」という異なる仮名表記であらわれている」ことさえあると言うのである。さらに屋名池は次のように述べ、「い、ゐ、ひ→／i／」のように、多くの表記が一つの音節に一意的に対応する関係を「多表記性表記システム」と名づけた。[14]

異表記の多寡はジャンルにより人により異なるものの、同語形を異表記して怪しまないありかたが、結局、近代以前の長きにわたり、また広い範囲で存在していたのは明らかである。

これまでにあげたリストを通覧すればすぐわかるように、ある人・文献にあっては異表記を許す語形であるものが、他の人・文献では安定した表記で現れるというように、異表記を許される語形・安定した表記の語形は、人により、文献により一様ではないことにも注目しておかなければならない。

このありかたは不注意からきているものであるとは到底考えられない。整版本であっても当時も校正の過程は存在していたのだから、著者や版下書きの書き間違い、彫師の誤刻であったとすれば見逃されてこれほど残るということは考えがたいからである。これはやはり、当時、著者・筆耕者・彫工・版元・読者ともに、一つの語形がいつも同じ仮名表記で書かれるわけではないことを許容していたと考えなければならないだろう。

これはルールはあったが、その運用が無頓着だったということなのだろうか。それとも表記のルールそのものがなく、表記は無秩序だったということなのだろうか。

しかし、一度ここで立ち止まって、こうした問いそのものを考え直してみる必要があるのではなかろうか。当時もこうした表記によって、文字によるコミュニケーションは滞りなく行われていたのであるし、現代のわれわれもこうした表記できちんと一意的なヨミに到達できるのだから。これは、むしろ、表記の多様性を無秩序だとみてしまうわれわれの側の方にこそ問題があって、こうした表記法の本質を虚心にみてとることができていないのではなかろうか。……

音形から表記を見ると一意的な対応をしていないが、表記から音形への対応は一意的だから、……これらの表記法からは、常に音形（ヨミ）が一意的に定まることになる。……

ヨミを決定するのに意味を援用する必要はないから、これは表音表記のシステムでもある。一文字ごとのヨミだけで音形と対応するものしか表音表記を考えない人が多いようであるが、そのように狭くとらえる必要はない。……

以上のように江戸期の「多表記性表記システム」を捉えた上で、屋名池は「『近世通行仮名表記』は無秩序どころか、多表記性の表音表記という、正確に音形を表記しうる表記システムだった」としている。

江戸期の「仮名遣い」の実態は、屋名池が述べるとおりだっただろう。例えば「をとこ、おとこ」のどちらからでも音形「オトコ」に達することができるシステムである。そして考えてみれば、このような「多表記性」は中世以降一貫していた。「定家仮名遣い」に皆が皆従っていたわけではなかったからである。例えば日蓮の書簡（『昭和定本日蓮聖人遺文』一九〇「乙御前御消息」）では、「さるの犬をそれかゑるの蛇をそるが如くなるべし」とあるそのすぐ近所に「火が水をおそれ木が金をおぢ」とある。「遺文一九〇」は日蓮真筆ではないが、伝統的に重要視されてきた文書である。「仮名遣い」は中世以来一貫して「多表記性の表音表記」なのであって、仮名遣いが「同音の仮名の使い分け

（書き分け）」である以上、多表記が結局「同音」に収束するのは当然なのである。
　さて、明治期にこの「近世通行仮名表記」は捨てられて、実態的に「契沖型いろは仮名遣い」（いわゆる「歴史的仮名遣い」）が広く普及した。その原因を屋名池は次のように述べるが、多くの日本語史家もこのように考えてきたものと思われる。

　日本語の表記法のあり方から言えば、かなり特殊な存在である唯一表記を規範として主張する歴史的仮名遣いは、先に述べたように、江戸時代においては多くの支持を集めていなかった。その歴史的仮名遣いが明治になるとうってかわって広く普及していったのは、国学が明治維新という国家制度の大変革をみちびいた主要なイデオロギーの一つであったことが遠因である。公式のイデオロギーであった国学は、新政府の教学の面に、洋学と共に、一定の位置を占めることになった。その結果、国学の特異な主張であった歴史的仮名遣いが学校教育を通じて普及してゆくことになったのである。

　屋名池は「歴史的仮名遣い」は、それを読む分には「近世通行仮名表記」の内部に位置付け可能であったので、「近世通行仮名表記」に慣れた明治初期の成人の場合であっても、いささかも問題が生じないとしている。書く分にはいかがであろうか。

幕末・明治期の実態

屋名池は次のように指摘している。

一方、近世かな表記を知っているだけでは、歴史的仮名遣いを正しく書けるようにはならない。しかし、当時、正確な歴史的仮名遣いを書くことが求められたのはごく少数の人たち――教育関係者や、公的な文章を書く、役人や著述家、出版関係者くらいにすぎなかったのではなかろうか。歴史的仮名遣いが小学校で教えられる以前に教育を受けた人たちの大多数は、その後も近世かな表記を続けていたものと考えられる。現に、小説、新聞記事など公刊されたものにも、校正の目をかいくぐってその一端があらわれることがあり、そうした例が多く報告されている。『彼岸過迄』の校正について指示した、夏目漱石の明治四十五年（一九一二）の手紙に「「ゆふべ」、「ゆうべ」抔《など》ニテ心配御無用。同ジ発音ガデレバ夫《それ》デ結構也」（カギカッコ・振り仮名は屋名池）とあるのは、明治末年にも近世かな表示の原則はまだ生きていたことを示している。[15]

庶民一般はなかなか文献を残さないので、その実態を把握しにくい。ここでは幕末期の有名人の実例を少しだけ示しておく。なお今後の実例に関して、中世・近世の例に従えば「仮名遣い」に誤りなど無い（すべて「通行仮名表記」である）という考えに立って、「契沖型いろは仮名遣い」と異なる仮名が使われている場合を、これまでもそうしてきたが、単に「仮名違い」と呼んでおくことにする。次は吉田松陰の書簡で妹千代宛、野山獄からのものである。傍線部が仮名違いの箇所である。

物しらぬ人の心にては、胎内に舎《やど》れるみきゝもせずものもいわぬものゝ、母が行を正しくしたりとてなどか通ずべきと思ふべけれど、こは道理を知らぬゆへ合点ゆかぬ也。凡そ人は天地の正しき気を得て形を拵へ、天地の正しき理を得て心を拵へたるものなれば、正きは習わず教へずして自ら持得る道具也。ゆへに母の行たゞしければ、自らかんずること更にうたがふべき（に）あらず。是を正を以て正きを感ずると申なり。まして生れ出て目もみへ耳もきこへ口ものいふに到りては、たとへ小児なればとて何とて正しきに感ぜざるべきや。

（一八五四・安政元　岩波文庫『吉田松陰書簡集』による）

幕末期の別例として、『増訂華英通語』（一八六〇・万延元）、『英和対訳袖珍辞書』（一八六二・文久二　洋書調所）を「Ⅲ-6」にあげているので、そちらも参照されたい。

Ⅲ-5　近代仮名遣い問題

明治欽定仮名遣い

一方、明治前期を見れば、明治一ケタ台の後半、既に「契沖型いろは仮名遣い」は、出版されはじめた新聞・雑誌・書籍の類の大勢を制していた。明治一ケタ台後半の出版物は「契沖型いろは仮名遣い」で埋まっていたのである。さらに明治期の中・後半にかけての流れを決定づけたのは、国語学者の亀井孝が言う「明治欽定仮名遣い」の存在が大きな意味を持つ。後述する内容に関連するので、亀井の言を長めに引用しておく（中にある森鷗外の「弁論」は後出）。もっとも、ここで亀井の言う「文化としてのかなづかい」とは、どうも「いろは歌」への固執にかかわるようなのであるが、よく分からない所がある。

こんにちのいわゆる現代かなづかいにたいするいわゆる旧かなづかいを、わたくしは、すこしあてこすりのこころをこめたたわむれから、〝明治欽定かなづかい〟と呼んでいる。たしかに森鷗外は軍籍にあったが、だから軍服を着用してきたのだとのことさらの前口上をもって文部省の会議にのぞみ、西洋に正書法（orthography）あって日本にかなづかいあらざるべからずの有名な弁論をぶちまくった。これにより明治から太平洋戦争の敗戦後におよぶ半世紀のあいだの旧かなづかいのヘゲモニーは確立した。そのとき東京帝国大学教授の芳賀矢一は、右翼からの脅迫状についてぼやくなど、鷗外の論陣のまえには見るかげもなき風情である。しかしながら鷗外のみごとな長広舌は、すでにかれ自身おのれをあざむいてさらにそれに気づかぬゆゆしいあやまりをその根柢にやどしている。このことにしかるべき認識をもつひとのあることをわたくしは知らない。すなわち、かなづかいは、日本に固有のかなの文化に属する歴史的概念であることを、〝アルファベット文化〟が生んだ正書法とはその歴史的性格と言語への対応とをまったく異にするものであることを、ことにすぐれて重要なのはこのような歴史のタームズにおける文化としてのかなづかいのその本質たるべきことを、ひとは忘れているのである。[16]

亀井の「明治欽定仮名遣い」の「欽定」とは具体的にはどのようなものか、亀井は明示していない。本書では「軍人勅諭」（一八八二・明治一五）「大日本帝国憲法」（一八八九・明治二二）「教育勅語」（一八九〇・明治二三）をその三大例とし、大体それでよいのではないかと思う。とは言え、「大日本帝国憲法」も「教育勅語」も漢字カタカナ文で振仮名も付かず、ために「いろは仮名遣い」が目立つということが無い。一方「軍人勅諭」は、天皇が陸海軍の軍人たちに直接に呼びかけ、しかも「平仮名・振仮名付き表記」というこの時期の公文書として異例の形式で頒布されている。「普通文」とは言えないところがリテラシーのあまり高くない兵士らに呼びかけているようで、山県有朋ら明治一四年政変後の政権の危機感がにじみ出ていると言えそうである。

我国《わがくに》の軍隊《ぐんたい》は世々《よゝ》天皇《てんわう》の統率《とうそつ》し給《たま》ふ所《ところ》にぞある。昔《むかし》　神武《じんむ》天皇《てんわう》躬《み》づから大伴物部《おおとももののべ》の　兵《つはもの》どもを率《ひき》ゐ、中国《なかつくに》のまつろはぬものどもを討《う》ち平《たひら》げ給《たま》ひ、高御座《たかみくら》に即《つ》かせられて、天下《あめのした》しろしめし給《たま》ひしより、二千五百有余年《いうよねん》を経《へ》ぬ。此間《このあひだ》　世《よ》の様《ざま》の移《うつ》り換《かは》るに随《したが》ひて、兵制《へいせい》の沿革《えんかく》も亦《また》　屢《しばしば》なりき。……

字音仮名遣い

これら三大勅語が「いろは仮名遣い」に従ったことが、その後「仮名遣い改訂」論反対論者たちに大きな拠り所を与えた。仮名遣いの改訂が、「勅語」の改訂に繋がりかねないことになったからである。それはともかく、三大勅語の発せられた時点で、ほぼ「いろは仮名遣い」体制は完成したと言ってよい。ところが、その直後には一方で「いろは仮名遣い」体制に対する反対論が活発化してきた。上田萬年らを筆頭とする新たな「表音派」の登場である。

第II章で見たように、上田萬年は西洋の綴り字改革に基づいた「表音式仮名遣い」の主唱者であった。上田萬年は、明治二三年（一八九〇）から明治二七年（一八九四）にかけては、ドイツ・フランスへ留学している。一方、明治初年から盛んに議論された仮名国字論やローマ字国字論は、「そのころから「かなのくわい」と共に急速におとろえはじめ、同二五年にはまったく運動を中止してしまった[17]。ところが明治二六年（一八九三）、時の文相井上毅が「字音仮名遣に関する諮問」（問目一則）を提示して、事態は一変する。（なぜこの時期に井上が「字音仮名遣に関する諮問」を行ったのか、具体的な事情によく分からないところがある。今日までの「仮名遣い」論の行き届かないところであろうか）

「字音仮名遣い」というのは、漢字の音読みを仮名で書く際の仮名遣い法である。例えば「京」は「キョー」と発音するが、これを仮名で書く際には仮名遣いが問題になる。「きょう」（強）・「きゃう」（狂）・「けう」（交）・「けふ」（協）などが、いずれも「キョー」と発音されるからである。そのような漢字の「仮名遣い」はどうなるかというと、この決定は大変に難しい。第一に、字音語は例えば「京」はふつう漢字で「京」と書いてあるわけで、日本の古典文献を見てもなかなか仮名書きが現れない。多くのケースで「字音仮名遣い」の決定は、古典漢字音の理論的考察に委ねざるを得ないのだが、日本での漢字音は和化しているので、理論的考察の結果の字音と古代に仮名書きされた字音とは、食い違う場合もある。漢字は漢字で書いておけば、字音仮名遣いの問題は生じないと考えられるかも知れないが、そうはゆかない。明治時代には印刷物などで、漢字に振り仮名（ルビ）を振ることが非常に多かった。「旧かな」で行くとなると、その場合に字音仮名遣いが分からなければ困るのである。また小学校では、「京」のようなふだんは簡単に書ける初歩的な漢字にも仮名を付ける必要がある。そうしなければ書き取り・読み仮名の試験も不可能である。というわけで、字音仮名遣いの問題に直面しないわけにはゆかないのだ。井上毅は次のように述べ、新しい字音仮名遣いの採否を帝国大学文科大学に諮問した。

今字音仮名遣ひを普通教育に用ゐて少年にその椉を学ばしむるの可否は教育家の打ちすておくべきにあらざる問題なり。何故に様又は要用の漢字をヨウエウ又ヤウと仮名にて書くか、仮名の漢字よりも易きに由るなり。さるを様ならばヤウとし要ならばエウ用ならばヨウとすべしといはゞ漢音漢字を知る人ならではわけがたきわざなり。さる人は幼少より様又は要用の真名《まな》〈漢字〉を書くこそ易かるべけれ、仮名に書くの必要はあらじ。……

仮名遣いの改訂

明治三〇年前後は、言文一致運動を中心に国語問題についての議論の盛んな時期であった。国字論も、仮名文字国字論・ローマ字国字論から仮名遣い論へ焦点を移しつつ、大きな盛り上がりを見せていたが、それらを時代背景に、洋行帰りの上田萬年は次のように述べている[18]。

仮名遣には日本語の仮名遣、支那字の仮名遣及び西洋語の仮名遣の三種を含蓄するが故に、其教授も亦従て困難なるものにして、教育者に取りては極めて精細なる研究を煩はすべき点なるべしと愚考す。此事に関しては吾人曾つて故井上文部大臣に会ひて聊か論じたる所ありたるが、同大臣は字音仮名遣の不必要を説かれ、速に一定の法案を建てざるべからざる旨を陳べられたり。当時吾人は更に進みて日本普通の仮名遣にも、一大改革を施すの必要なる所以を陳べしに、同大臣も亦出来得べくば賛成者たらんとの語を漏らされたる事ありき。……

上田は、加藤弘之、井上哲次郎、嘉納治五郎らとともに「国字改良会」を設立、政府に対して「国語調査委員会」の設置を運動し、その結果、明治三三年（一九〇〇）に衆議院・貴族院は「国事国語国文ノ改良ニ関スル建議」を決定、同年文部省内に国語調査委員がおかれ、さらに明治三五年（一九〇二）、文部省内に「国語ニ関スル事項ヲ調査ス」る国語調査委員会が設置された。その緊急の調査項目として「国語仮名遣ニ就キテ」「字音仮名遣ニ就キテ」が挙がっている。実はその過程で、明治三三年に文部省は省令で「小学校令施行規則」を発表し、懸案であった字音仮名遣いについて、長音符を使った画期的な改訂を行った。世に言う「棒引き仮名遣い」である。明治三四年、坪内雄蔵（逍遙）著『国語読本　尋常小学校用』が発行されたが、その仮名遣いは、この長音符を利用した仮名遣いによっている。次の中の「ケ‐フ」は、和語のためにハイフンを利用した表記であり、「テンチョーセツ」「タロー」に長音符が使われている。この「仮名遣い」は明治四一年まで実行され、明治三七年からは小学校の教科書が国定化されたから、第一期の『国定教科書尋常読本』は、この長音符を利用した仮名遣いに従っている。

ケ‐フ　ハ、テンチョーセツデ　ゴザイマス。
オハナサン、オイハヒ　ノ　ショーカ　ヲ
ウタヒマセ‐ウ

（『国語読本　尋常小学校用』）

表音的仮名遣い

明治三三年「小学校令施行規則」は、中途半端なものであった。「おとうさん」はオ段の長音であるのに、なぜ「オトーサン」とならないのか。「京」は「キヤウ」ではなく「キョー」でよいのだが、「今日・ケフ」はなぜ「キョー」とならないのか。「京」の「キョー」は漢語の字音だが、「おとうさん」も「けふ」も和語だからである、と述べるためには、「漢語」「字音」「和語」などの説明が必要である。またよく見なれた「太郎」の「郎」は字音だから「タロー」となるわけだが、「郎」の「ロー」が字音であることを知らなければ「タロー」とは書けない。文部省もそれを認識し、後に「児童に於て字音と国語とを区別すること困難なるが為に知らず識らず字音の表記法を国語に及ほし例へは「カウモリ」(蝙蝠)の「カウ」……の如きは字音にあらさるに拘らず之を字音の「コー」……と同視して「コーモリ」……等の如く表記するの混雑を生じたり」(明治四一年(一九〇八)臨時仮名遣調査委員会)と述べている。思うようにならないというわけである。

この状況の打開策は、小学校令の「字音仮名遣い」を撤回するか和語の仮名遣いをも表音化するか、どちらかしかない。もともと「国語調査委員会」を主導した加藤弘之・上田萬年らは、「表音派」であった。委員会は明治三五年(一九〇二)に調査方針として、「文字は音韻文字(「フオノグラフ」)を採用することゝし仮名羅馬字等の得失を調査すること」と決議している。文部省はより表音的な仮名遣いを実行する機会をうかがっていた。一方小学校令の「字音仮名遣い」は、社会に大きな議論を巻き起こしつつあった。折からの言文一致体採用の気運もあって、国語問題は一種のブームであったのである。恐らくは明治三九年(一九〇六)に『現行普通文法改定案』が問題なく認められたこともあって、「表音派」は「行ける」と踏んだのではないか。明治四一年(一九〇八)五月、新たに「臨時仮名遣調査委員会」が設置され、表音性が和語にまで及ぶという意味でより包括的な「仮名遣に関する事項」が諮問されることとなった。表音派は楽観的に過ぎたと思われる。仮名遣いは一度覚えると、眼と手が自動的に運動するところがある。仮名遣いはそのような身体性から、事柄がエモーショナルになりやすいことを忘れていた。ここに「仮名遣い」は強烈な反対意見を呼んで、政治問題そのものに絡んでいったのである。

臨時仮名遣調査委員会

「臨時仮名遣調査委員会」に提案された「仮名遣い」はおおむね次のようにまとめられる。①「ゐ、ゑ、を」は「い、え、お」を用いる。助詞の「を」は除く。②「わ、い、う、え、お」と発音する「は、ひ、ふ、へ、ほ」は、「わ、い、う、え、お」を用いる。助詞の「は、へ、さへ」は除く。③「ア列仮名＋ふ、う」「オ列仮名＋ほ」で「オ列長音」となるものは「オ列仮名＋う」とする。（「あふ、おほ」→「おう」）④字音の「京／キャウ」などは「キョウ」とする。①〜③も字音に当てはめる。動詞の語尾などは例外とする。

字音仮名遣いは大体以上で済むのだが、「けふ→きょう」などは、個別に一々規定している。一つの特色としては、この仮名遣いは「文部省に於ける教科書検定及び編纂の場合に之を許容」としている点にある。提案されている「仮名遣い」は、「それを行ってもよい（許容）」ということである。これによって反対意見をなだめようとしたのだろうが、文部省はそれを行うに決まっているのだから、却って無用な摩擦を引き起こした。以後それに学んだ文部省は、「許容」などという言い方は止める。

明治四一年の「臨時仮名遣調査委員会」は、激突の場となった。仮名遣いなどは、どのように書こうが勝手と言えば勝手なのであるが、その選択の指示は、前述のように直接に個人の身体を支配することになる。仮名遣い問題で人がエキサイトする傾向は、この身体支配から生まれるかと思う。もう一つ、この時点で「仮名遣い問題」は、次のような政治ラインに結び付いていた。一八九八年（明治三一）以来、「総理大臣／内閣」は、山県有朋、伊藤博文（一九〇〇）、桂太郎（一九〇一）と長州－陸軍閥が握っていた。「山県－桂－陸軍」のラインであると言ってよい。それに猛烈に挑戦したのが後に「平民宰相」と呼ばれた原敬で、一九〇六年（明治三九）一月に西園寺公望内閣が誕生した。「西園寺首相－原敬内務相－政党」のラインが長州閥への強力な対抗者となった。以後、一九〇八年七月第二次桂内閣、一九一一年八月第二次西園寺内閣、一九一二年一二月第三次桂内閣（一九一三年二月まで）と桂・西園寺が交代し、両派の確執が続く。帝国日本下での保守派と近代派の対立である。仮名遣い問題は次第に、「旧仮名派－保守派」「表音派－近代派」という政治ラインの激突の場にもなっていったのである。第一次西園寺内閣の文相の牧野伸顕は大久保利通の次男で、娘婿が吉田茂である。一九四六年、その吉田茂総理大臣の名で「内閣訓令」として「現代かなづかい」が示されたのは、因縁とでも称せようか。

「臨時仮名遣調査委員会」は一九〇八年中に五回の会合を行って、各委員の議論の「経過」がきちんと残っている。とんでもない委員も交じっているけれど、総じて当時としては議論の質は高いと思われる。一々の紹介は煩瑣になるので差し控えるが、国語辞書『言海』編者の大槻文彦の発言などは、まず当時の最高水準であろう。上田萬年も委員の一人であり、是非議論の中身を見てみたいところではあるが、順番が回らなかったためか、何も発言が残っていない。中でも森鷗外の発言は、既に亀井孝を引用して触れたように、大いに力を発揮したようである。この鷗外登場の背景を探ることが、仮名遣いと正書法との「歴史的性格と言語への対応」（亀井　前掲書）の考察にも繋がってゆくのだが、何分にもそれは明治文化・政治史そのものになりかねないので、初めに鷗外側の事情についてのみ触れておく。簡単に過ぎるけれど、注に挙げる近年進んだ鷗外研究の文献を参考にされたい。[19]

脚気惨害

当人の自覚は十分とは言えないようだが、鷗外はこの時期（日清戦争時から日露戦争後の明治四〇年まで）ある種の危機の内部に位置していた。それは「脚気問題」である。

日清戦争時における日本陸軍の戦死者は約一千三百名であった（戦傷死を含む）。対するに戦病死者数は八千七百名ほどであった。そのうち「脚気」による死亡者数は一千九百名ほどである（コレラによる死者が五千二百名ほど）。ただ「脚気」の場合は入院患者数が多く、約三万名に達する（コレラは八千五百名ほど）。いずれにせよ、脚気だけで戦死者数の二倍近い死者を出していたのである。一方海軍の場合、「脚気」による死亡者はほとんどゼロであった。麦飯を食べていたからだ。この時代脚気は、結核と並ぶほどの国民病であった。しかし疫学的には（統計的な分析によれば）、麦飯を食べていれば脚気をほぼ免れることが可能なことは、次第に広く知られてきていたのである。

日清戦争時の日本陸軍脚気惨害の主たる理由は、陸軍省医務局長の石黒忠悳《ただのり》軍医総監（かつ野戦衛生長官）が強烈な米飯論者であったことによると言ってよいだろう。その石黒の下に陸軍医局は米飯主義が主流をなし、さらに若手のホープとして小池正直、鷗外森林太郎の名が挙がってくる。特に森は、兵食の栄養分析を行って米飯（＋副食）の栄養価の高さを実証しており、石黒もこの兵食試験の結果を高く評価していた。この時の分析手法にこだわり、ある意味で単純な経験主義とも言える疫学的手法を軽視したことが、森の蹉跌となる。このあたり、後の水俣病惨害に通じるものがある。不運なことに森は、明治二八年、日清戦争後も日本軍に抵抗を続けていた台湾に「台湾総督府軍医部長」

として派遣されてここでも脚気惨害を引き起こし、わずか三ヵ月で内地に召還される。

外部からの批判に対しては、組織は内部を守ろうとする。しかし内訌する軋轢《あつれき》はいずれただでは済まない。鷗外のいわゆる「小倉左遷」(明治三二〜三五)は、石黒－小池ラインによる「トカゲのしっぽ切り」という一面と、鷗外救助のための「緊急避難」という一面を持っていたかと思われる。どちらに転ぶかは情勢次第である。陸軍主流派は脚気惨害指弾派を適宜抑圧することができたので、鷗外は本来の序列に復帰することになった(明治三五年第一師団軍医部長)。

明治三七〜三八年は、日露戦争の年である。「(石黒)－小池－森」の体制のままでは、脚気の被害が心配されるが(石黒は退役後も強い影響力を持った)、案の定、陸軍の戦傷病死者数八万五千中、脚気による死者は二万八千に近い数字であった。海軍は相変わらずほぼゼロである。森は日露戦中第二軍の「軍医部長」であり、第二軍はいわゆる満洲軍の主力であった。そして脚気は予想どおり猖獗《しょうけつ》を極め、森も麦飯の供給に踏み出さざるを得なくなっていた。それにしても脚気の被害はあまりにひどく、戦後当然、陸軍の脚気対策は多くの批判をあびることになった。この時、森の直上の小池正直は、長期にわたる在職によって明治四〇年中の辞任は確実であった。陸軍軍医のトップたる「軍医総監」の座には、次に誰が着任するのであろうか。森鷗外の日露戦争後にまで及ぶ「ある種の危機」とは、以上のような事情を指す。しかし、明治四〇年一一月に小池を襲って陸軍医務官の最高官「陸軍省医務局長／軍医総監(中将相当官)」の地位を得たのは森鷗外であった。

日露戦後の鷗外の危機を救った遠因は、文学者の地位の向上であろう。明治四〇年六月に総理大臣西園寺公望は、総理主催の文学者園遊会とでも言うべき「雨声会」を開いている(島崎藤村、田山花袋などは喜んで出席、鷗外も出席、夏目漱石は欠席)。文学者は、その使用価値が認められる存在と化しつつあった。しかし近因としては、陸軍長州閥、特にそのトップの山県有朋の存在であろう。明治三九年六月、戦地より帰国したばかりの鷗外は、親友の賀古《かこ》鶴所《つるど》、歌人の井上通泰・佐佐木信綱らとともに、山県の歌会「常磐会」に参加することとなった（鷗外・賀古が幹事）。山県は常磐会について、「国民思想の淵源」としての和歌における「明治の標準調」を定めんとするもくろみを持っていたようだ（山県有朋「常磐会選者に与ふる書」明治四一）。さらには明治勅撰集をも志向していたらしいが、さすがに時代錯誤ではあったろう。いずれにせよ、鷗外は単なる軍医官以上の存在として山県の前に現出してきたわけである。医師で鷗外研究者の浜崎美景は次のように述べている。[19]

〈明治三九年頃〉〈小池医務〉局長の更迭はさし迫った問題となっておりこれをめぐって鷗外は、次期局長か陸軍を退くかの瀬戸際に立ちながら、状況の推移を見守るという立場であったらしい。

……

親分肌の賀古は医学生の頃から一貫して、年少の鷗外を「ファン」と表現されるような感情をもって熱愛し、これをかばってきた。鷗外もまた賀古を「少年ノ時ヨリ老死ニ至ルマデ一切秘密無ク交際シタル友」（遺言書）としたのである。その賀古がいま危急存亡の淵に立つ鷗外を黙視できず、自分の派閥に入ってきた者の面倒をじつによくみる山県へと彼を近づけたのだが、その後の経過をみればこの策は見事に奏効しているのだ。

（「常磐会序説」『森鷗外周辺』所収）

鷗外は明治四一年には、「臨時仮名遣調査委員会」の委員であるとともに、「臨時脚気病調査会」の会長職に就任した。鷗外は「仮名遣調査委員会」では六月二六日（第四回）と七月三日（第五回）に発言をしているが、「脚気病調査会」は七月四日に初回の会合を持ち、その席で寺内正毅陸軍大臣は次のような発言をなした。この頃の鷗外の微妙な立場がよく分かるように思われる。

余は二十年来の脚気患者なり、……其後今日に至る迄二十年間麦飯を摂り居れり、故に日清戦争時に於て、余は運輸通信部長の職に在りしを以て、わが軍隊に麦飯を給したりしに、当時石黒男《だん》〈石黒忠悳男爵〉は何故に麦を支給するか、麦飯が果たして脚気に効果あるかなどゝ詰問され遂に麦の供給を中止したる経歴もあり、当時はこの席に居らるゝ森〈医務〉局長の如きもまた石黒説賛成者にして、余を詰問せられし一人なりし。（明治四一年七月四日の寺内発言『医海時報』）

仮名遣意見

森鷗外はこのような状況下、第四回委員会で冒頭、先に亀井孝が指摘した次の如き発言をなしたのである（『臨時仮名遣調査委員会経過』（議事速記録）文部大臣官房図書課　明治四二　原カタカナ）。関連質問事項（第五回を含む）とともに示す。

第四回（六月二六日）

（森林太郎）私は御覧の通り委員の中で一人軍服を着して居ります、で此席へは個人として出て居りますけれども、陸軍省の方の意見も聴取つて参つて居りますから、或場合には其事を添へて申さうと思ひます、……（以下、別に要約する）

（陳述後）（芳賀矢一）森さんの御趣意は主として文語に付て御述べでありますが、小学校で矢張

り口語を教へる時に昔の仮名遣を口語の方へ応用してやらうと云ふ御考でありますか
（森）さうであります
（曾我祐準）陸軍で何と仰しやいましたか
（森）陸軍では正則の仮名遣と称して居るものを一般に用ゐたい、さうして教科書類は総てそれを以て書いてもらひたい、斯う云ふ意見であります
（曾我）御一個の意見なるのみならず陸軍省も其意見でありますか
（森）さうです

第五回（七月三日）

（大槻文彦）此前の文部省の高等教育会議に仮名遣の改正案が出ました、其折委員に参列になりました陸軍中央幼年学校長の野口坤之君、是れが改正案に御賛成になつたと承つて居ります、然るに此前の森君の御話の中に仮名遣は改正しないと云ふのが陸軍一般の望であると云ふことを伺ひましたが、右は如何心得て宜しうございませうか、ちよつと御質問申上げます
（森）前回にも申しまする通り個人として此方へ列して居るのでありまして代表者でないのでありま す、併ながら陸軍省の目下の意見、陸軍省と申しましても別に省議を開いた訳ではないのです、陸軍大臣の御意見は前回に申した通りであります

さて、仮名遣い問題自体についての鷗外の意見の核心は、次の通りである。前掲『速記録』の順にしたがって並べ、留意点を特に〈　〉で示した。

○一体仮名遣と云ふ詞は定家仮名遣などと云ふときから始まつたのでありませうか、そこで此物を指して自分は単に仮名遣と云ひたい、さうして単に仮名遣と云ふのは諸君の方で言はれる歴史的の仮名遣即ち古学者の仮名遣を指すのであります、而も其の仮名遣と云ふ者を私は外国のOrthographie と全く同一な性質のものと認定して居ります。

○一体仮名遣を歴史的と称するのは或は宣告を仮名遣に与へるやうなものであつて私は好まない。

〈今日言う「歴史的仮名遣い」の「歴史的」という意味づけを、鷗外は行わない。単に「仮名遣い」という言い方のみを用いる。関連して「Orthographie」と認定する〉

○自分は仮名遣と云ふものははつきり存在して居るもののやうに認めて居ります、契沖以来の古学者の仮名遣と云ふものは、昔の発音に基いたものではあるけれども、今の発音と比べて見てもその懸隔が余り大きくはないと思ふ、

〈以下、鷗外の議論はしばらく「懸隔ナシ」の説明に向かう〉

○此の衰替の中でも殊に定家仮名遣などは或時代の一《ひとつ》の病気のやうに見られるのであります、

○一体古来仮名遣と云ふものは少数のものであつたかも知れぬ、又近世復古運動が起りましても、此波動は余り広くは世間に及んで居ないに違ひない、併し契沖以来の諸先生が出て来られて仮名遣を確定しようとせられた運動に、之れに応ずるものは国民中の少数ではあるけれども、国民中の精華であるとも云はれる、斯う云ふ意見を推広めて人民の共有に之れをしたいと斯う云ふやうな議論が随分反対の側からは立ち得ると自分は信じます、

○此の池水のやうに文語が腐らないやうに仮名遣を訂すのは必要でありますけれども、一旦文語となつたものは是れは法則である、正しいものであると云ふことを認めて宜しいかと思ひます。

〈次が核心〉

○私は正則と云ふこと正しいと云ふことを認めて置きたいのであります、ところが古い仮名遣は頗る軽ぜられて、一体に Authorities たる契沖以下を軽視すると云ふやうな傾向がございますが、少数者がして居ることは詰らぬと云ひますと云ふとどうでせう、……

○要するに正だとか邪だとか云ふことが絶待的に仮名遣にあるとは申しませぬけれども幾分か正しい側と云ふことがあるだらうと思ひます、西洋語の Orthographie の orthos は正と云ふことであります、正しく書く法を Orthographie と云ふ、詞などと云ふやうなものも人の思想を表出するものであるから、正しいと云ふ詞を用ゐるのであります、正しいと云事は言へると思ふ、

もともと鷗外は「仮名遣い＝正書法」という考えを持っていた（「心頭語」明治三三〜三四『鷗外全集二五』所収）が、以上のような鷗外の発言は、何遍読んでも筆者には甚だ分かりにくい。ふつう論理というものは「かくかくだから、しかじかである」と、結論に進むために何らかの根拠を述べるものである。しかし鷗外の議論は、「正しいから正しい」と言っているようにしか思えない。Orthographie というのはむろん、鷗外の述べるとおり「正書法」である。とは言え、「正書法」にはいろいろな「正書法」があり得るのであり、その中には表音的正書法も生じ得る。だから、ある綴り方を「正書法」と認定するためには、それが「正書法」たる根拠が述べられなければならない。しかし迂闊に「歴史的仮名遣い」を持ち出すと、それは結局「いろは型歴史的仮名遣い」になってしま

う。「歴史的仮名遣い」は種々有りうるのだから、それほど「いろは」が有り難いのかと問われかねない。鷗外はそのくらいのことが分からない人間ではない。また鷗外は、「国民中の少数ではあるけれども、国民の精華である」とも述べるのだが、ならばその種の人々が誰であるかも明らかにされなければならない。鷗外は、「定家仮名遣い」は病的なものと決めつけている。さすれば契沖前の人々は、仮名遣いを維持しようとしていても、せいぜいが「定家仮名遣い」に従っているのだから、すべてダメである。この「調査委員会」委員の大槻文彦は、国語辞書『言海』を作るために大量の古典文を調べている。大槻は「鎌倉室町江戸を経て明治の現在まで仮名遣と云ふものは全く乱雑なもので一定したことは少しもない」（前掲『速記録』）と言って、源順以降の人物で「精華」たる人間は一人もいないことに気づいていた。となると、恐らく「精華」と認め得る人間は、「近世通行表記」から考えてみて、契沖以後の一部の国学者以外には考えられない。

ところが彼ら国学者の仮名遣いというのは、「歌をよみ、文をかく」人のためのもの、古典文を読み書きするためのものなので、書き言葉の口語体はハナから国学者の頭には入っていない。それ故国文学者の芳賀矢一は、「口語の方へ応用してやらうと云ふ御考」（前掲『速記録』）かどうか、確かめずにはいられなかったのであろう。

しかし、以上は恐らく鷗外の論理の核心を捉えてはいまい。鷗外は、「自分は仮名遣と云ふものははつきり存在して居るもののやうに認めて居ります。……一旦文語となつたものは是れは法則である、正しいものであると云ふことを認めて宜しいかと思ひます」と述べて論理を正当化しているからである。「仮名遣いはいま現にある、現に存在するものは正しい」。これが鷗外の論理である。本当に仮名遣いが現に存在するかは、先の漱石の例を見ても怪しいのであるが、しかしこの時期、広く新聞・雑誌・書籍・官報の類に「契沖型いろは仮名遣い」が用いられていたのは確かである。だからこそ、表音的な「改訂案」も現れたのだ。しかしながら、もともと「近世通行表記」は、鷗外の認めるような「現に存在する仮名遣い」とは全く異なる。とすれば、一体いつどのようにして「現に存在する仮名遣い」が成立したのか、問題である。亀井孝は「明治欽定仮名遣い」を言うが、これは「たわむれ」であって、欽定仮名遣いは帝国憲法のように公布されたわけではないのである。

棒引き仮名遣いの廃止

明治四一年七月三日、臨時仮名遣調査委員会は第五回の委員会を開いた。ところが、七月十日、以後休会が決定され、一二月一二日に委員会は廃止となる。この年の六月に生じた「赤旗事件」の後、山県‐桂ラインの西園寺内閣への攻勢によって西園寺内閣は崩壊、第二次桂内閣が誕生し、文相が交代したためである。九月五日には仮名遣いについての文部大臣からの諮問案そのものが撤回され、また省令によって「字音仮名遣」（棒引き仮名遣）に関する従来の規定も削除された。諮問案自体に従来の「字音仮名遣」自体は廃止する旨記載があったために、その点をうまく利用されたのである。西園寺‐原ラインの政治的敗北であった。亀井孝は、「西洋に正書法（orthography）あって日本にかなづかいあらざるべからずの有名な弁論をぶちまくった。これにより明治から太平洋戦争の敗戦後におよぶ半世紀のあいだの旧かなづかいのヘゲモニーは確立した」（前掲）と述べている。また例えば『明治文学全集 27 森鷗外集』「解題[20]」では、「同年九月五日の鷗外日記には、「仮名遣案を撤回すと報ぜらる」と書きこまれてゐて、鷗外の主張が通つたわけである」などとも述べられている。同類の指摘をしばしば目にするが、上記から分かるように正確とは言えない。結果的に「鷗外の主張が通った」

と言えば「通った」かも知れないが、鷗外の主張に委員会が賛同したわけではなく、「仮名遣案」は文相の交替によって撤回となったのである。

鷗外は「議事速記録」の演説部分を自ら書き改め「仮名遣意見」として印刷した。「森鷗外集」の類にはこの「仮名遣意見」が掲載されている。内容は「議事速記録」と同様だが、微妙に変更がある。また当然委員会における前後の質問などは表れて来ないし、その「仮名遣意見」だけ見ていても「臨時仮名遣調査委員会」の経緯は分からない。九月九日付けの「読売新聞」は「文相の妄断」と題して、次のような社説を掲げている。当時はさすがに、世間は周辺の事情を承知していた。

文字の使用法は、一国文明の進歩に多大の関係を有するものにて、其取捨選択の如きは、学者と教育実験家との、慎重なる研究に待つべく、決して文部大臣の勝手に左右し得べきものに非らず、何となれば文部大臣は一時の行政長官に過ぎず、大臣の更迭毎に其方針を変ぜんか、国民は遂に其適帰する所を知らざればなり、

その後の仮名遣い問題

以後一九二四年(大正一三)には、より徹底した表音式の「仮名遣改定案」が「臨時国語調査会」から提出され、激しい議論の末、国定教科書に不採用のまま時日が経過した。「臨時国語調査会」は、一九二一年(大正一〇)五月に設置されたのだが、初代会長には森鷗外が就任した(二代目は上田萬年)。鷗外は同年六月没とはいえ、既に「調査会」自体は、上田-文部省のライン下にあったのだから、いかなる「仮名遣改定案」が提示されるか明らかな情勢だった。鷗外は自らの「仮名遣意見」を

変更したのであろうか。また、鷗外は学説的敗北が予想される「脚気病調査会」の会長にも就任しているのだから、以前の脚気問題時同様のえげつない論争法に、忸怩《じくじ》たる思いが残っていたのかも知れない。

さらに一九三一年には、ほぼ「現代仮名遣い」と同様の「仮名遣改定案修正案」が「臨時国語調査会」に提出され、同様にただただ時日が経過した。結局、一九四六年の「内閣訓令」「内閣告示」に至って「各官庁においては、このかなづかいを使用するとともに、広く各方面にこの使用を勧めて、現代かなづかい制定の趣旨を徹底するように努めることを希望する」ということで、決着を見たのである。この「訓令」で明らかなように、いわゆる民間においては、どのような仮名遣いを使用しようと、それは勝手である。新聞社、出版社などは一斉に「現代かなづかい」になびいて行ったが、それは自然の流れということなのである。

仮名と正書法

既述のように、「かな」というのは、自然発生的な文字の中では恐らく世界でもっとも表音性が高い。外国語との比較や方言上の違いなどを問題にしない通常の文字使用の場合に、いかなる時代にあっても発音記号の類を必要としなかった文字であり、綴り方の人工的な改良を必要としなかった文字である。仮名がなぜこれほど表音性が高いかと言うと、標準的な文章が漢字仮名交じり文だったからであろう。基本的に、語の表意性を漢字にうちまかせておけばよいわけで、このような相補的な体系においては、「漢字－表意性（表語性）、仮名－表音性」の対立が自然に生ずる。

例えば「現代かなづかい」においては、助詞の「は、を、へ」では、仮名が非表音的に使われている。中世などでは「本わ、本お」なども多く見られるし、基本は慣れの問題なので、「本わ」でよいと思うが、「本は、本を」などを「本わ、本お」と表音的に書くことは、「言ふ」を「言う」、「行きませう」を「行きましょう」とするよりも、抵抗感が強いのではないかとも思う。同じ付属語でも、助動詞の方が助詞よりも付随的性格が強く、活用語尾はもちろん付随的である。一方助詞は、例えば「本が、本は」の「が、は」の方が「行った」の「た」よりも独立性が強く、「一語」らしく感じられる。そしてふつう助詞は、漢字で書き表すことがない。漢字書きのできない「語」なのである。漢字は「語」そのものであって表語的（表意的）なのだが、普通には漢字書きをしない助詞の「は」なども、一語的性質が強いから、表語的であろうとして、表音的な「わ」と自らを区別しようとする。分不相応に漢字の真似をしようとするのである。それが「本わ」の抵抗感が強い理由かと思われる。

同じ表音文字であっても、ヨーロッパ語のように「すべて表音文字」であると、言語の方言的・時代的変化や他言語の侵入などによって、どうしても単語に多様な発音と綴り方が生ずる。それを統一するのが「正書法」であり、「同音の文字（spelling）の使い分け」が主要な課題ではないけれど、結果的に「表語的 spelling」と「表音的 spelling」の対立が生じる場合がある。「表語的 spelling」は、しばしば文字が「語に奉仕する」という言い方がなされるのである。この点で「knight – night」の違いのように同音の語であっても、語に従って spelling を使い分ける。この点で表音的だの Orthography に属する問題として提起されたことは、近代以前には無かった。日本では仮名遣いが表語的だの表語性云々というのは、ヨーロッパ語の Orthography を見て日本の近代が付けた理屈である。

Ⅲ－6　活字印刷

仮名遣い／江戸から明治へ

既に見たように、森鷗外の「仮名遣」論の根拠というのは、「いま有るものが正しい」と言うものであった。しかしその「いろは仮名遣い」は、明治四一年時点では、「明治欽定仮名遣い」となってから、せいぜい二、三〇年間君臨していたに過ぎない。しかも「欽定」以前、幕末、明治初期までは、屋名池誠が述べているように、「近世通行表記」が「普通」だったわけである。森鷗外は一八六二年（文久二）の生まれであるが早熟であるので、「近世通行表記」には慣れていたのではないか。しかし一方、物心ついた後は明治期からの「契沖型いろは仮名遣い」の海に浸り込んでいたに違いない。「契沖型いろは仮名遣い」は明治一〇年頃には、仮名表記上の覇権を確立しているのである。鷗外が「自分は仮名遣と云ふものはは つきり存在して居るもののやうに認めて居ります」と述べるときの「仮名遣」とは、明治一〇年頃に覇権を握った「明治の仮名遣い」である。また、「一体仮名遣を歴史的と称するのは或は宣告を仮名遣に与へるやうなものであつて私は好まない」と述べるのも、「歴史的」であることによって「いま」が相対化されるからであろう。しかしながら、近世には「近世通行表記」が「通行」していたわけであるから、「近世通行表記」は明治初年に、「契沖型いろは仮名遣い」に取って代わられたようである。とすれば、そこで何事が生じていたかが問題になる。

明治初期の傾向

明治三年、江戸期以来の戯作者・仮名垣魯文は、開化物の戯作『西洋道中膝栗毛』初編を木版で刊行した（先に屋名池による同じ魯文の『安愚楽鍋』についての指摘を示しておいた）。この『西洋道中膝栗毛』には、「近世通行表記」と言ってよいかどうかは別として、「仮名違い」が非常に多い。始めの千字ほどのところで、二一箇の仮名違いが認められる。もっとも漢字がほとんど総ルビであるために、「有《う》頂天《てうてん》」（うちゃうてん）のような字音仮名遣いの「仮名違い」が半数以上を占める。字音仮名遣いがいかに面倒なものであるかも、よく分かる。もちろん「ねこなでこへ」（ねこなでこゑ）の類の和語の仮名違いもかなり認められる。魯文は直接仮名遣いに触れてはいないけれども、『膝栗毛』「四編上」の前にある「総編本文読例」で、「當編初輯より以下《いげ》梓客《はんもと》流行に後れんことを怖れて作者画工傭書家《はんしたかき》 剞劂氏《はんほり》を促すこと火急なり。故に著述の拙きは云も更にて傭書彫刻《えうしよてうこく》も是に順ぜり。かゝれば誤字闕字《らくじ》訂改《たださん》とするに餘間《いとま》あらず。製本発兌《うりだし》の後作者其杜撰《そのづさん》に驚けども……其儘《そのまゝ》にして唯に止みつ」と、「誤字闕字《らくじ》」を「訂改」することができなかった旨、弁解している。版本の改訂は大ごとなのである。

明治五年（一八七二）三月に、東京の築地で一つの新聞が発刊された。同年の『東京日日新聞』（二月）に引き続いての『日新真事誌』である（太陽暦採用は明治六年であるので、新聞の日付は旧暦）。政治・経済記事、評論を中心とした「大《おお》新聞」であり、仮名はカタカナになる。社主は英人ジョン・ブラック。築地には外国人居留地もあって文明開化の一中心であった。いま、『日新真事誌』三号（明治五年壬申小三月二二日）冒頭の「告白」（告知文）を見ると、始めの千字ほどのところまでで、六箇所ほどの「仮名違い」がある。例えば「天下ノヲトヅレ事情ヲ知ル」とか「世ノアリサマヲ承知シタマワン事ヲ」とか「私塾ニヲイテ」などである。「仮名違い」は、先の『西洋道中膝栗毛』と比べてさほど多くないようであるが、『日新真事誌』はカタカナ使用・文語体の大《おお》新聞であり、漢字にルビが付いていない。そこで、字音仮名遣いの混乱は生じなくて済むのである。『日新真事誌』の仮名違いはこの後漸減してゆき、明治七年（八年廃刊）には、ほとんど見当たらなくなる。このように明治一ケタ代前半の書籍・新聞の類では、仮名違いはさほど珍しいことではない。

ところが同じ明治一ケタ台と言っても、後半になってくると仮名違いは激減する。その変化をまず、英和辞書、会話書の類で眺めてみる。

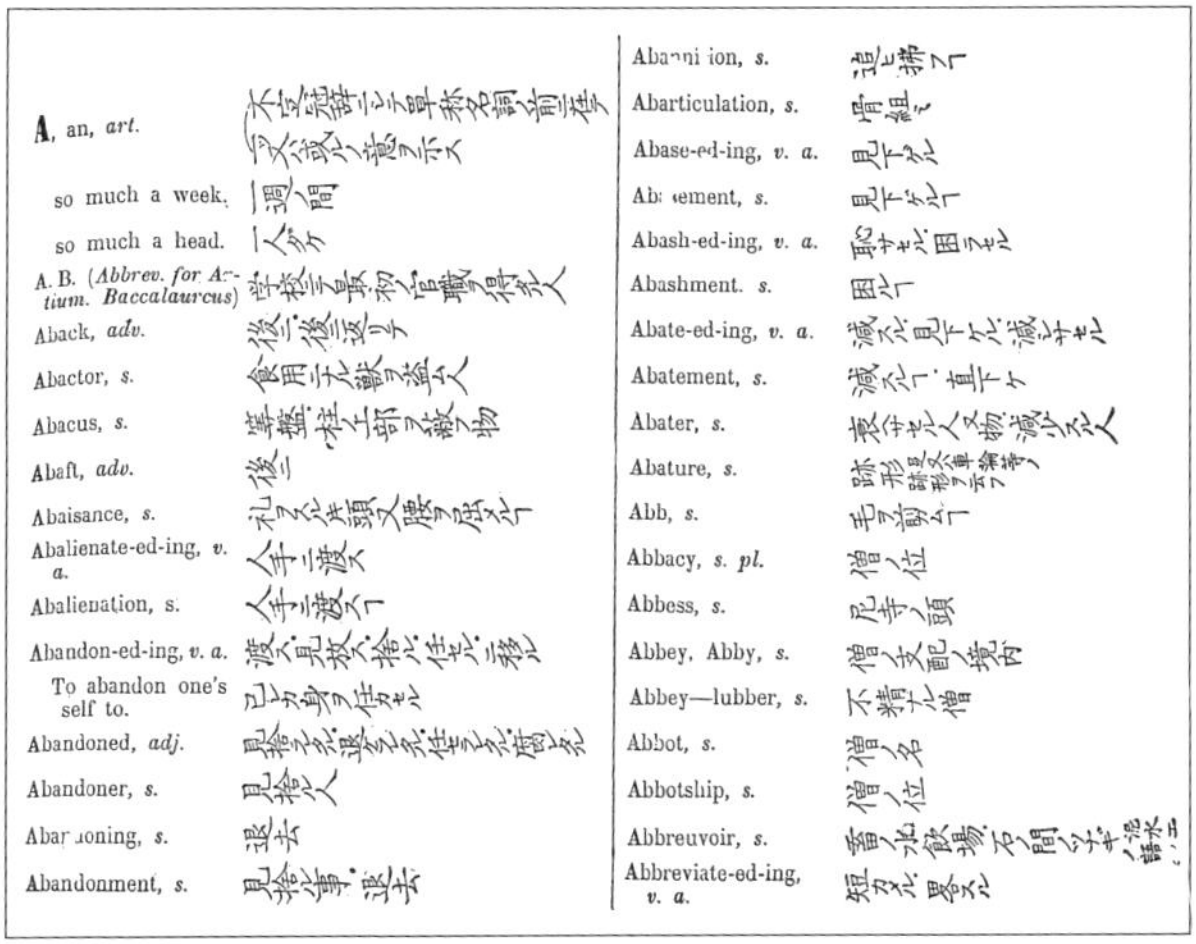

A, an, *art.*	不定冠詞ニシテ単称名詞ノ前ニ在テ一ツ又ハ或ルノ意ヲ示ス
so much a week.	一週ノ間
so much a head.	一人ヅヽ
A. B. (*Abbrev. for Artium. Baccalaureus*)	学校ニテ最初ノ官職ヲ得タル人
Aback, *adv.*	後ニ・後ニ返リテ
Abactor, *s.*	食用ニナル獣ヲ盗ム人
Abacus, *s.*	算盤・柱ノ上部ヲ敷ク物
Abaft, *adv.*	後ニ
Abaisance, *s.*	礼ヲスル時頭又腰ヲ屈ムルヿ
Abalienate-ed-ing, *v. a.*	人手ニ渡ス
Abalienation, s.	人手ニ渡スヿ
Abandon-ed-ing, *v. a.*	渡ス・見放ス・捨ル・任セル・ニ移ル
To abandon one's self to.	己レカ身ヲ任カセル
Abandoned, *adj.*	見捨ラレタル・退去セラレタル・任セラレタル・腐敗シタル
Abandoner, *s.*	見捨ル人
Abandoning, *s.*	退去
Abandonment, *s.*	見捨ル事・退去
Abannition, *s.*	追ヒ拂フヿ
Abarticulation, *s.*	骨組ミ
Abase-ed-ing, *v. a.*	見下ゲル
Abasement, *s.*	見下ゲルヿ
Abash-ed-ing, *v. a.*	恥サセル・困ラセル
Abashment. *s.*	困ルヿ
Abate-ed-ing, *v. a.*	減スル・見下ゲル・減ジサセル
Abatement, *s.*	減スルヿ・直下ケ
Abater, *s.*	衰ヘサセル人又物・減少スル人
Abature, *s.*	跡形 跡形ヲ云フ又車輪等ノ
Abb, *s.*	毛ヲ剪ムヿ
Abbacy, *s. pl.*	僧ノ位
Abbess, *s.*	尼寺ノ頭
Abbey, Abby, *s.*	僧ノ支配ノ境内
Abbey—lubber, *s.*	不精ナル僧
Abbot, *s.*	僧ノ名
Abbotship, *s.*	僧ノ位
Abbreuvoir, *s.*	畜ノ水飲場・石ノ間ヒ[illegible]
Abbreviate-ed-ing, *v. a.*	短カメル・略スル

［図７］『英和対訳袖珍辞書』

『増訂華英通語』（一八六〇・万延元）は、福沢諭吉による会話指南書である。もともとの「華英」対訳本に、諭吉が片仮名の日本語訳を付けている。その仮名は、「トメヲクナ（Don't put any longer 以下英文略）」、「ムヅカシカロウ　ト　ヲモフ」、「キ　ヌ　ツケヨフ」、「ミセ　ニ　イネバナラヌ」、「テツダフテ　アゲヨウ　カ」のように、かなり奔放なものである。「アゲヨフ、アゲヨウ」の如く、両形使われている場合もある。おおむね

「近世通行表記」と言ってよかろう。

次に『英和対訳袖珍辞書』（一八六二・文久二　洋書調所）は、洋学者で早く開国交渉の通訳を担った堀達之助（一八二三〜一八九四）による「日本最初の本格的英和辞典」[21]である。見出し語数約三万三千で、図7のように英語部分は鉛活字、日本語の部分は木版という折衷型である。この辞書の仮名遣いは『増訂華英通語』ほどには奔放ではない。例えば、語中尾のア行音は大体ハ行音にしている。そこで「出来損《そこな》フ」は仮名違いにならないが、「Absolve　罪ナヒト言ヒ渡ス」では「罪無い」のイ音便の「イ」が「ヒ」となっている。結果的に仮名違いが大変に多い。ルビはあまり無いので字音仮名遣いは問題になりにくいが、「音頭」が「ヲンド」のようになる場合がある。また「Abecedary」の訳語に「「エビシ」順ノ、「ヱビシ」ニ付テノ」という訳を付けているのだが、なぜ「エ」を使ったり「ヱ」を使ったりするのかよく分からない。

活字印刷

明治期初めの本格英和辞典に、『英和字彙』（明治六・一八七三　日就社）がある。見出し語数約五万五千であり、中心的な編纂者の子安峻（一八三六〜一八九八）は洋学者で、佐久間象山、村田蔵六（大村益次郎）、宣教師ブラウン、ヘボンなどから、蘭学・英学の教えを受けた。『英和字彙』は、英語横書き・日本語縦書きの総活字版である。『英和対訳袖珍辞書』が語を文章によって説明する方向に傾くのに対し、『英和字彙』は、語に対するに語をもって翻訳する。必然的に新旧の漢語（漢字語）を多く用いるわけであるが、それには総ルビと言ってよいくらい振り仮名が付いていて、膨大な字音仮名遣いの問題に直面せざるを得ないはずのものである。ところが、驚くべき事に「仮名違い」は非常に少ない（ただし筆者は「a」と「s」の部しか見ていない）。例えば「Able」の項では、「能《アタ》フ、威権《イキホヒ》アル、適當《テキタウ》ナル、怜悧ナル」（一部略）など、どこにも仮名違いはない。他にも「Able」の載るページには、「拉丁文法《ラテンブンハウ》」、「外国《グワイコク》」、「器量《キリヤウ》」、「河魚《カハウヲ》」、「居住《キヨヂウ》」、「前表《ゼンペウ》」、「前兆《ゼンテウ》」、「滅亡《メツバウ》」等々のややこしそうな語が並ぶが、これらに仮名違いは無い。わずかに「強健《ジヤウブ》」（ヂヤウブ）、「停止《テウジ》」（チヤウジ）に見られるだけであって、ページに二つは多い方である（普通はページに一つくらいか）。また、「折る」の「オル」の場合のように、ひとたび生じた仮名違いは一貫する。

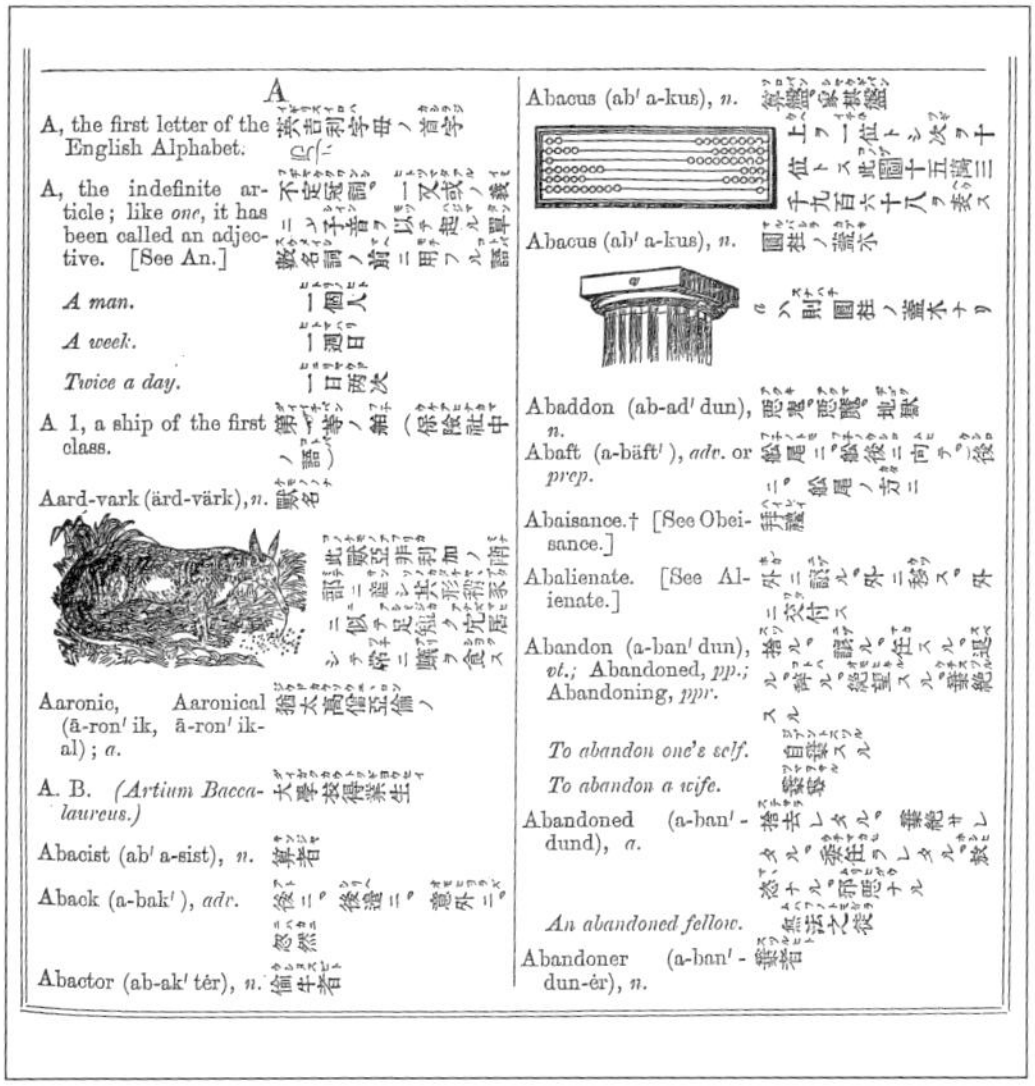

［図８］『英和字彙』

『英和字彙』を出版した日就社は、明治三年（一八七〇）、子安峻・本野盛亨・柴田昌吉によって横浜に設立された活版印刷所である。子安らは皆当時有数の洋学者であったが、洋学書だけではなく活版印刷そのものを文明開化と考えていた。『英和字彙』は五千部という大部数が印刷され、政府買い入れ（二千部）もあって、ただちに売り尽くされたという。大成功であった。次いで日就社は東京に移って、英和辞書刊行後の事業として、明治七年『読売新聞』を発刊した。日本ではじめて鉛活字を使った新聞は、明治三年の『横浜毎日新聞』であったが、子安峻はこの創刊にも参与している。

活字（moving type）による印刷の利点は二つにまとめることができる。第一はそのすばやい回転性である。一冊の書物を作るのに、木版印刷は多数の版木を必要とする。活版は一度印刷した後に版面を組み換えてゆくわけだから、比較的わずかな量の活字を準備すれば済む。それに大部数の印刷も可能である。

　第二には修正（校正）の行いやすさである。もっとも行いやすさの裏側には、「校正」の必要性の増大がある。そもそも手書きであろうと木版であろうと、書物において訂正・修正は必要であり、かつ実行される。このとき、先の『西洋道中膝栗毛』について仮名垣魯文が「誤字闕字《らくじ》訂改《たださん》とするに餘間《いとま》あらず」と愚痴を述べていたように、木版でも修正は可能ではあるが、大変な手間がかかる。活版の場合、活字印刷の過程の「植字」に由来して、自覚的な「校正者」が出現する。手書き、木版では単純に見て「作者→書物」であった過程が、活字印刷では「作者→植字→書物」に変化している。この「植字（工）」の介入によって校正の必要性が甚大化するのである。「植字」の過程で何が起こるか分からないからだ。ところが一方、活字印刷の校正そのものは活字を入れ替えれば済むので、実に簡単である。もっとも簡単なだけに飛んでもないミスが生じることもあり、それを木版刷りのように作者・板下書き（傭書家《はんしたかき》——『西洋道中膝栗毛』）の責任とすることもできないから、校正者（仮に作者・植字工が校正者であっても）の役割は重大となる。

　言うまでもなく、活字印刷は一五世紀のグーテンベルクに端を発する。その初期の印刷業は、投機性[22]の高い危険な事業であり、ヨーロッパで最初期の五〇年を切りぬけた印刷業者は稀であったようだ。活字印刷では印刷ごとに版面を更新するのであるから、刷り増しが難しい。一五〇部が損益分岐点の書物があったとして、木版では板木を残してあるわけだから、見込みの一五〇部だけ印刷して、後は十部であろうが二十部であろうが刷り増してゆけばよい。場合によっては危険を少なくするために一〇〇部だけ刷っておいて、やはり刷り増しで長期的な利益を計ることもできる。物としての板木は版権そのものである。ところが活版では、刷り増しは当初からの過程の再現である。一五〇部では利益が無いとしたら始めから二〇〇部印刷しておかなければならない。当然費用もかさむ。一五〇部以下の売れ行きでは、大損になるのである。また二〇〇部売り切っても増刷ができないので、高利潤を得ようと思うなら、はじめから投機的に三〇〇部印刷したりしておかねばならない。

以上のマイナス面は、新聞では問題にならない。新聞は大部数を印刷するが、ふつう増刷などしない。それに毎日のようにすばやく版面を変えてゆかなければ、新聞としての意味が無い。また読売新聞は、創刊後ごく早い時期に「紙型《しけい》鉛版」を採用していた。紙に版面を写し取れば、版面の保存が利く。もっとも読売新聞はそれが目的ではなく、紙型から鉛の版面を幾つも作って同時に印刷し、大部数刊行を可能にしていた。このように、新聞にとっては大部数高回転の活字印刷が、是非とも必要なのであった。

『読売』は、『日新真事誌』や『横浜毎日』『東京日日』などの政治面を中心にした大《おお》新聞とは異なって、「俗談平話」による社会ネタを売り物にした庶民向けの小《こ》新聞であった。仮名は平仮名、振仮名は総ルビに近い。その第一号は、明治七年十一月二日付けで、はじめは隔日刊であった。表裏二ページの表面トップは「布告《おふれ》」である。その記事はまず「布告」が示され、それが左記のように平たくやわらげてある。

毒薬売買《どくやくうりかひ》ノ儀《ぎ》ニ付去月中相達置《せんげつちうあひたつしおき》候通《どお》リ……
○毒薬《どくやく》といつても用《もち》ひ所《どこ》で病《やまひ》にきくものゆゑ薬種屋《きぐすりや》にも有《あ》るのでございますが何《いづ》れもはげしい薬《くすり》だからもし間違《まちが》へば人の一命《いのち》にもかゝることゆゑ　政府《おかみ》でも間違《まちが》ひのないやうにと御世話《おせわ》が有《あ》るので御座《ござ》います

ここでの「用ひ」（用い）は、活用行が「ワ行」か「ヤ行」かという純然たる文法学上の問題に還元されるならば、仮名違いにはならない。「第一号」の一面は漢字・仮名合わせてほぼ二千字であるが、そこに見出せる仮名違いは、「公布《こふこく》」（こうこく）、「皇后《こうぐ》」（くわうごう）、「説諭《ゐけん》」（いけん、「異」でも「意」でも「い」）「平十郎《へいじふろう》」（へいじふらう）、「蒸汽車《じやうきしや》」（じようきしや）の五個に過ぎず、すべて（ルビ語が）字音語である。ほとんど総ルビにもかかわらず、『読売』の仮名違いは極めて少ないと言えよう。

創刊当時の『読売』の編集長は鈴木田《すずきだ》正雄（一八四五～一九〇五）と言い、やはり英学を学んでいたのだが、はじめ『英和字彙』の校正者として日就社に入社した。その才筆を買われて『読売』の編集長となったのである。鈴木田は、『古言梯』を以て校正を行っていたと言われる。

殊に新聞紙の上では明治の初めに読売新聞で鈴木田正雄と云ふ人が古言梯のやうなものを座右に置きまして天暦〈九五〇年ころ〉以前の仮名遣を用ゐるやうになりましてから新聞紙が大分之に従ふやうになりました、併しながら民間の多数は矢張依然として乱雑であります。

（『臨時仮名遣調査委員会経過』第二回大槻文彦発言）

『古言梯』で和語の仮名遣いの統一化はかなり可能だが、それだけでは字音仮名遣いの統一化は難しい。何を字音仮名遣いのための参考書にしたのであるかは、よく分からない。しかしともかく、木版時代にはなかなか困難であった「校正」は、活版の時代を迎えて大いに簡易化された。いま名前の分かる鈴木田の例を挙げたが、もちろん校正者は鈴木田ばかりではない。活版印刷は多くの印刷工と校正者を作り出していった。日就社は、彼らの養成にも励んだのである。

英語の場合について述べた『英語の正書法　その歴史と現状』[23]の「訳者あとがき」には、エリザベス朝時代の一パンフレット内で「coney」という語の綴り字が「cony, conny, coney, conie, connie, coni, cuny, cunny, cunnie」などと多様であることが示されている。さらに本文中には次のような指摘がある。

次いで、説明が不要なほどの周知の重要な出来事が起こる。イギリスにおける最初の印刷術の導入である（キャクストン、一四七六年）。この新技術により、同一のテクストが相当部数再生産できるようになった。発行部数がさほどでもない場合もあった……また印刷者は印刷の途中で句読点のみならず正書法まで次々と変えたりすることもあった……が、このような印刷術は手で筆写するのと比べ、はるかに効果的に書き言葉の統一を可能にしたように思われる。しかしながら、われわれに関する領域〈正書法〉におけるこの技術革命の成果は、決して突発的でもなければ、特に決定的でもなかった……『イアーソンの物語』（一四七七印刷）の数ページを調べるだけで、キャクストンとその助手たちが一つの形から他の形へと気ままに移っていたことが十分わかる。すなわち、〈whiche〉と〈whyche〉、〈hadde〉と〈had〉、〈sayde〉と〈saide〉、〈hye〉と〈hyghe〉などが続いて現れるのである。……

かくして、初期の印刷工たちは当時支配的であった［書記法］の伝統をほとんど考慮していなかったことが理解できる。しかしその後一五世紀と一六世紀の間に事情は変わった。専門の写字生や転写生がペンを捨てて新しい技術に走り、前述のように一五世紀の写本において部分的に確立していた慣用を、印刷テクストに持ち込むようになったからである。とは言っても、この文字法の正規化の過程は私的文書（書簡、日記など）にまで見られるようになったわけではない。エリザベス朝の正書法（orthographe）の気まぐれについては多少誇張して述べてきたが、多種多様であることは明白である。

「エリザベス朝の気まぐれ」は、何かしら「近世通行表記」を思わせるところがある。もっとも初期の活版印刷は、自身が何を行っているのかについて非自覚的であって、あたかも印刷で一つの写本を作っているような所があった。しかし活版印刷は、「この表記」から「あの表記」への気まぐれな移行を、次第にやめさせて行ったようである。活版印刷の現実は、まず原稿を書く人間の気まぐれを押しとどめようとするかも知れない。印刷されたものが、多数の人目にさらされるからである。また、活字を植えていく植字工には、相当の文字能力が要求される。その際植字工は、「気まぐれのままでよいのか」と考えそうである。そして決定的には「校正者」である。「校正」の「校」は「枷《かせ》、おり、教える」などの意味を持つ。「校正」には何か枠組みが必要であり、校正者はどうしてもそのオリの中に、獣を追い込みたくなる（「校猟」というそうだ）。単純な活字拾いのミスと綴り方の気まぐれとは区別が付かないものである以上、仮に校正本来の目的が植字工の「活字拾いのミス」のチェックであったとしても、先に見た夏目漱石の「ゆふべ」、「ゆうべ」の例のように、もともとの原稿に対しても校正者は介入するのである。

しかしながら、なぜ校正者は単純な「活字拾い」のミスばかりでなく、例えば「ふ」と「う」のような「仮名遣い」にまで介入するのであろう。答はある意味単純なのであって、校正者は「統一したい」という欲望を持つのである。活字本は均質な大量の製品である。近代の工業製品の例に漏れず、というより産業革命以前の最初の量産品として、活字本は一冊一冊が皆同じである。ある一冊が「ゆふべ」であり他の一冊は「ゆうべ」ということは起こりえない。本が違っていてさえ画一化しているのに、一冊の本の同じページ内に「ゆふべ／ゆうべ」が同居しているとしたら、いかにも不体裁である。近代の画一化の論理をもってすれば、そのようなことになる。ちなみに、「cony, conny, coney, conie, connie, coni, cuny, cunny, cunnie」などの多様な表記を「coney」に統一することが本来の正書法なのであって、「同音の文字の使い分け」などが「正書法」で問題になることなどない。

洋学者たち

明治初期の洋学者は、案外国学者と仲が良い。五十音（図）は平安期より存在するものではあるが、あの整然たる音図の合理性が特に洋学者を魅了するのかも知れない。五十音図は、ちょっと見には用言の「活用表」などとともに、明治期に文部省が作ったような気さえしてくる（もともと「五十音図」型の活用表は、国学の本居派が作成したものである）。明治初期の小学校の教科書（読み方・綴り方など）は、多く洋学者と国学者の協同によるものである。その教科書は時に音義派の仮名遣いを採用したが、さすがにそれは廃れた。しかしその合理性への希求は、仮名の枠を決定し統一化・標準化を求めて止まない。「心のままに」が如き気まぐれは斥けられねばならず、他にプランが無いならば（実際「表音式仮名遣い」も他の仮名遣いも何も無かった）、「契沖型いろは仮名遣い」以外はすべて「校正」してやらねばならない。だから「仮名遣い」の大勢は、明治一〇年前後には「契沖型いろは仮名遣い」に決してしまう。国学者の復古への欲望と洋学者の近代開化主義への欲望は、「仮名遣い」で一致する。鈴木田正雄のような特殊な場合以外、多くの校正者は匿名である。しかしながら、匿名の彼らはノウハウを学び合うであろう。まことにもって「校正恐るべし」。活字印刷は、校正を経て身体を支配する。「明治欽定仮名遣い」も森鷗外も、匿名の校正者たちに従っているのである。

日本の活字印刷

なお活字印刷については、これまでの日本語史であまり取り扱われることがなかった。活字印刷物の研究はあるけれども、それはおおむね書誌学的な研究であり、言語社会史的な研究になり得ていない。取り扱われなかった原因は二つあると思われる。

第一。日本語の本は「書写↓木版↓活版＝新聞・雑誌・活字本」のような段階を踏んで近代に達している。西洋ではこれが「書写↓活版↓新聞・雑誌・活字本」のような段階を踏んでいる。西洋では書写（写本作製）からいきなり活版の段階に飛躍して、特に文字に関して木版本はあまり大きな役割を果たしてこなかった。印刷の数量は社会的な影響力を持つわけだが、木版本は相応に（ある程度まで）大部数の印刷が可能で、この面に注目する限り日本での活字本の役割は相対化される。木版本の社会的影響力の研究は、近年活発である。

第二。西洋では活版の段階（一五世紀）から、特に新聞・雑誌のような印刷物の制作までに時間の経過がある。そこで、新聞・雑誌を活版印刷の結果として考えざるを得なくなる。活字印刷がもたらしたものとして新聞・雑誌などを考えるのである。対して日本では、活版印刷と新聞・雑誌などが同時期に流入して来た。それらは一律に「文明開化」の産物として考えられてしまう。新聞・雑誌・活字本の社会的な影響力は考察されても、それらとは相対的に別個の活版印刷自体を、独自の対象として考察することはなかなか行われてこなかったようである。

おわりに

活字印刷にまでたどりついたこの段階で、本書をまとめてみよう。

第Ⅰ章は、話し言葉スタンダードの形成を取り扱った。上方・江戸という二つを楕円の中心として、話し言葉スタンダードは自然にでき上がっていったと思われる。だがそれは形成史であって、スタンダードとして意識化される過程はまた別である。話し言葉スタンダードは、活字化されてはじめて可視化され、全国に頒布される。そしてこれが標準だと意識化された。本来自然史的であった話し言葉スタンダードは、「東京山の手の教育ある人々の言語」として、近代のイデオロギーとなった。

第Ⅱ章は、書き言葉スタンダードの転変を取り扱った。書き言葉スタンダードは、最終的には今日の口語体－言文一致体であり、可視化された話し言葉スタンダードである。それは書き言葉の見本として、全国に君臨した。もちろん最終的には活字化によってそうなったのである。

本書の第Ⅲ章は、表記のスタンダード形態の転変を取り扱った。カタカナが知識人の手を離れ、音声表記や外国語の表記に用いられるようになった過程は、庶民のリテラシー向上の自然な結果である。外国語表記については、当然西洋との交渉拡大の結果でもある。次に「仮名遣い」問題の転変を取り扱った。「復古仮名遣い」とも称される明治期の「いろは仮名遣い」こそ、活字による言語の統一化・標準化の最も強烈な事例である。人々は活字によって身体を支配されるようになったのである。

活字化と標準化の関係は、一般化可能な側面と諸言語ごとの事情による個別的な側面とが認められる。だから比較研究が興味深いのだが、それは今日まであまり行われていない。必ずしも活字化と密着していなくても、比較標準語化論、比較書き言葉俗語化論、比較正書法化論など十分に研究されていない分野だろう。これらは多言語を取扱うことになるので困難な課題ではあるが、各言語ごとの比較社会史的側面の考察は、様々な近代そのものの考察にも通ずるものと考えられる。

注

【第Ⅰ章】

1　川瀬一馬『増補新訂　足利学校の研究』一九七四　講談社、『増補新訂　足利学校の研究　新装版』二〇一五　吉川弘文館
2　史蹟足利学校事務局『足利学校』二〇〇四
3　岡本綺堂　岸井良衛編『江戸に就ての話』一九五六　青蛙房
4　R．N．ベラー　池田昭訳『徳川時代の宗教』一九九六　岩波文庫
5　森岡健二『近代語の成立　文体編』「序」一九九一　明治書院
6　野村剛史『日本語スタンダードの歴史』二〇一三　岩波書店
7　東京百年史編集委員会『東京百年史　第二巻』一九七二　東京都
8　進藤咲子『明治時代語の研究』一九八一　明治書院
9　野村剛史「東京山の手の形成と標準語」『日本語学8』二〇一八　明治書院

【第Ⅱ章】

1　野村剛史「明治前期の手紙文に見られる「口語体」」石黒圭・橋本行洋編『話し言葉と書き言葉の接点』所収　二〇一四　ひつじ書房
2　山本正秀『近代文体発生の史的研究』一九六五　岩波書店
3　野村剛史『日本語スタンダードの歴史』二〇一三　岩波書店
4　内田魯庵『思ひ出す人々』一九二五　春秋社
5　伊藤整『日本文壇史2』一九五四　大日本雄辯会講談社

6　山本正秀　前掲書
7　齋藤希史『漢文脈と近代日本』二〇〇七　日本放送出版協会
8　森岡健二　前掲書「標準語の普及」
9　野村剛史「古代日本語動詞のアスペクト・テンス体系」『国語国文』二〇一六　八五巻一一号　臨川書店
10　国語学会国語学辞典編集委員会編『国語学辞典』一九五五　東京堂
11　山口明穂『中世国語における文語の研究』一九七六　明治書院
12　亀井孝ほか編『日本語の歴史4　移りゆく古代語』一九六四　平凡社
13　兵藤裕己「解説1」『太平記㈠』所収　二〇一四　岩波文庫
14　峰岸明「記録体」『岩波講座日本語10　文体』所収　一九七七　岩波書店

［第Ⅲ章］

1　本節については、次も参照。
野村剛史「カタカナ」東京大学教養学部国文・漢文学部会編『古典日本語の世界　二』所収　二〇一一　東京大学出版会
2　春日政治『西大寺本金光明最勝王経古点の国語学的研究』一九四三　岩波書店（一九四二　斯道文庫）
3　次も参照。
三角洋一「和漢混淆文の成立」前掲『古典日本語の世界　二』所収　二〇一一　東京大学出版会
4　築島裕『日本語の世界5　仮名』一九八一　中央公論社
5　網野善彦「日本の文字社会の特質をめぐって」『列島の文化史5』所収　一九八八　日本エディタースクール出版部
6　網野善彦『日本史大事典』一九九四　平凡社
7　松村明「新井白石と外国語・外来語の片仮名表記」一九七七『近代日本語論考』所収　一九九九　東京堂出版

8　今村源右衛門については次に拠った。
新井白石著　宮崎道生校注　『新訂西洋紀聞』一九六八　平凡社
片桐一男　『阿蘭陀通詞今村源右衛門英生』一九九五　丸善

9　橋本進吉　「表音的仮名遣は仮名遣にあらず」一九四二　『文字及び仮名遣の研究』所収　一九四九　岩波書店

10　大野晋　「仮名遣の起源についての研究」一九六一　『仮名遣と上代語』所収　一九八二　岩波書店

11　川瀬一馬　『増訂　古辞書の研究』一九八六　雄松堂出版

12　中田祝夫　『古言衣延辨』「解説」一九七七　勉誠社文庫

13　「図4～6」は次に拠った。
古田東朔　「音義派「五十音図」「かなづかい」の採用と廃止」『小学読本便覧第一巻』所収　一九七八　武蔵野書院

14　屋名池誠　「近世通行仮名表記」金澤裕之・矢島正浩編　『近世語研究のパースペクティブ』所収　二〇一一　笠間書院

15　屋名池誠　「表記論と近代の表記」『国語国文学研究の成立』所収　二〇一一　放送大学教育振興会

16　亀井孝　「契沖かなづかい雑記」一九七三　『言語　諸言語　倭族語』所収　一九九二　吉川弘文館

17　平井昌夫　『國語國字問題の歴史』一九四九　昭森社（一九九八　三元社　復刻）

18　上田萬年　「初等教育に於ける国語教育に就きて」一八九六　『国語のため』所収

19　浜崎美景　『森鷗外周辺』一九七六　文泉堂書店
浅井卓夫　『軍医鷗外森林太郎の生涯』一九八六　教育出版センター
板倉聖宣　『模倣の時代』上・下　一九八八　仮説社
山下政三　『鷗外　森林太郎と脚気紛争』二〇〇八　日本評論社

20　唐木順三　「解題」『明治文学全集　27　森鷗外集』所収　一九六五　筑摩書房

21　早川勇　『ウェブスター辞書と明治の知識人』二〇〇七　春風社

22 参考文献は数多い。一部だけあげておく。
M. マクルーハン 森常治訳『グーテンベルクの銀河系』一九八六 みすず書房 原著一九六二
E. L. アイゼンステイン 別宮貞徳監訳『印刷革命』一九八七 みすず書房 原著一九八三
アンドルー・ペティグリー 桑木野幸司訳『印刷という革命』二〇一五 白水社 原著二〇一〇
鈴木広光『日本語活字印刷史』二〇一五 名古屋大学出版会

23 ジョルジュ・ブルシェ 米倉綽・内田茂・高岡優希訳『英語の正書法 その歴史と現状』一九九九 荒竹出版 原著一九七八

野村剛史（のむら・たかし）

一九五一年生まれ。京都大学大学院文学研究科博士課程満期退学。東京大学総合文化研究科教授を経て、現在、東京大学名誉教授。専攻は、日本語文法史。主な著書に、『話し言葉の日本史』（吉川弘文館）、『日本語スタンダードの歴史』（岩波書店）など。

日本語の焦点

日《に》本《ほん》語《ご》「標準形《スタンダード》」の歴《れき》史《し》

話《はな》し言葉《ことば》・書《か》き言葉《ことば》・表記《ひょうき》

二〇一九年　六月一〇日　第一刷発行

著者　野《の》村《むら》剛《たか》史《し》

発行者　渡瀬昌彦
発行所　株式会社　講談社
東京都文京区音羽二丁目一二―二一　〒一一二―八〇〇一
電話（編集）〇三―三九四五―四九六三
（販売）〇三―五三九五―四四一五
（業務）〇三―五三九五―三六一五

装幀者　奥定泰之
本文データ制作　講談社デジタル製作
本文印刷　信毎書籍印刷株式会社
カバー・表紙印刷　半七写真印刷工業株式会社
製本所　大口製本印刷株式会社

ISBN978-4-06-516385-6　Printed in Japan
N.D.C.810　269p　19cm

講談社選書メチエの再出発に際して

講談社選書メチエの創刊は冷戦終結後まもない一九九四年のことである。長く続いた東西対立の終わりはついに世界に平和をもたらすかに思われたが、その期待はすぐに裏切られた。超大国による新たな戦争、吹き荒れる民族主義の嵐……世界は向かうべき道を見失った。そのような時代の中で、書物のもたらす知識が一人一人の指針となることを願って、本選書は刊行された。

それから二五年、世界はさらに大きく変わった。特に知識をめぐる環境は世界史的な変化をこうむったとすら言える。インターネットによる情報化革命は、知識の徹底的な民主化を推し進めた。誰もがどこでも自由に知識を入手でき、自由に知識を発信できる。それは、冷戦終結後に抱いた期待を裏切られた私たちのもとに差した一条の光明でもあった。

その光明は今も消え去ってはいない。しかし、私たちは同時に、知識の民主化が知識の失墜をも生み出すという逆説を生きている。堅く揺るぎない知識も消費されるだけの不確かな情報に埋もれることを余儀なくされ、不確かな情報が人々の憎悪をかき立てる時代が今、訪れている。

この不確かな時代、不確かさが憎悪を生み出す時代にあって必要なのは、一人一人が堅く揺るぎない知識を得、生きていくための道標を得ることである。

フランス語の「メチエ」という言葉は、人が生きていくために必要とする職、経験によって身につけられる技術を意味する。選書メチエは、読者が磨き上げられた経験のもとに紡ぎ出される思索に触れ、生きるための技術と知識を手に入れる機会を提供することを目指している。万人にそのような機会が提供されたとき初めて、知識は真に民主化され、憎悪を乗り越える平和への道が拓けると私たちは固く信ずる。

この宣言をもって、講談社選書メチエ再出発の辞とするものである。

二〇一九年二月　　野間省伸